知识密集型产业技术标准演化与主导技术扩散研究

孙 冰 王弘颖 陶 冶 等 著

国家自然科学基金面上项目（项目编号：71774035）
国家社会科学基金重点项目（项目编号：20AGL009）

科学出版社
北 京

内 容 简 介

知识密集型产业是产业结构中最具潜在成长性和价值增值的关键产业，在宏观经济发展中起着至关重要的作用。本书围绕知识密集型产业的技术标准演化和主导技术扩散问题展开深入研究。核心内容包括：知识密集型产业技术标准演化的生命周期、技术标准联盟合作关系和社会技术地景因素对知识密集型产业技术标准演化的影响、知识密集型产业主导技术的识别、不同情境下知识密集型产业主导技术扩散机理。本书采用丰富的专利数据，通过统计分析、模拟仿真、案例研究多种方法对各部分的理论模型进行实证检验。

本书主要为政府有关部门制定技术发展政策提供借鉴，为相关产业的企业管理者进行技术选择与决策提供依据，也可供创新管理等领域的研究人员参考。

图书在版编目（CIP）数据

知识密集型产业技术标准演化与主导技术扩散研究 / 孙冰等著. —北京：科学出版社，2022.12
ISBN 978-7-03-070475-7

Ⅰ. ①知… Ⅱ. ①孙… Ⅲ. ①高技术企业－企业标准－技术标准－研究－中国 Ⅳ. ①F269.24

中国版本图书馆 CIP 数据核字（2021）第 223614 号

责任编辑：徐 倩 / 责任校对：王萌萌
责任印制：赵 博 / 封面设计：有道设计

科学出版社 出版
北京东黄城根北街 16 号
邮政编码：100717
http://www.sciencep.com

天津市新科印刷有限公司 印刷
科学出版社发行　各地新华书店经销

*

2022 年 12 月第 一 版　开本：720×1000　1/16
2024 年 3 月第二次印刷　印张：15
字数：299 000
定价：152.00 元
（如有印装质量问题，我社负责调换）

前　言

在知识经济时代，技术标准被世界各国视为经济与科技竞争的制高点。谁能够率先掌控标准话语权，谁就将占据产业领导权、拥有市场主动权。同时，随着全球科学技术水平的提升和国际产业技术竞争的加剧，掌握主导技术已成为提升产业核心竞争力的关键环节，主导技术的有效扩散更是产业变革与优化的必要手段。可见，对于以技术创新管理为核心的知识密集型产业来说，技术标准演化和主导技术扩散既是产业自身获得核心竞争优势的重要途径，也是实现国民经济健康发展的有效保障。因此，在当前复杂的社会经济环境中，围绕知识密集型产业，科学、合理地剖析其技术标准演化的规律和影响因素，系统、深入地研究其主导技术扩散机理，客观、可行地提出相关对策建议，对于我国知识密集型产业的技术进步、国民经济的健康发展具有重要的理论价值和现实指导意义。

尽管关于技术标准演化和主导技术扩散的研究已经取得了较为丰富的成果，但也存在一些不足。例如，当前研究倾向于针对技术标准演化过程进行静态分析，忽视了技术标准演化的动态规律，并且技术标准演化的影响因素的层次性、系统性体现不足。同时，对于主导技术进行识别和判断的方法较为笼统，缺乏可操作性，并且现有研究多基于单角度、单要素对主导技术的扩散进行研究，忽略了扩散环境的复杂性和动态性。鉴于此，本书研究的目的在于，在明确技术标准演化的生命周期阶段的基础上，从社会网络理论和景观生态学理论角度丰富技术标准演化的研究内容，继而系统、深入地探讨我国知识密集型产业技术标准的演化规律，探索知识密集型产业主导技术扩散的机理，并力争使理论研究指导实践。因此，本书的研究成果可以为我国的产业结构优化、经济持续发展、国际竞争力提升提供理论参考和决策借鉴。

本书主要在以下几个方面做了探索性工作。

（1）划分了知识密集型产业的技术标准演化的生命周期阶段。构建了S曲线模型以量化描述技术标准演化的生命周期阶段发展规律，借助模型参数值对知识密集型产业的技术标准演化的生命周期阶段进行划分，阐述技术标准生命周期阶段的演化进程；根据4G技术标准所涉及的标准必要专利数据来描绘技术标准演化的轨迹，划分出我国4G技术标准的生命周期阶段，采用案例检验进一步验证了知识密集型产业技术标准的生命周期阶段划分结果。

（2）分析了技术标准联盟合作关系和社会技术地景因素对知识密集型产业技

术标准演化的影响。以闪联产业联盟关于音频互连技术标准为例，通过专利合作网络特征指标定量描述了知识密集型产业技术标准联盟合作关系的动态特征与演化规律，从社会网络分析视角探究了技术标准联盟合作关系对技术标准演化的影响；构建了技术标准演化的社会技术地景层面影响因素的作用模型，运用系统动力学分析工具，基于技术标准演化的生命周期时序进展，确定了不同影响因素对于技术标准演化不同阶段的动态作用，在此基础上进一步阐释了技术标准演化的机理。

（3）研究了知识密集型产业的主导技术识别和扩散机理。根据知识密集型产业主导技术的特征建立了主导技术的识别模型，以新能源产业为实例，通过可视化模型、PageRank 值以及评价指标体系对主导技术识别模型的科学性进行了验证；分析了知识密集型产业主导技术扩散的内、外部影响因素，将其主导技术的扩散分为"技术-环境"不完备情境下的扩散与"技术-环境"完备情境下的扩散两种类型；分别基于 Bass 模型、传染病模型、元胞自动机模型分析了知识密集型产业"环境"不完备、"技术"不完备、"技术-环境"完备情境下的主导扩散机理，在此基础上对知识密集型产业主导技术扩散机理进行了整体性描述，分析了知识密集型产业主导技术扩散的规律。

（4）提出了促进知识密集型产业技术标准演化和主导技术扩散的相关建议。基于技术标准演化生命周期视角，从阶段演化、联盟合作关系和社会技术地景因素等方面入手，有针对性地总结并提出了促进技术标准演化的相关建议；依据不同情境下的知识密集型产业主导技术扩散机理及其整体性分析，针对"环境"不完备、"技术"不完备与"技术-环境"完备情境，从政府、行业协会与企业的角度提出促进我国知识密集型产业主导技术扩散的相关建议。

本书的写作是不断发现新问题的过程，也是我们不断探索和攀登高峰的过程。作为聚焦知识密集型产业研究技术标准演化和主导技术扩散的抛砖之作，本书期待本领域的研究者和实践者的赐阅。由于作者水平有限，虽然经过反复推敲，书中难免有不足之处，恳请各位读者多提宝贵意见和建议，以使本书和后续研究得以不断完善。

作　者

2022 年 3 月

目　录

第1章　绪论 ··· 1
　　1.1　本书研究的背景、目的和意义 ······································· 1
　　1.2　国内外研究现状及述评 ··· 4
　　1.3　本书的总体思路与研究方法 ··· 17
　　1.4　本书的探索性工作 ··· 19
第2章　相关内涵界定与基础理论研究 ·· 21
　　2.1　知识密集型产业的内涵及特征 ······································· 21
　　2.2　技术标准演化与标准必要专利 ······································· 23
　　2.3　技术标准生命周期阶段演化的理论基础 ····························· 26
　　2.4　主导技术的界定及特征 ··· 27
　　2.5　技术扩散相关理论 ··· 29
　　2.6　本章小结 ·· 35
第3章　知识密集型产业技术标准演化的生命周期研究 ······················ 36
　　3.1　知识密集型产业技术标准演化的 S 曲线趋势与生命周期阶段 ······ 36
　　3.2　知识密集型产业技术标准演化的生命周期假设 ····················· 39
　　3.3　知识密集型产业技术标准演化的生命周期 S 曲线模型构建 ········ 39
　　3.4　知识密集型产业技术标准演化的 S 曲线模型的验证与甄选 ········ 44
　　3.5　移动通信产业 4G 技术标准演化的生命周期阶段分析与讨论 ······ 48
　　3.6　本章小结 ·· 52
第4章　联盟合作关系影响知识密集型产业技术标准演化的理论研究 ······ 53
　　4.1　技术标准联盟的内涵与特征 ··· 53
　　4.2　技术标准联盟合作关系的内涵与特征 ······························· 54
　　4.3　技术标准联盟合作关系的维度划分 ·································· 55
　　4.4　技术标准联盟合作关系的作用分析 ·································· 57
　　4.5　技术标准联盟合作关系与技术标准演化间关系的假设论述 ······· 58
　　4.6　本章小结 ·· 60
第5章　联盟合作关系影响知识密集型产业技术标准演化的实证研究 ······ 61
　　5.1　研究对象与数据获取 ·· 61

5.2 闪联产业联盟的专利合作网络模型 ··62
5.3 各类变量的测度指标分析 ··65
5.4 联盟合作关系影响知识密集型产业技术标准演化的实证检验 ········68
5.5 本章小结 ··72

第6章 联盟合作关系影响知识密集型产业技术标准演化的动态分析 ········73
6.1 技术标准联盟专利合作网络的阶段性分析 ···································73
6.2 基于社会网络分析的联盟专利合作关系影响技术标准演化的动态分析 ··78
6.3 技术标准联盟合作关系的类别分析 ··81
6.4 本章小结 ···86

第7章 知识密集型产业技术标准演化的地景层面影响因素研究 ··············87
7.1 影响知识密集型产业技术标准演化的社会技术地景因素分析 ·······87
7.2 社会技术地景因素影响知识密集型产业技术标准演化的研究假设 ···89
7.3 实证研究的方案设计 ··93
7.4 社会技术地景因素影响知识密集型产业技术标准演化的实证分析 ···95
7.5 实证研究结果讨论 ···99
7.6 本章小结 ···99

第8章 地景层面因素影响知识密集型产业技术标准演化的仿真分析 ·····100
8.1 地景因素与技术标准演化作用关系的系统动力学模型构建 ········100
8.2 系统动力学仿真的方案设计 ··105
8.3 系统动力学仿真的结果分析 ··109
8.4 本章小结 ···116

第9章 知识密集型产业主导技术的识别研究 ·······································117
9.1 知识密集型产业主导技术的识别指标 ··117
9.2 知识密集型产业主导技术的识别方法 ··119
9.3 知识密集型产业主导技术识别的实例及验证 ·····························120
9.4 本章小结 ···126

第10章 知识密集型产业主导技术扩散的影响因素及类型划分 ·············127
10.1 知识密集型产业主导技术扩散的内部影响因素分析 ··················127
10.2 知识密集型产业主导技术扩散的外部影响因素分析 ··················137
10.3 基于影响因素的知识密集型产业主导技术扩散类型划分 ··········144
10.4 本章小结 ···147

第 11 章 "技术-环境"不完备情境下知识密集型产业主导技术扩散机理研究 ……… 148
11.1 基于 Bass 模型的"环境"不完备情境下知识密集型产业主导技术扩散机理 ……… 148
11.2 基于传染病模型的"技术"不完备情境下的主导技术扩散机理 …… 155
11.3 本章小结 ……………………………………………………… 166

第 12 章 "技术-环境"完备情境下知识密集型产业主导技术扩散机理研究 … 168
12.1 元胞自动机的框架 …………………………………………… 168
12.2 基于元胞自动机的技术扩散模型 …………………………… 170
12.3 "技术-环境"完备情境下的知识密集型产业主导技术扩散模型的构建 …………………………………………………………… 174
12.4 "技术-环境"完备情境下知识密集型产业主导技术扩散机理 …… 178
12.5 "技术-环境"完备情境下知识密集型产业主导技术扩散仿真 …… 179
12.6 本章小结 ……………………………………………………… 183

第 13 章 知识密集型产业主导技术扩散机理的整体性分析 ……………… 184
13.1 基于布朗运动的知识密集型产业主导技术扩散机理的整体性分析 …… 184
13.2 知识密集型产业主导技术扩散机理的案例研究 ……………… 187
13.3 本章小结 ……………………………………………………… 193

第 14 章 促进知识密集型产业技术标准演化与主导技术扩散的相关建议 …… 194
14.1 基于技术标准演化生命周期视角的相关建议 ………………… 194
14.2 基于影响因素促进技术标准演化的相关建议 ………………… 195
14.3 促进知识密集型产业主导技术扩散的相关建议 ……………… 200
14.4 本章小结 ……………………………………………………… 206

参考文献 ……………………………………………………………………… 208
后记 …………………………………………………………………………… 230

第1章 绪　　论

1.1 本书研究的背景、目的和意义

1.1.1 本书研究的背景

伴随着知识经济时代的发展，知识成为推动社会进步、促进经济发展的重要驱动性因素，以知识为根本要素的知识密集型产业对宏观经济转型起着至关重要的作用，其经济地位也在不断攀升（孙冰和姚洪涛，2015）。知识密集型产业已经成为世界先进国家和地区产业结构中最具潜在成长性和价值增值的关键产业，该产业的占比被当作衡量一国经济发展水平高低的重要量化指标之一，也成为各国、各地区竞争的焦点（张涵，2010）。当前，我国正处于产业结构升级的关键阶段，"着重发展知识密集型产业，以其辐射能力带动制造业、服务业等产业发展"是推动国民经济健康发展、成功实现产业结构转型、巩固我国国际地位、改变世界经济格局的重要战略举措。随着知识密集型产业的迅猛发展，知识密集型企业间的竞争已经不再局限于产品和服务之间的竞争，而是拓展为产业的技术标准的对抗（Dai et al.，2018）。尤其是在知识经济背景下，掌握技术标准的知识密集型企业往往掌握了整个产业的话语权，在产业链中占据优势地位，能够通过经济利润最大化，保持企业的长久竞争力（Li et al.，2018）。然而，由于学术界对技术标准发展的周期性规律认识不足，也未能明确各类影响因素对技术标准演化所起的作用，我国关于技术标准建设和发展工作的理论指导仍有待完善。

事实证明，作为技术创新成果转化和扩散的介质，技术标准的更新迭代与技术创新类似，是一个复杂的动态过程（潘海波和金雪军，2003）。首先，技术标准的演化遵循周期规律（胡培战，2006），其各个发展阶段紧密相关，前一个阶段推动后一个阶段的产生；当旧标准不再满足技术创新的发展需求时，新标准即替代旧标准应运而生，这种周期性循环被视为技术标准的生命周期（李保红和吕廷杰，2005），反映着技术创新、标准研发与产业升级的协同发展（潘海波和金雪军，2003）。因此，厘清技术标准的生命周期阶段演化规律是开展技术标准相关研究的基础步骤，有必要通过识别技术标准生命周期的各阶段特征，划分技术标准的生命周期阶段，为技术创新与技术标准之间的协同发展研究夯实理论基础。其次，近年来在技术复杂化和开放式创新的趋势下，技术标准的形成与演化过程离不开

组织间网络对信息交换、集体行动和任务协同等方面的支持（Ehrhardt，2004）。在此背景下，以企业为主导的技术标准联盟应运而生（Swann，1988）。技术标准联盟内部成员相互协助、协同创新、技术共享，通过提供知识产权、专有技术、互补性产品等资源形成复杂的合作关系，共同推动技术标准的演化。同时，技术标准演化还涉及市场、经济、基础设施、政府等多个领域（高俊光和单伟，2012），受诸多因素的影响，从宏观视角讨论这些要素与技术标准的作用关系，对于探析技术标准演化机理也是不可或缺的。因此，搭建联盟合作层面和地景层面影响因素与技术标准演化关系的理论模型，寻找推动技术标准演化的关键因素和有效途径，已成为推动知识密集型产业向产业价值链中高端迈进、提升行业整体竞争优势过程中不可回避的重要问题。

从不同技术轨道的竞争中最终胜出并被广泛采用的技术标准称为主导技术（戴海闻等，2020）。这种技术可以代表一定时期社会发展的主要方向，是能引起技术系统发生重大变化的先进技术和新兴技术（张海龙，2014）。众所周知，蒸汽动力技术是 18 世纪末到 19 世纪中期的主导技术；冶金技术、电力技术是 19 世纪中期到 20 世纪初期的主导技术；包括电子技术、生物技术、信息技术等在内的技术群是 20 世纪初的主导技术。主导技术不仅会直接影响标准竞争参与方的利益，更能够从根本上影响行业中未来几代产品的技术发展趋势，而主导技术的有效扩散更是一个地区甚至国家通过技术创新取得社会效益的源泉（郭立伟，2014）。武春友提出，技术扩散是创新过程的一个子过程，但技术扩散也是一个完全独立的技术与经济融合的活动过程（Zhang et al.，2016）。相关技术扩散不足时创新对经济的影响是无法实现的。因此，深入剖析知识密集型产业主导技术的扩散机理，以有效推动知识密集型产业主导技术的扩散，已经成为我国经济平稳增长和产业转型升级进程中急需解决的关键问题。

鉴于现实与理论的双重背景，本书试图明确技术标准的生命周期阶段演化规律，深入分析联盟合作关系和社会技术地景因素对技术标准演化的影响和作用关系，同时尝试在识别知识密集型产业主导技术的基础上，构建知识密集型产业主导技术扩散模型。上述研究旨在对知识密集型产业技术标准演化和主导技术扩散的机理进行科学阐释，并进一步提出科学合理的对策建议，力争有效地指导和促进知识密集型产业技术标准的良性发展和主导技术的有效扩散，进而为我国的产业结构优化、经济健康发展提供理论参考和决策借鉴。

1.1.2　本书研究的目的和意义

1. 本书研究的目的

本书的研究目的主要体现在以下五个方面。

(1) 构建技术标准演化的生命周期阶段模型，划分知识密集型产业技术标准演化的阶段，以揭示该产业技术标准演化的生命周期阶段规律。

(2) 分析技术标准联盟合作关系对技术标准演化的静态与动态影响，探究社会技术地景因素对技术标准演化的作用机制，力争明确不同层面因素对知识密集型产业技术标准演化的影响和作用机理。

(3) 确定知识密集型产业主导技术的判定指标与识别方法，旨在寻求判别知识密集型产业主导技术的有效工具。

(4) 构建"技术-环境"不完备与"技术-环境"完备情境下的知识密集型产业主导技术的扩散模型并加以验证，力求探究知识密集型产业主导技术在不同条件下的扩散机理与规律。

(5) 提出促进知识密集型产业技术标准演化和主导技术扩散的对策建议，力争为各级政府和行业管理部门进行科学决策和制定相关政策提供重要依据。

2. 本书研究的意义

本书基于生命周期、演化经济学、系统动力学和技术创新等理论，系统、深入地研究知识密集型产业的技术标准演化及主导技术扩散规律，进而提出相关的对策建议。此项研究具有重要的理论和现实意义。

(1) 本书的研究具有重要的理论意义。近年来，技术创新的理论研究热度不减，技术标准演化和主导技术扩散日益成为技术创新管理领域的研究热点和前沿。本书通过构建 S 曲线模型揭示了技术标准的生命周期阶段演化规律，运用社会网络分析方法探讨了联盟合作关系对技术标准演化的影响机理，并借助系统动力学模型分析了社会技术地景层面各维度要素对技术标准演化的作用。上述研究不仅拓展了技术生命周期、社会网络分析的相关理论，而且完善了技术标准演化、技术标准联盟的内容与方法体系。同时，在上述研究的基础上，本书还结合主导技术的特征构建了知识密集型产业的主导技术识别模型，并依据布朗运动的原理分析了知识密集型产业主导技术扩散的内外部影响因素及其作用，分别探究了"技术-环境"不完备情境与"技术-环境"完备情境下知识密集型产业主导技术的扩散机理。相关研究成果有益于深化和完善技术扩散的理论框架，进而有利于拓展和丰富技术创新的理论体系。

(2) 本书的研究具有重要的现实意义。随着世界经济一体化、技术全球化的发展，企业、产业乃至整个国家都在致力于推动技术标准演化和主导技术扩散的进程，试图以此占据未来产业竞争的高地。本书立足于我国知识密集型产业迅速发展的现实背景，基于实证数据对知识密集型产业技术标准演化的生命周期规律进行了分析，并分别围绕联盟合作关系和社会技术地景因素对知识密集型产业技术标准演化的影响机理进行了研究，进而提出相关对策建议。上述研究成果可以帮助知识密集型企业和政府相关部门识别技术标准演化过程的阶段和特点，为相关企业和政府部门保障并持续推动技术标准演化活动提供实践指导。同时，本书以新能源产业为例，对太阳能领域进行了主导技术识别的实证研究，并在探索主导技术扩散的内部与外部影响因素的基础上，应用仿真分析和案例研究验证了知识密集型产业主导技术扩散机理，在此基础上提出促进知识密集型产业主导技术扩散的相关建议。以上研究不仅可以为相关企业和部门进行主导技术的甄别提供有效的工具和手段，而且能够为相关企业或政府部门制定技术发展规划提供决策参考与借鉴。

1.2 国内外研究现状及述评

1.2.1 知识密集型产业的相关研究

知识密集型产业是一种按生产要素密集程度分类的产业类型，迄今为止，学术界对其没有统一的概念界定。概括而言，知识密集型产业是指在生产和服务过程中对知识的需求依赖程度较大的产业，或者可以是以知识的生产和传播为主体的产业（简新华，2001）。按照经济合作与发展组织（Organization for Economic Cooperation and Development，OECD）的提法，知识密集型产业是指具有较为密集的技术和人力资源投入的部门，可分为知识型制造业和知识型服务业两种。

根据学者对知识与技术关系的不同理解，知识密集型产业的范围界定也有所不同。一部分学者将技术与知识视为一体，并据此提出了产业的三分法。其中，一些学者认为知识是包括技术在内的广义的知识，因此将产业划分为劳动密集型产业、资本密集型产业和知识密集型产业三种（苏东水，2005）；另一些学者则认为技术中包含着知识，因而将产业划分为劳动密集型产业、资本密集型产业和技术密集型产业三种（司春林等，1998；杨公朴和夏大慰，1999）。还有部分学者则将技术与知识区分开来，进一步提出了四分法和七分法。例如，芮明杰（2005）把全部产业划分为劳动密集型产业、资本密集型产业、技术密集型产业和知识密集型产业四类；周勇等（2006）将产业划分为资源密集型产业、劳动密集型产业、资本密集型产业、技术密集型产业、信息密集型产业、网络密集型产业和知识密集型产业七类。可见，无论知识与技术的关系如何，知识密集型产业都是产业分类中重要的组成部分。

目前，关于知识密集型产业的理论研究主要集中在以下五个方面。

1. 关于知识密集型产业特点的研究

Willoughby（2004）提出，在高研发密集度的条件下，知识密集型产业中员工之间具有正式组织交流的企业将拥有更好的绩效,即知识密集型产业是以人力资源为主要特点的。高汝熹和许强(2007)进一步认为,知识密集型产业中的企业具有向顾客提供不同范围的创新来解决不同问题的特点。它们的知识是嵌入人力资本中的,即使这种知识可能已经被部分地制度化和本地化了。基于对知识密集型产业特点的认识,Luo等(2009)在对美国某知识密集型产业的300个企业进行调查后得出结论,知识密集型产业对人力资本的要求较高,倾向于雇佣高学历、经验丰富并受过培训的员工。与之相应地,Avdeeva和Kovriga(2019)认为,知识密集型产业中的企业活动也具有很强的创造性,这种创造性往往需要以领域的专业知识和经验作为支撑,要求企业实现有效的知识管理。

2. 关于知识密集型产业发展关键资源的研究

鉴于人力资源在知识密集型产业中的重要性,学者指出,对团队的管理是知识密集型产业发展的关键。国外学者的研究表明,在面对需要快速和创新响应的动态环境时,市场驱动的学习型组织能够获得自身的竞争力,而学习型团队的整合在适应动态环境的过程中也体现出明显的优越性(Cohen, 1993; Scott and Tiessen, 1999)。Liao等(2010)在对我国台湾地区知识密集型产业进行案例研究的基础上也得出了相似的结论:在面对多变需求和有限资源的条件下,学习型组织是发展与保持产业竞争力的关键途径,也是知识密集型产业发展战略的最佳选择。Chow和Gong(2010)认为,知识密集型产业面临着一个动态的竞争环境,组织必须完全利用其人力资源的创造创新能力,以保持竞争优势和生存能力。Mark(2020)以制药领域为例进一步指出,知识密集型产业受益于人力资源、组织结构和外部关系等无形资源,这也是其创新绩效和竞争优势的关键来源。然而,由于在查明、拨款、应用和评价方面存在困难,组织无法实现对这些资源的有效管理,导致了资源次优利用现象的出现(van der Waal et al., 2020)。

3. 关于知识密集型产业运行机理的研究

Martin-de-Castro等(2008)、高汝熹和许强(2007)的观点较有代表性,他们一致认为,知识密集型产业的运行过程就是知识创造的过程,即隐性知识和显性知识的相互转化与作用是知识密集型产业运行的核心;相应地,知识管理也就成为发展知识密集型产业的关键一环。刘鹏(2004)在相关研究中也阐述了与此相似的观点。同时,政府在知识密集型产业的运行过程中也发挥着至关重要的作用。例如,Chuang(2013)提出,政府可以通过制定各种国家法规、政策、战略和一套人力培养培训补贴来帮助知识密集型产业提升其人力资本存量,进而推动知识密集型产业的发展。

4. 关于知识密集型产业评价的研究

学者认为,对知识密集型产业的评价主要应从产业投入和产业产出两个方面进行。其中,产业投入指标包括人力资源投入指标和研究与开发(research and development,R&D)投入指标;产业产出指标包括生产成果产出指标和技术成果产出指标。高汝熹和许强(2007)运用主成分分析法构建了知识密集型产业定量评价模型,并对上海市的医药制造业、航空航天器制造业等五个知识密集型产业进行了评价和实证分析。陈伟等(2015)以 2005~2011 年我国 30 个省区市作为样本数据进行实证研究,得出各地区间知识密集型产业技术创新能力的综合评价结果:东部发达地区知识密集型产业的技术创新能力较强,但是其变化速度的上升趋势减弱,甚至有不少地区呈现逐步递减状态;而中西部地区虽然知识密集型产业技术创新能力较低,却有较大的发展空间,多数地区有明显的上升速度,且上升趋势变化量高于多数东部地区。

5. 关于知识密集型产业中集群与联盟形成的研究

Hershberg 等(2007)认为,高校与企业之间的联系是形成知识密集型产业集群的重要前提和标志。Luo 等(2009)则认为,科学家作为知识密集型产业中的一种关键的智力资本,是产业中融资与研发联盟形成的原因:科学家比例越高,产业越倾向于形成联盟;然而联盟一旦形成,科学家比例就不再是融资联盟的关键影响因素。Zhao 等(2018)则依据知识管理理论提出,知识密集型产业联盟的形成动机是企业想要通过知识资源互补的合作创新模式获取更多的知识产出,其中协同创新是联盟伙伴通过知识创造、知识获取、知识交易和知识应用来达成协议、促进经济产出的一种创新方式。

1.2.2 技术标准的相关研究

国内外学者对技术标准的研究可追溯至 20 世纪 80 年代中期,主要对技术标准的内涵与特征、作用、技术标准演化进行了系统性的理论研究。

1. 关于技术标准的内涵与特征研究

国内外学者普遍对"技术标准是针对技术的指导与规范文件"这一内涵界定具有一致认识,但由于研究目的与研究侧重点不同,在对技术标准的理解上也会出现微小的差异。例如,周寄中等(2003)认为,技术标准是一个由核心技术组成的专利池,多数技术标准要依靠多个企业共同完成,而在此期间需要进行组织安排。毕克新等(2007)指出,技术标准是通过规制文件产生的技术贸易壁垒。

Jain（2012）认为，技术标准是确保技术系统内各组件之间无缝集成的接口规范。Blind 和 Mangelsdorf（2016）指出，技术标准是针对当前行业技术难题而产生的合适而非最优的安排。李庆满等（2019）则认为，技术标准是技术知识的载体，通过"技术创新-专利技术-技术标准"的异步联动模式实现技术的升级与推广。由于技术标准肩负着行业技术指导与规范的任务，国外学者普遍将技术标准视为具有公共、开放性质的范畴。例如，Samuelson（1954）指出，技术标准具有非竞争性与非排他性，因而二者可归结为"公共物品"属性。Swann（2000）认为，技术标准对采用对象而言具有开放性和通用性，这是与专利技术的专有性、实质垄断性相对立的性质。Kim 等（2015）指出，技术标准具有概括性、兼容性、动态性以及定量性等特征。魏津瑜等（2017）则认为，高新技术产业集群遵循的技术标准具备网络外部性、规模经济性、专利池三个特征。

2. 关于技术标准的作用研究

在知识经济时代，技术标准已越来越成为企业、产业乃至国家获取贸易竞争优势的有效手段。然而，由于研究视角的差别，技术标准的作用和影响也有所不同。

（1）关于技术标准在国家层面的作用。研究表明，技术标准以统一规范的形式为各国经济发展确立了准则，并逐渐发展成为优势国家巩固地位的贸易壁垒。例如，Kauffman 和 Techatassanasoontorn（2004）认为，技术标准由于具有指导产业竞争策略以及提高行业进入壁垒等功能，已逐渐成为一个地区或国家经济地位的标志。Baird（2007）认为，技术标准的颁布意味着国家不得不摒弃以往的封闭状态，同意以一致认可的规则指导产业经济发展。这将迫使国家提升自身获取信息以及做出正确决策的能力。李薇和李天赋（2013）认为，实施专利与技术标准的协同发展战略是发达国家企业成功掌握技术标准话语权的前提。政府颁布的法律法规与政策保障能够促成专利向技术标准的转化，然而政府采取的主导行为也可能存在一定的消极影响。Clougherty 和 Grajek（2014）指出，国际标准化组织（International Organization for Standardization，ISO）质量标准控制权更大的国家会从技术标准化中获益，而 ISO 质量标准控制权较小的国家则将技术标准视为具有遵从性成本效应的贸易壁垒。

（2）关于技术标准在产业层面的作用。Gauch 和 Hawkins（2010）认为，复杂技术标准能推动信息通信技术（information and communication technology，ICT）产业集群的建立，并最终导致行业内的差异化竞争。Saadatmand 和 Lindgren（2016）发现，垂直信息技术标准能够促进道路运输行业的信息流通，有助于行业运营流程的改革。韩连庆（2016）认为，一个产业的成功不但需要自主知识产权的技术，还要通过技术标准将该项技术辐射至整个产业链。Jenders 等（2016）以医疗行业为例指出，由于自身具备的向后兼容性，Arden 语法的使用标准为医疗行业的临床决策支持工作提供了统一、便捷的使用规范。Kim 等（2017）指出，物联网行业的技术标准被看作技术基础设施的一部分，能够催生出行业内的自我加强机制和锁定效应。吴菲菲等（2018）也认为，成功的创新应当通过技术标准得到行业的广泛接受与执行，最终形成"赢家通吃"的竞争优势。

（3）关于技术标准在企业层面的作用。刘辉（2013）指出，技术专利化、专利标准化、标准国际化已成为企业技术标准发展战略的主流模式。Wonglimpiyarat（2012）、舒辉和刘芸（2014a）研究发现，创新成果向技术标准的转化已成为企业获取竞争优势的重要途径。Dao 和 Zmud（2013）指出，技术标准选择的不确定性会随着技术生命周期而发生变化，进而影响创新企业的战略信号行为以及市场参与者对这些企业创新成功可能性的感知。Zoo 等（2017）认为，技术标准对创新的促进作用主要体现在规模扩增、理论支撑与协调运作三个方面。Blind 等（2017）研究发现，在不确定性较低的市场中，技术标准能显著促进对企业创新效率的提升；而在不确定性较高的市场中，技术标准则对企业创新效率起到抑制作用。Teece（2018）认为，技术标准有助于构建价值链交流平台，促使企业在竞争中形成"赢家通吃"的局面。陈立勇等（2019）指出，技术标准化工作涵盖了研究与开发、技术创新、产品创新等一系列活动，这些活动与企业的知识资源和知识整合能力紧密相关。

3. 技术标准演化的相关研究

1）关于技术标准演化的生命周期研究

Cargill（1989）和 Burrows（1999）从用户参与角度正式建立了技术标准的生命周期模型，认为模型应包括初始需求（initial requirement）、基础标准开发（base standard development）、外形/产品开发（profile/product development）、测试（testing）和用户执行/反馈（user implementation/feedback）五个阶段，自此开启了技术标准生命周期研究的先河。以 Ollner（1988）、彭洪江和鞠基刚（1999）、Egyedi（2000）、Weiss 和 Spring（2000）以及 Vries（2002）为代表的学者成为早期研究的先行者，他们将研究重点置于技术标准的开发，提供了不同类型的技术标准生命周期模型。Hanseth 和 Braa（2001）将技术标准的采纳、扩散和使用活动纳入考虑范围，提出了概念（conception）、定义（definition）、执行（implementation）和使用（use）的四阶段生命周期模型。Moreton 等（1995）和 Sloane（2000）开发了基于多重路径的、由需求至衰退的技术标准生命周期模型，关注了技术标准在使用过程中的影响因素。Gessler（2002）认为，在无线移动通信技术标准的演化过程中，其生命周期的不同阶段存在相互作用。Söderström（2004）通过对上述模型的对比和评价，构建了技术标准生命周期的六阶段模型，包括前期准备、标准开发、产品开发、执行、使用和反馈等。此后，基于技术标准演化的生命周期视角，胡培战（2006）针对不同阶段特征指出了技术标准战略类型；黎昀和李四聪（2011，2012）补充阐述了技术标准形成机制、技术创新集群以及产业标准链延伸等战略实施的要点和途径；高俊光（2011）注意到多重因素对技术标准形成的推动作用，从技术（T）、经济（E）和规制（R）三个维度引入不同影响要素，进一步塑造了技术标准生命周期的分阶段 TER 模型，并以时分同步码分多址（time division-synchronous code division multiple access，TD-SCDMA）技术标准为例验证了理论模型的合理性和有效性。

2）关于技术标准演化的影响因素研究

关于哪些因素影响并作用于技术标准演化的问题，国内外学者从不同视角出发，对其进行了深入探讨，主要可归纳为如下四类。

第一类研究聚焦于市场因素对技术标准演化的影响。Katz 和 Shapiro（1986）提出，技术创新的市场前景决定了它成为技术标准的可能。Farrell 和 Soloner（1986）认为，新技术标准对旧技术标准的更新分为两种情况：一是根本性技术创新导致的新标准完全取缔旧标准；二是基于渐进性技术创新的旧标准改进和升级。但无论属于何种情况，旧技术标准所形成的市场规模和用户基础，都将通过创新技术的选择和采纳等对技术标准演化产生影响。Cowan 和 Hultén（1996）对汽车能源技术标准的研究表明，在不存在技术标准"锁定"效应的前提下，市场选择能够影响技术创新轨道，从而作用于技术标准的演进。Shapiro 和 Varian（1999）运用博弈论方法对技术标准竞争案例进行分析，发现市场期望、用户基础是实施技术标准战略的重要因素。苏竣和杜敏（2006）以中国数字音视频编解码技术标准（audio & video coding standard，AVS）为例指出，市场调节在一定程度上对技术标准演化过程产生积极影响。徐明华和史瑶瑶（2007）对技术标准演化阶段的特点进行阐述，通过归纳和整理大量案例，解释了技术标准的技术特征、市场环境和企业能力对技术标准演化过程的影响，并由此提出了中国信息通信技术产业实施技术标准战略的启示和对策。戴万亮和李庆满（2016）也认为，市场导向是技术标准扩散的重要影响因素。他们通过对 227 家制造业企业调研数据的实证分析发现，市场导向不仅对技术标准扩散具有直接的正向影响，还在网络权力的正向调节下以技术创新为中介变量间接作用于技术创新扩散。

第二类研究关注经济因素对技术标准演化的影响。从成本角度出发，Skea（1995）、Jones 和 Hudson（2004）以及 Moenius（2004）等充分考虑技术标准的信息属性和信号功能，一致认为涵盖产品质量、功能和规格等信息的技术标准提供了可靠的信号显示机制，有效减少了消费者决策过程的不确定性，降低了技术标准采纳的交易成本，从而推动了技术标准扩散。高俊光和单伟（2012）构建了技术标准演化的经济路径，提出降低成本是推动企业标准化的重要内在动力，并借助中国第三代移动通信技术（third generation，3G）标准形成的实践案例对其加以检验。从网络效应角度出发，Carayannis 等（2000）的研究表明，网络效应能够促进技术标准的建立和扩散，消费者预期是技术创新成为主导技术标准的关键。Baake 和 Boom（2001）、Orsini 和 Lambertini（2003）在此基础上构建了纵向差异模型，进一步分析了网络效应和技术兼容性对技术标准产品价格以及质量差异的影响。杨蕙馨等（2014）基于网络效应的视角，证实了用户基数与技术标准的技术特征同时产生作用，会显著加快技术标准的演化速度。

第三类研究侧重于联盟因素对技术标准演化的影响。Besen 和 Farrell（1994）指出，如果能够通过联盟形式集结产业中技术创新能力较强的企业，那么将对技术标准的形成产生巨大的影响。吴文华和张琰飞（2006）从技术标准联盟的内涵以及影响技术标准扩散的因素出发，研究了技术标准联盟对技术标准演化的推动作用。Humphrey 和 Schmitz（2008）认为，以联盟方式整合产业集群资源，合力制定联盟技术标准，有利于推动技术标准的实现与扩散，进而促进产业转型升级。Pohlmann（2014）、Delcamp 和 Leiponen（2014）以信息通信技术产业为例对非正式联盟的基本特性及形成机制进行分析，明确了联盟内部组织协调与技术创新协同战略对联盟稳定与 R&D 投入的重要性，进一步强调了联盟在技术标准制定过程中的价值。李薇和邱有梅（2014）通过构建 Stackelberg 博弈模型进行研究，发现技术标准联盟的纵向合作机制较之市场机制能够对技术标准演化表现出更显著的正向作用。曾德明等（2015）基于汽车产业的面板数据建立了企业网络位置、技术多元化与技术标准形成的模型，从技术标准联盟的角度探讨了不同因素与技术标准形成的正向关系。韩连庆（2016）则以中国高清视频技术为例，探讨了技术标准联盟、产业链与技术标准实现的关系，研究表明：技术标准联盟建构与产业链整合可以降低技术创新的风险，促进技术标准成功实现。在上述研究的基础上，田博文等（2017）应用行动者网络理论的观点，对技术标准演化不同阶段的核心行动者、主要行动者和共同行动者进行识别，进一步得出了政府、企业和科研机构等主体参与并促进技术标准实现的结论。

第四类研究专注于政府因素对技术标准演化的影响。Chiesa 和 Toletti（2003）基于技术创新与技术标准的双重视角考察了技术标准竞争中的垄断问题，认为政府干预要同时考虑网络效应与技术创新的强度，避免规制政策过于严苛而打压企业技术创新的积极性。Farrell 和 Katz（2005）注意到网络效应下技术标准竞争的掠夺性定价问题，构建了政府干预与技术标准竞争均衡的两期模型，证实了二者的相关关系。王博和何明升（2010）将政府参与引入技术标准扩散的 Bass 模型和政府参与之下（under government's participation，GP）模型，通过对韩国码多分址（code division multiple access，CDMA）技术标准扩散的实证分析，得出政府行为可以以调动技术标准的市场潜力为途径来加速技术标准演化过程的结论。Cabral 和 Salant（2014）提出，政府对单一标准的倾斜容易导致搭便车行为的产生，极大程度地削弱政府干预对 R&D 投入的边际激励，应保证公平性以实现政府干预对技术标准的作用最大化。Arnold 和 Hasse（2015）以此为据，进一步强调了技术标准作为不断强化的政府管制手段，已成为世界各国积极实施技术创新和技术标准战略来获取竞争优势的重要战略工具。在此基础上，李庆满等（2018）运用结构方程进行了实证研究，证实了政策环境对技术标准形成具有推动作用。

3）关于技术标准演化的机制研究

技术标准演化的机制是技术标准演化研究的重要内容之一。所谓技术标准演化的机制，是指在明确技术标准影响因素的前提下，为推动其演化进程，将影响因素置于某一系统或框架，剖析各要素在一定条件下相互联系、相互作用的运行规则和原理。学者热衷于发掘技术标准演化的深层规律，从不同视角对技术标准演化的机制展开研究。

部分学者基于参与主体视角对技术标准演化机制展开研究。他们偏重于关注政府和联盟作为参与主体在技术标准演化过程中的作用。Emmanuelle（2000）应用博弈论方法对技术标准演化问题进行分析，构建了政府干预与技术标准效用的动态模型，发现当技术标准效用函数为凸函数时，是政府干预技术标准演化的最佳时机；Cabral（2004）在模型中纳入政府政策制定的信息不充分条件，提出信息不充分使政府政策倾向于推迟技术标准的实现，从而导致技术标准演化速度缓慢。Badaracco（1991）认为，技术标准联盟一方面促进了产品、技术、服务的兼容性；另一方面借助用户基数的扩大优化了网络效应的正反馈机制，进而推动技术标准的形成和实现；Jaesun 和 Kim（2007）指出，技术标准联盟通过对组织成员的约束、路径依赖和降低交易成本作用于技术标准的形成。舒兆平和毛蕴诗（2009）认为技术标准演化机制不尽相同，并以移动通信技术领域三代技术标准为例，阐述了基于市场、基于市场与联盟混合、基于政府干预的市场与联盟混合三种机制类型，并重点分析了政府干预的市场与联盟混合机制对技术标准演化的显著作用。高长元和单子丹（2010）从联盟参与成员间合作的视角出发，分析了成员间联合研发与管理、技术创新和标准演化间的互动关系，并据此建立联盟个体成员间的动态奖惩机制和内部信任机制。陶爱萍等（2015）以技术标准拥有者、非技术标准拥有者和用户为切入点，从行为选择与博弈论角度对导致技术标准锁定的影响因素和形成机理进行分析，构建了技术标准拥有者、非技术标准拥有者和用户促进技术标准锁定的三维模型。在以上研究的基础上，田博文等（2016）通过分析物联网产业技术标准演化过程的参与主体、发展阶段和网络属性，发现随着多方参与主体的互动，技术标准演化过程被分割为多个子阶段，技术标准演化的子目标和微观运作机制以子阶段为基础得以建立。

另一部分学者则基于知识产权视角对技术标准演化机制进行研究。技术标准的形成、实现和扩散是以知识产权为核心展开的，技术标准的知识产权属性以专利形式呈现。Iversen（2000）、Bekkers 等（2002）探讨了专利保护强度与技术标准演化的关系，认为宽松的专利保护有助于推动技术标准的形成，过度的专利保护容易引发专利丛林现象而与技术标准产生冲突；Blind 和 Nikolaus（2004）运用专利申请与技术标准存量的数据进行实证分析，检验了二者之间存在的倒 U 形关系。Shapiro（2001）、Aggrawal 和 Walden（2005）在研究中提出，专利与技术标准演化的冲突主要表现为专利保护所引发的技术标准使用壁垒，而这一问题能够借助专利池得到有效解决；他们发现，专利池的权利人通过交叉许可和打包许可的方式围绕技术标准建立了互补性专利组合，增强了专利和技术标准的使用频率，减少了交易过程的成本和费用，降低了技术标准的实施成本，进而促进了技术标准的实现和扩散。

1.2.3 主导技术的相关研究

1. 关于主导技术的内涵与判定研究

各国的学者从不同的视角出发，对主导技术的含义有不同的理解。其主要观点可分为以下两类。

一些学者从单一技术的角度对主导技术的含义进行阐释。学者指出，所谓主导技术，是指在某个时期可以将已存技术体系的稳定状态打破，并引发其他领域的技术变动、革新甚至产业变革等一系列活动的技术，其对技术前行的道路存在着决定性意义，是构建新技术体系的前提及关键力量（Andrew and Mark，1998；Srinivasan et al.，2005）。李龙一和张炎生（2009）通过研究指出，当市场上出现竞争性技术并通过市场选择之后，通常会出现一种主导技术；这种主导技术引导着技术向前发展深化，并由此形成一种可以方便企业进行批量化生产以降低成本、最大化赚取利润的高新技术。于会娟和姜秉国（2016）另辟蹊径，从市场体系的视角做出界定，即主导技术一经确立，产业竞争焦点将迅速由原先的突破性技术创新转变为以降低成本为目标的渐进性技术创新，市场竞争态势趋于明朗，产业内企业数量不断减少并最终达到稳定，市场集中度上升，市场结构也将趋于稳定。Nicholas 等（2015）认为，由于主导技术的确立关系到企业能否有效解决技术不确定性和企业成熟度的相关问题，因此主导技术的出现是技术和行业演进的分水岭；主导技术的确立过程通常伴随着技术性质的变化、竞争地位的改变和消费群体采用策略的转变等。

另有一些学者从技术集成的视角对主导技术的内涵进行阐释。邓龙安（2007）指出，主导技术是技术与市场不确定条件下形成的企业和顾客共同期望的一种产品技术结构。蔡跃洲和李平（2014）认为，多个相互关联的通用性技术领域的主导技术彼此依存，形成新主导技术群和新技术体系，进而引发技术革命和技术-经济范式的转变，并有望支撑新一轮经济长周期的形成。也存在部分学者将主导技术直接等同于主导设计，即特定时期融合了许多单个技术创新并以一个新产品的形式表现出来的技术与市场相互作用的结果，是创新者为了赢得市场信赖和支配重要的市场追随者而必须奉行的一种设计，是技术可能性与市场选择相互作用之下广为接受的满意产品（Utterback and Abernathy, 1975）。换言之，主导设计可被认为是由以前独立的技术变异所引发的多项技术创新整合而成的特征集，类似于现有创新"碎片"的整合（Suarez, 2010）。

虽然学者对主导技术的含义的认识还不统一，但是他们对产业主导技术发展所存在的重大意义的认识是统一的。在此基础上，部分学者对主导技术的判定依据进行了分析。罗卫国（1987）指出，确定主导技术的依据为：看其对整个技术系统的进步是否有着巨大的影响和制约作用。Anderson 和 Tushman（1990）的观点是，当某个技术占据了超过一半的市场时，就代表其占据了主导地位。但是，该评判依据并没有结合技术竞争的变化状况，也就是说，某个领先者虽然可以长时间占据超过一半的市场，却并非表明该技术变成了主导技术。原因在于，其他同业者可能进行模仿并且渐渐抢占市场。针对这个问题，Suarez（2010）给出了更加全面的评判依据：首先，存在明显特征证明最重要的替代性技术退出了对抗；其次，在市场占有比例上存在明显的优势，而且最近的市场走向反映出这样的优势在持续强化。若是出现了上述一种或两种情况，则可以判断某个技术占据了主导地位。

2. 关于主导技术的形成与影响因素研究

一些学者对主导技术的产生和形成展开了探讨。Srinivasan 等（2005）分析了技术的专用性、网络效应、产业内企业数量、形成过程的类型、突破性创新程度和研发强度等市场特征对主导技术的出现概率和出现时间的影响。薛红志等将主导技术形成过程分为研发竞赛、技术测试、市场创造和决定性战役四个阶段，揭示了主导技术从多种技术中脱颖而出的驱动力来源；并将形成过程的四个阶段与关键影响要素结合起来，建立了主导技术形成路径模型（薛红志, 2016；薛红志等, 2017）。Clymer 和 Asaba（2008）以精工爱普生公司的压电打印头技术为研究对象，通过专利矩阵分析了该公司的压电打印技术与热敏打印技术进行技术竞争并最终成为主导技术的过程。Nicholas 等（2015）通过分析美国早期汽车行业的数据发现，主导技术形成之前，企业通常会进行战略性的重新定位，并引入一个需求高涨的特定产品（简称创新冲击）来取得竞争中的优势。Noh 等（2016）采用第五代移动通信技术（5G）电信技术专利数据开发了一个基于专利的主导技术识别框架以获取该领域主要企业和机构发表的核心专利，并应用文献耦合与文本挖掘确定其形成轨迹。

也有一些学者对主导技术形成的影响因素进行了探讨。Joanne 等（2007）描述了主导技术理念和行动者网络理论的基本要素,并通过食品行业的案例研究指出,技术开发人员、决策者和研究主导者都会不同程度地影响主导技术的形成结果。谭劲松和薛红志(2007)研究发现,企业可以通过控制技术优越性、用户基础、互补性产品可得性、互补性资产可得性与市场进入时机等组织可控战略因素,提高自研技术成为主导技术的可能性,为赢得主导技术增加砝码。Nascimento等(2009)通过生物燃料技术的案例研究,指出技术自身的共享能力,柔性燃料技术供应商、汽车制造商、酒精生产商等关键市场参与者的技术选择及其与政府行政管理的互动是影响主导技术的内生与外生因素。叶伟巍和兰建平(2009)以浙江省纺织业为分析对象指出,主导技术的出现是一定时期内技术与市场选择相互作用的结果,并指出主导技术成功的关键在于技术和市场的协同领先,即技术的领先首先转化成市场的高占有率,再通过机会窗口的准确把握,最终成为主导技术。刘志阳(2010)从技术优越性、初始用户基数、联盟治理能力、可升级性、金融资本的催化以及国家作用等方面构建了战略性新兴产业主导技术影响因素的六力模型。苟劲松等(2015)发现,技术、市场、制度和社会等因素共同促进主导技术的形成,而市场因素在其中扮演着相对重要的角色。

1.2.4 技术扩散模型的相关研究

对技术扩散的最早研究为熊彼特在创新理论中提及的"模仿"。自此之后,学者围绕技术扩散进行了大量实证的、理论的和应用性研究。在技术扩散模型方面,许多学者分别从销量预测、产品扩散与技术扩散等角度,对技术扩散模型进行了一系列的理论考察,得到了大量具有理论价值与实际意义的结论,并提出若干扩散模型。

经典技术扩散模型的开创者主要有 Fourt、Woodlock、Mansfield 和 Bass。Fourt 和 Woodlock(1960)、Mansfield(1961)分别讨论了在内部影响和外部影响情况下的技术扩散模式。Bass(1969)借助微分方程构建的电视机销售预测模型为后续研究技术及技术扩散奠定了基础。此后扩散模型的研究日趋活跃,主要可分为三个阶段。

(1)基本模型研究阶段(20世纪60年代到70年代初)。这个阶段的研究集中于基本数学模型的开发,模型主要用来拟合时间序列数据的简单数学公式,以通过解释变量用模型预测产品的扩散,并通过回归分析方法获得模型的各项系数(Chow,1967;Sahal,1977)。

(2)基本模型的扩展研究阶段(20世纪70年代到80年代初)。这个阶段的研究不考虑环境变化和竞争因素等方面的缺陷,主要是集中解决基本模型存在的固定结构。具体的做法为,在基本模型的基础上添加更多的参数使模型柔性化,这些参数包括多阶段采用方式、变化的环境与创新的内在关系等(Dodson and

Muller, 1978; Mahajan and Peterson, 1978; Bass, 1980; Clarke and Dolan, 1984), 仍是用来进行产品扩散的预测（Becker, 1983; Makridaks and Mcgee, 1983）。

（3）新的应用研究阶段（20 世纪 80 年代至今）。这个阶段的研究进一步增强了模型的柔性，拓宽了模型的视野。具体表现为：展开了各层次的竞争，取消了企业人数的限制，建立了产品采用的反馈机制。这一阶段的成果使模型与实际行为更加吻合（Uzumeri and Sanderson, 1995; Mahajan and Peterson, 1978; Shari, 1981; Randles, 1983; Giovangis and Skiadas, 1999; Mohle, 2002; Jun and Kim, 2002; Montaguti et al., 2002）。此阶段不仅采用模型进行产品扩散的预测，还涉及模型更广泛的应用（Montaguti et al., 2002; Lehmann and Esteban-Bravo, 2006）。

部分学者利用扩散模型进行产品扩散和技术扩散的过程研究。在产品扩散方面，Mansfield（1961）使用内部影响因素模型研究了一些工业产品创新，如柴油机车、码堆机、挖掘机等在企业之间的扩散和杂交玉米在 31 个州、132 个地区中农民之间的传播状况。Sharif 和 Kabir（1967）应用 Bass 模型研究了美国银行信用卡的扩散、口服避孕药的扩散，以及泰国拖拉机的扩散等情况。盛亚（2002）则采用 Bass 模型研究了我国新产品市场扩散的基本博弈问题。在技术扩散方面，徐玖平和陈学志（2001）分别利用技术创新扩散三阶段模型对我国四川遂宁旱育秧技术的推广问题以及福建联合收割机的推广问题进行实证分析。罗荣桂和江涛（2006）利用经典的传染病模型［SIR（susceptible infected recovered）模型］建立了单一技术在单一企业群中扩散的 SIR 模型、单一技术在多个企业群中扩散的 SIR 模型和多种竞争技术在单一企业群中扩散的 SIR 模型，并通过对三种模型的分析研究了技术扩散现象的一般规律。石德金等（2017）利用改进的威尔逊引力模型测算了福建省 9 个地市的农业技术扩散辐射半径，并确定这 9 个地市的农业技术扩散辐射范围，以解决农业科技扩散过程中出现的"空白区"或"断层现象"。

1.2.5　关于现有研究的评述

综上所述，本书认为现有的研究在以下四个方面取得了进展。

（1）越来越多的学者认识到知识密集型产业在我国经济发展格局中的重要地位，知识密集型产业的特点、关键问题、运行机理、评价、集群与联盟形成等方面的相关问题得到了学者的日益关注。

（2）技术标准的理论研究已经日臻成熟，学者基于不同的研究视角围绕技术标准的内涵、特征和作用效果进行了较为深入的研究，研究层次逐渐由企业向产业和国家层面拓展，这为知识密集型产业技术标准问题的进一步研究提供了有力的理论支持。

（3）围绕技术标准生命周期的研究初具规模，揭示了技术标准演化存在的周期性规律。同时，关于技术标准演化的影响因素和机制的相关研究基本形成体系，为进一步研究技术标准奠定了基础。

（4）主导技术在产业发展中的重要作用已引起学者的重视，主导技术的识别和形成问题成为重要的研究主题，学者基于不同研究视角对主导技术的内涵、判定依据、形成及其影响因素的讨论为进一步开展主导技术的相关研究提供了理论基础。

已有的国内外研究成果为本书研究的开展做了有益的探索和铺垫，但是现有的研究还存在以下不足之处。

（1）在知识密集型产业视角下研究技术标准和主导技术的相关成果暂未形成完整的体系。然而，在知识经济时代业已到来以及国际市场竞争不断加剧的背景下，技术标准发展和主导技术扩散无疑是我国推动知识密集型产业结构升级和实现技术赶超的重要途径。因此，围绕知识密集型产业探索其技术标准演化和主导技术扩散规律，对于进一步完善和扩充技术创新的理论体系显得尤为重要，值得学者深入探究。

（2）从动态视角研究技术标准演化生命周期的成果较少。尽管现有研究已经揭示了技术标准会在多种企业行为推动下呈现动态演化过程这一事实，但是目前多数学者倾向于针对技术标准演化过程的规律特征进行静态研究，鲜有学者从动态视角对其加以研究。同时，对于技术标准演化的生命周期研究多限于对其生命周期现象的解释，倾向于采用定性研究的方法探讨技术标准演化的生命周期特征和阶段性过程，鲜有基于数学模型、专利数据进行定量分析的相关研究成果。因此，对技术标准周期性演化的动态研究有待补充。

（3）技术标准演化的影响因素研究缺乏系统性的定量分析。对于技术标准演化的影响因素，学者往往侧重于讨论某一因素的直接或单独作用，基于联盟合作关系层面和社会技术地景层面的综合性研究比较少见。然而，仅从单一因素出发难免使研究分散、不成体系，且具有局限性。同时，由于研究习惯和基础数据的限制，关于技术标准演化的影响因素研究多以定性分析与案例分析为主，而采用定量分析的研究却是凤毛麟角，这一现状不利于对技术标准演化规律进行科学探索。因此，对技术标准演化的影响因素进行系统性、定量的研究势在必行。

（4）关于主导技术的判断和识别的相关研究尚存不足。虽然已有少量研究提出了判断和识别主导技术的若干标准，但其提法较为笼统，且偏于定性描述，缺乏可操作性。然而，有效识别主导技术、研判其发展趋势是推动和加速知识密集型产业技术发展的必要前提，因此，为知识密集型产业主导技术的判断和识别提出科学、量化、可操作性的标准将是一个亟待解决的重要问题。

（5）技术扩散影响因素的分析视角单一，基于不同情境构建技术扩散模型的研究尚处于起步阶段。现有研究中虽已将扩散模型应用于产品与技术的扩散过程的研究中，但是大多通过单角度、单要素进行研究，缺少多角度、多因素的综合性分析，也罕见对不同环境条件下的技术扩散理论展开的研究。可见，全面考量技术扩散过程中内部因素与外部因素的综合作用,基于不同情境有针对性地进行技术扩散机理的模型与仿真研究是创新领域研究的必然趋势。

1.3 本书的总体思路与研究方法

1.3.1 本书的总体思路

本书将按照理论基础—技术标准演化与影响因素研究—主导技术识别与扩散研究—对策建议的脉络展开研究。

（1）理论基础。主要包括本书的第 1 章和第 2 章。首先，认真总结和梳理知识密集型产业、技术标准及演化、主导技术和技术扩散等方面的国内外研究现状，明确本书的研究背景、目标和总体思路。其次，科学定义知识密集型产业、技术标准等基本概念，阐明技术标准演化的生命周期性特征。最后，进行主导技术的内涵界定和特征总结，论述技术扩散的内涵、主体构成和相关模型，为后文提供理论依据。

（2）技术标准演化与影响因素研究。主要包括本书的第 3 章~第 8 章。首先，从知识密集型产业技术标准演化的时间维度出发，基于 S 曲线理论构建知识密集型产业技术标准演化的生命周期阶段模型，并采用专利数据与实例研究双重途径对该模型进行验证。其次，以闪联产业联盟关于音频互连技术标准的联合申请专利为例，从社会网络分析视角出发探究在技术标准联盟内不同维度的合作关系对技术标准演化的影响。再次，构建社会技术地景因素影响技术标准演化的理论模型，根据移动通信产业第四代移动通信技术（4G）标准的真实数据检验社会技术地景因素与技术标准演化的内在联系。最后，构建知识密集型产业技术标准演化的系统动力学模型，设计不同的仿真模拟方案，探索不同因素变动对技术标准演化进程的影响。

（3）主导技术识别与扩散研究。主要包括本书的第 9 章~第 13 章。首先，根据知识密集型产业主导技术的特征进行主导技术识别，进而以新能源产业为实例对主导技术识别模型进行实例验证。其次，利用 Bass 模型分析"环境"不完备情境下知识密集型产业主导技术扩散机理，同时利用传染病模型分析"技术"不完备情境下知识密集型产业主导技术扩散机理。再次，采用元胞自动机分析"技术-环境"完备情境下知识密集型产业主导技术扩散机理。最后，对知识密集型产业主导技术扩散机理进行整体性描述，分析在不同情境下知识密集型产业主导技术扩散的规律与影响因素。

（4）对策建议。主要包括本书的第 14 章。基于前述理论分析、模型实证与仿真模拟结果，一方面，根据技术标准演化及其影响因素的研究发现，从联盟合作关系和社会技术地景两个方面入手，提出促进知识密集型产业技术标准演化的对策与建议；另一方面，依据知识密集型产业主导技术扩散的机理分析，从政府、行业协会与企业的角度提出在"环境"不完备情境、"技术"不完备情境与"技术-环境"完备情境下促进我国知识密集型产业主导技术扩散的相关建议。

本书的研究框架如图 1.1 所示。

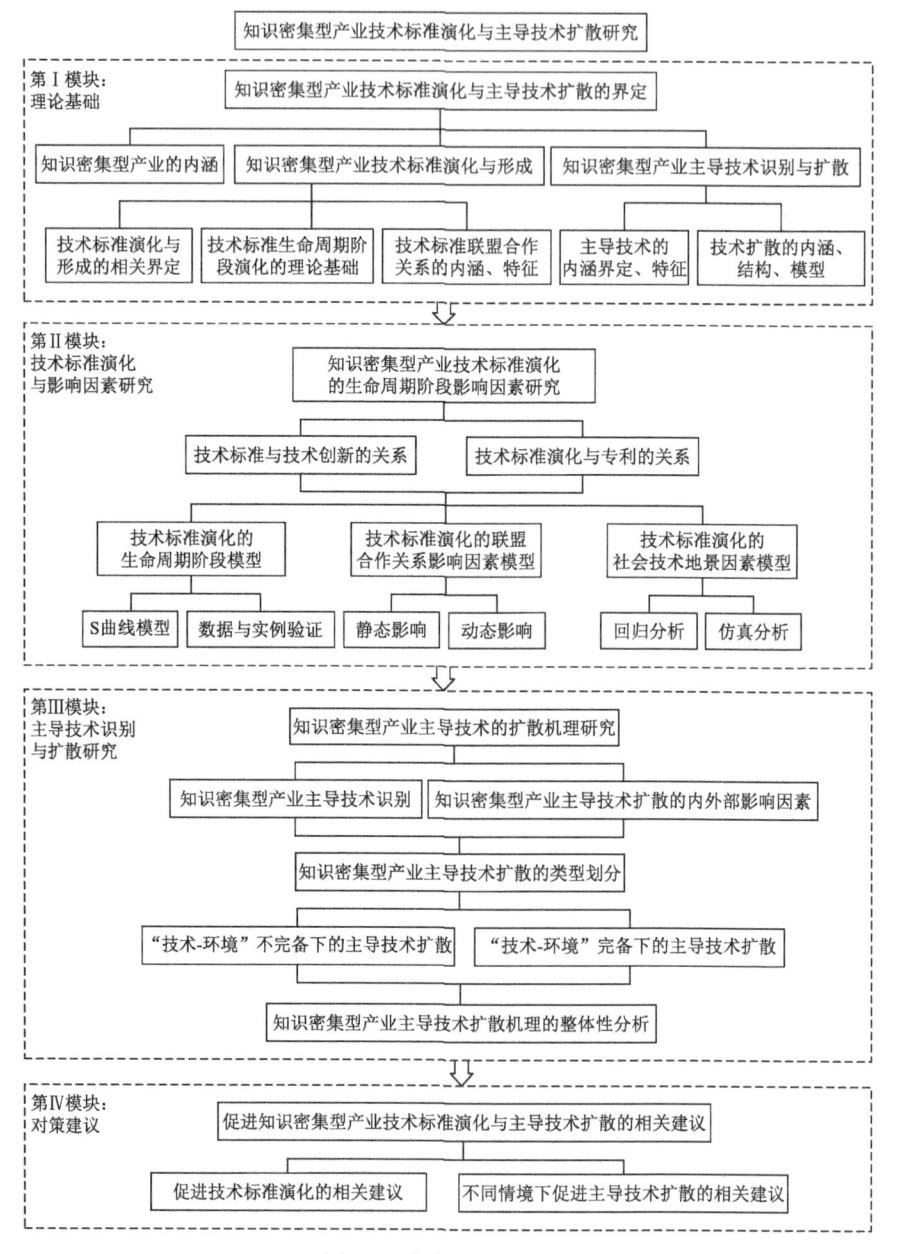

图 1.1　本书的研究框架

1.3.2 本书的研究方法

本书将规范研究与实证研究、定性研究与定量研究、仿真研究与案例研究相结合，构建知识密集型产业技术标准演化与主导技术扩散的相关理论模型，并基于实证研究和仿真分析提出相关建议。具体的研究方法如下。

（1）文献综合。基于对国内外相关文献资源的充分梳理，本书主要从三个途径入手展开文献综合工作：一是关注技术标准演化、主导技术和技术扩散等领域的国内外知名学者的研究；二是对国内外知名研究机构的相关成果进行跟踪研究，以了解最新的研究动向；三是对 *Technovation*、*Research Policy*、《管理科学学报》、《科研管理》等国内外的相关学术期刊进行追踪研究。

（2）案例分析。本书选取了一些具有典型性的知识密集型产业和相关技术对技术标准演化和主导技术扩散的研究模型进行了验证。例如，本书以移动通信产业 4G 技术标准为研究对象，采用真实数据和相关资料对技术标准演化的曲线特征和生命周期阶段模型进行了案例验证；选择了新能源产业作为研究对象，对知识密集型产业主导技术扩散的整体性机理进行了案例验证。

（3）模型研究。本书关于知识密集型产业技术标准演化与主导技术扩散的研究是在多个理论模型的基础上展开的。这些模型包括：知识密集型产业技术标准演化的生命周期模型、知识密集型产业技术标准演化的专利合作网络模型、社会技术地景因素对技术标准演化的影响模型、知识密集型产业主导技术识别模型、知识密集型产业主导技术扩散模型。上述模型研究综合运用了数理分析、社会网络分析、多元统计分析、专利计量分析以及仿真模拟等方法，通过剖析变化规律、作用关系、决策规则等阐释了知识密集型产业技术标准演化的机理和影响因素，并探索了不同情境下的知识密集型产业主导技术扩散的基本规律。

1.4 本书的探索性工作

（1）区别于已有的定性研究模式，本书建立了技术标准演化的 S 曲线数理模型，分析了知识密集型产业技术标准的生命周期阶段演化规律，提出了演化阶段划分的数理参数依据。同时，突破了问卷调查、工业统计数据等传统研究方式的局限，采用专利数据和实例分析双重途径对知识密集型产业技术标准的生命周期演化规律进行了验证。上述工作是对技术标准演化研究的一次新的尝试。

（2）本书基于合作广度和合作深度两个维度构建了技术标准联盟合作关系影响知识密集型产业技术标准演化的理论模型，采用网络拓扑指标测度和描述技术标准演化过程中技术标准联盟合作关系的特征，明晰了联盟成员关系因素对知识密集型产业技术标准演化的影响;基于社会网络分析、回归分析和演化分析等方法,围绕技术标准联盟合作关系对知识密集型产业技术标准演化的影响分别进行了实证分析和演化分析,从静态与动态双重视角实现了对理论模型的验证。

(3) 不同于以往研究大多关注某一要素对技术标准演化的直接或单独作用,本书从社会技术地景的视角出发,基于市场、经济、基础设施和政府四个维度提炼影响技术标准演化的地景层面要素,尝试研究社会技术地景层面多维度因素对知识密集型产业技术标准演化的综合作用;同时,有别于现有研究较多局限于定性分析与案例分析,构建了社会技术地景因素作用机制的理论模型及其系统动力学仿真模型,实现了对知识密集型产业技术标准演化影响因素的定量分析和仿真研究。

(4) 区别于以往对主导技术宏观性、模糊性的判断和识别标准,本书从专利数据入手,基于专利计量分析方法与 PageRank 算法构建了知识密集型产业主导技术识别模型,完成了对知识密集型产业主导技术的科学、有效识别;在此基础上,本书还考量了知识密集型产业主导技术扩散过程中内、外部影响因素的综合作用,并进一步基于内、外部影响因素区分了技术扩散的类型,建立了不同情境下知识密集型产业主导技术扩散机理的研究框架。

(5) 区别于以往研究对技术扩散过程与机理的一般性分析,本书建立了"环境"不完备情境下知识密集型产业主导技术扩散的 Bass 模型、"技术"不完备情境下知识密集型产业主导技术扩散的传染病模型、"技术-环境"完备情境下知识密集型产业主导技术扩散的元胞自动机模型,分别探究了不同情境下知识密集型产业主导技术扩散的机理;在此基础上,进行了知识密集型产业主导技术扩散机理的整体性分析和案例研究,并分别采用仿真分析、案例研究方法进行了理论模型的验证,实现了理论研究与实证研究的有效对接。

第 2 章 相关内涵界定与基础理论研究

本章将借鉴和总结国内外现有的研究成果，对知识密集型产业、技术标准、主导技术和技术扩散的内涵进行界定，讨论技术标准演化与标准必要专利之间的关系、技术标准演化的生命周期性，并进一步介绍代表性的技术扩散理论模型，为后面研究知识密集型产业技术标准的生命周期演化规律、阐释知识密集型产业主导技术扩散的基本机理奠定理论基础。

2.1 知识密集型产业的内涵及特征

2.1.1 知识密集型产业的内涵

知识密集型产业的概念来源于美国普林斯顿大学荣誉教授、纽约大学经济学教授 Fritz Machlup 在《美国的知识生产与分配》一书中提出的"知识产业"（knowledge industry）。他认为，知识产业是美国所有产业中首屈一指的重要产业，其重要性远远大于大众所认为的钢铁、石油、化工和汽车等产业，其产值占国内生产总值（gross domestic product，GDP）的 29%（芮明杰，2005）。知识经济的到来为这种重要产业的发展奠定了时代基础。尽管国内外近年来的研究普遍集中于知识密集型产业，却鲜少有学者对其进行系统的界定。本书借助国内外现有的研究成果，对知识密集型产业进行系统的界定。

在第 1 章对知识密集型产业特点、发展的关键问题、运行机理等方面进行总结和分析后，本书综合诸多学者的观点（Liao et al.，2010；王炜，2017；Bhalla and Terjesen，2013；Bouncken and Kraus，2013；Marin et al.，2015）对知识密集型产业定义如下：狭义视角下，知识密集型产业是指在生产和服务过程中以知识或知识的载体为主要投入，且知识的投入产出效率在目前或可预见的将来具有规模效益的产业；广义视角下，由于任何产业都有可能在发展的某一时期进入以知识为主要投入的阶段，所有的产业均可称为知识密集型产业，只不过在特定阶段由于密集程度不同，有高知识密集型产业、中知识密集型产业和低知识密集型产业之分（Gera and Mang，1998；陈禹和谢康，1998）。因此，知识密集型产业的界定具有动态特征。狭义的知识密集型产业特指高知识密集型产业。

参考上述定义，根据笔者前期的研究结果（Sun and Xi，2011；孙冰和裘希，2014），结合《新产业新业态新商业模式统计分类（2018）》和《知识产权（专利）密集型产业统计分类（2019）》，本书重点研究的知识密集型产业主要涉及三大类产业：信息通信技术制造业（含通信系统设备制造，通信终端设备制造，通信设备、雷达及配套设备制造等）、信息通信技术服务业（含通信和卫星传输、互联网服务、信息技术服务等）、新能源与环保产业（含新能源设备制造、新能源汽车及相关设备制造、新型电力和热力生产、环保专用设备仪器制造等）。上述产业即为本书研究的主要对象。

2.1.2 知识密集型产业的特征

根据德国学者彼得斯博士在 20 世纪 70 年代提出的中观经济观点，知识密集型产业应包括时间和空间两个方面的动态内涵，且两个方面密不可分，即知识密集型产业的产生与发展发生在特定时间和特定地点，具有一定的产业结构和出众的技术创新效益。基于此认识，知识密集型产业区别于非知识密集型产业的主要特征包括如下几个方面。

（1）从产业范围来看，知识密集型产业是产业种群中适应强度较高的一类优势种群。知识密集型产业并不局限在某几个固定产业中，也不如技术密集型产业一样需具备较高的研发水平和研发强度，而是随着时间和空间的变化进行改变（Smith，2000）。与非知识密集型产业相比，知识密集型产业在动态的环境中具有更高的适应能力，知识密集型产业的技术、专利和知识产权等方面在目前知识经济的复杂环境中竞争优势更加明显。所有的产业都有机会在发展的特定阶段成为知识密集型产业，例如，我国的食品加工业由于需要大量劳动力的投入，仅为劳动密集型产业，但挪威的食品加工业由于涉及十几个学科领域的知识，在 21 世纪伊始已经迈入了知识密集型产业的行列。

（2）从产业要素投入来看，知识密集型产业有较为密集的知识投入与知识产出。知识密集型产业中知识型员工的比例较高，高技术含量、现代的生产设备较多，具有更灵活的组织惯例制度。知识密集型产业以人力资源、生产设备和组织管理制度等知识的表现形式（许强，2007）作为产业的核心资本，以知识储备量为产生技术创新的主要条件，以促进载体中隐性知识向显性知识（Nonaka and Takeuchi，1995）转变为获得效益的主要途径，产业内部知识流动迅速。这就导致该产业内知识的投入和产出均较密集且效率很高，往往能够形成规模收益递增的情况，且技术创新对于需求总量和结构变动的弹性较大，表现为产业中产品升级较其他产业更快，产品种类趋向多样化。例如，手机制造行业的产品升级十分迅速，苹果公司从 2007 年 1 月 9 日推出第一代 iPhone 到 2012 年 9 月 13 日的五年半时间内已经对产品进行了五次更新，升级速度十分迅速，且每一代产品都有面对不同需求层次的 4GB、8GB、16GB、32GB 内存容量的多版手机种类。

（3）从产业组织结构来看，知识密集型产业是学习型组织的网络集合。学习型组织是一类能够不断充分运用知识、提升地位、修正行为和获得适应能力的组织（Garvin，2000），是当前动态环境中的成功组织形式（Robbins，2001）。知识密集型产业中的成员就是这样一类组织，包括企业和研发机构等多种类型，在技术创新、产品质量和商业绩效方面具有很强的竞争优势（Chang and Sun，2007；Dai et al.，2005）。知识密集型产业内外的学习型组织能够根据互动的关系共享知识、交流信息、积极学习，在逐渐的合作过程中演化形成发达的知识网络，在集聚的作用下形成产业集群。学习型组织之间知识网络的建立说明知识密集型产业不仅具有知识获取和创造的能力，还有知识分享与知识应用的能力。这种知识密集型产业的知识网络是动态发展的，随时间呈现出对环境和其他产业适应性的演化规律；也随空间的改变在不同政策、不同环境的影响下表现出较大的地域差异。

（4）从市场环境来看，知识密集型产业倾向于创造新的市场。一般而言，知识密集型产业的发展依赖于新创意的实现程度。但是创意的实现却与空间要素，即地域界限和市场结构等问题的相关性较小。事实上，知识密集型产业技术创新的目的通常是为新产品、新制度、新标准或者新商业模型的产生而发展新的市场，而不是在已有市场中通过竞争获得更有效的绩效（Liao et al.，2010）。换言之，知识密集型产业的技术创新具有优越性，能够跳过已存在市场中的现有技术领先者，即知识密集型产业动态环境中衡量竞争的有效指标是"创新"而不是"价格"。

2.2 技术标准演化与标准必要专利

2.2.1 技术标准演化的相关界定

1. 技术标准的定义与分类

所谓技术标准，是指由公认的产品或有关工艺和生产方法、规定、规则、指南或特定的机构所核准，供共同和反复使用的，不强制要求与其一致的文件（潘海波和金雪军，2003）。技术标准的目的在于为技术的相关产品或服务设定安全要求与市场准入条件，内容包括对技术活动中需统一协调的事物制定的技术准则和对重复性、普遍性技术问题的解决方案，具有一定的强制性与指导性，是影响企业、产业乃至国家竞争力和决定竞争规则的关键因素。

根据不同的划分依据，技术标准具有多种分类方法。按照技术标准的适用范围，可以将其分为国际标准、区域标准、国家标准、地方标准、行业标准和企业标准；按照技术标准的形成过程，可以将其分为由政府或正式标准化组织建立的法定标准（de jure standard）和由占有绝对市场优势的单个企业或具有垄断地位的极少数企业建立的事实标准（de facto standard）；按照技术标准的实施程度，可以将其分为强制性标准、试行标准和推荐性标准；按照技术标准的应用功能，可以将其分为界面标准、兼容标准和产品标准（高俊光，2008；张爽，2010）。在知识经济时代，技术标准已然成为企业、产业乃至国家获取竞争优势的有力工具，为了保证技术标准的效益最大化，在客观上要求其尽可能地满足国际市场的需要，并最大限度地得以实施。因此，结合技术标准的分类，本书研究的技术标准主要是指具备广泛适用范围的法定标准。

2. 技术标准演化的内涵与特征

从演化经济学理论的现有研究成果来看，学者关于"演化"的代表性解释主要集中于以下方面：第一，演化是所考察的系统沿时间轨迹的一个自我变化过程；第二，演化不仅是一个逐渐发展的过程，还包括遗传变异和自然选择；第三，演化是渐进的变化和发展过程，同时包括动态性、历史性、累积性和路径依赖等多重含义（陈劲和王焕祥，2008）。通过借鉴生物进化思想与自然科学领域的研究方法，演化经济学以动态、演化的理论对经济现象和行为演变规律进行研究，并且自20世纪80年代以来，在技术创新的相关领域得到了广泛的应用。

基于上述观点，结合技术标准的创新发展，本书认为，技术标准作为技术创新的必然产物，伴随着技术、产业和经济的演化而不断迭代升级，其发展过程符合演化的客观规律。所谓技术标准演化，就是指技术标准作为一个由诸多因素构成的系统，通过系统内部因素和阶段的相互联系、相互作用，经历从无到有，逐步制定、建立和实施的持续性演进过程。

根据演化经济学的分析框架，本书认为，技术标准演化具有以下三个基本特征：①技术标准的发展是一个动态的演化过程；②技术标准的演化既包括随机性又具有选择机制，其结构既有不确定性又有因果性；③通过选择机制的技术标准的特征具有一定惯性，因而其系统内的代表性变量在相对较长时间内的运动轨迹和模式能够被清楚地观察。因此，参照演化经济学的分析脉络（陈劲和王焕祥，2008），本书将基于生命周期理论探讨技术标准沿时间轨迹的演化发展过程。

2.2.2 标准必要专利的概念界定

伴随技术标准战略与知识产权战略的齐头并进，"技术专利化—专利标准化—标准国际化"成为技术标准发展的大势所趋，越来越多的专利被嵌入技术标准，支撑着技术标准与专利走向融合。标准必要专利（standard-essential patent，SEP）又称作基础专利或核心专利，正是技术标准与专利相结合的产物。一般而言，专利纳入技术标准后，就有可能成为标准必要专利。为了更准确地阐述其定义，国际标准化组织与国内外学者分别基于实务和学术的视角对标准必要专利的概念进行了界定。

国际电信联盟（International Telecommunication Union，ITU）认为，标准必要专利是任何可能部分或完全覆盖技术标准草案的专利或专利申请。欧洲电信标准协会（European Telecommunications Standards Institute，ETSI）在《ETSI知识产权指南》和《ETSI专利政策》中指出，基于技术原因而非商业原因，考虑到通常的技术惯例和技术标准制定时的技术状况，如果不使用被技术标准所包含的某项专利将无法满足实施技术标准的条件，并且避免侵犯知识产权的唯一方法是获得专利权人的许可，那么该项专利即为标准必要专利。电气和电子工程师协会（Institute of Electrical and Electronics Engineers，IEEE）将标准必要专利定义为：在实施某项技术标准规范条款中的强制性或推荐性部分内容时，一定会使用到的专利。Bekkers等（2011）提出，标准必要专利涉及制定技术标准的基础性技术，是基于技术标准制造产品或提供服务以及降低技术标准实施成本而必不可少的专利。Dewatripont和Legros（2013）认为，标准必要专利不仅是实施技术标准时不可缺少的技术，而且是法律上不侵犯其他现有专利的合法专利。王鑫等（2016）指出，标准必要专利通常是经技术标准体系认定的、构成技术标准体系不可或缺的技术，而该技术又是一项专利技术，为专利权人所独占。张俊艳和孙佳（2018）认为，标准必要专利是技术标准中含有的必不可缺和不可替代的专利，也是为实施技术标准而不得不使用的专利。综合上述观点，本书认为，技术标准实质上是作为技术标准基础的专利技术的汇集；在经过特定机构（如标准体系的管理机构及其成员）评估后，这些基础的专利技术被认定为在提供技术标准涉及的产品或服务时难以绕过的、必须采用的技术，也就是标准必要专利。因此，技术标准实质上也是标准必要专利的汇集。

2.2.3 技术标准演化与标准必要专利的关系

如前文所述，技术标准与专利的捆绑发展，使作为二者纽带的标准必要专利应运而生。一般而言，技术标准涉及的标准必要专利呈现为两种形式：①标准必要专利是体现技术标准的技术特征、技术要素的必要组成部分；②标准必要专利是确保技术标准化产品实现特定功能、达到指定指标的技术支撑。

考虑到技术标准与标准必要专利的紧密关联，学者开始将专利分析应用于技术标准领域，研究专利在技术标准演化过程中的作用。李海燕（2005）指出，无论法定标准还是事实标准，只有当标准必要专利的许可累积到一定程度后，技术标准才能得以建立。Rysman和Simcoe（2008）认为，国际标准化组织在制定技术标准的过程中，正越来越多地引入新近申请的专利，从而加快了技术标准的演进。冯永琴和张米尔（2011）、冯永琴等（2013）的研究表明，在核心技术领域申请专利,是企业参与技术标准创立的重要途径,主要专利权人持有的标准必要专利,不仅奠定了技术标准早期创立的技术基础,而且关乎技术标准后续发展的技术方向。舒辉和刘芸(2014b)提出,由于技术标准的时效性,技术标准涉及的标准必要专利许可问题也将随着技术标准的演化而不断变化。郑伦幸(2018)认为,技术标准与专利的融合已经成为普遍现象,表现为技术标准制定、实施以及信息反馈的发展全过程。

参考舒辉和刘芸(2014a,2014b)、郑伦幸(2018)等的研究,本书认为,标准必要专利作为技术标准与专利密切结合的产物,其发展贯穿于技术标准从初期筹备到最终实施的全过程,通过观察技术标准涉及的标准必要专利的变化情况,能够清楚地刻画出技术标准演化的动态轨迹。

2.3 技术标准生命周期阶段演化的理论基础

2.3.1 管理学领域中的生命周期理论

生命周期的概念可追溯至生物学,最早是由Erikson(1959)在描述生命体发展时所提出的。它表示个体从出生、成长、成熟、衰退到死亡的过程变化,具有周期循环的特征。随着学者研究范围的逐步拓展,生命周期的概念逐步被引入其他领域(如环境、经济、技术等),用以探讨事物发展的过程和演变的周期性规律,生命周期理论的应用范围由此得到拓展。

由于生命周期理论对模拟市场、产品、产业、组织的动态发展过程具有良好的解释效果,国内外学者正式将生命周期理论引入管理学领域并展开大量的研究,取得了丰硕的成果。目前,管理学范畴内相对成型的生命周期理论主要包括三种。

(1) 产品生命周期理论。Levitt(1965)最先提出了备受关注的产品生命周期概念,后经由Raymond(1966)、Utterback和Abernathy(1975)等的不断完善,产品生命周期理论日益成熟。产品从进入市场到退出市场的生命周期通常被学者划分为四个阶段,即导入期、成长期、成熟期和衰退期。

(2) 产业生命周期理论。所谓产业生命周期,就是指产业发展所经历的从产生到衰亡的连续、阶段性过程,主要表现为具有共同规律性的厂商行为改变(李保红,2006)。Gort和Klepper(1982)承袭早期学者的研究思路,立足于生命周期的基础理论,通过多部门的大量数据开展实证和案例分析,研究了产业中厂商的进入、退出行为,提出了产业从产生到衰亡的产业生命周期模型,并将其划分为引入、大量进入、稳定、大量退出和成熟五个阶段。

(3) 技术生命周期理论。技术生命周期从产业生命周期衍生而来,与产品生命周期、产业生命周期彼此独立又相互重叠。Anderson 和 Tushman（1990）、Kim（1997）刻画了技术发展的演进轨迹，总结出技术的生命周期理论，并以技术的生命周期为轴线，研究了技术变革过程中各阶段的动态性特征。一般而言，完整的技术生命周期包括导入期、生长期、成熟期和停滞期四个阶段。

2.3.2 技术标准演化的生命周期性

如前所述，生命周期理论是探讨演化或发展主题时最常采用的基础理论，而技术标准的发展呈现出的动态演化特征，以及技术标准与技术演进存在的紧密关联，促使学者开始关注对技术标准生命周期的研究。

Sloane（2000）以信息通信领域的标准为研究对象，通过追踪技术标准的变化，证明了技术标准生命周期存在的必然性；李保红和吕廷杰（2005）根据正式标准化的进程，结合产品、产业和技术的生命周期理论，构建了技术标准生命周期的理论分析框架，将其划分为三个阶段，即标准的形成、实现和扩散阶段；王珊珊等（2014）根据新兴产业技术标准化过程的技术专利化以及标准制定、发布和实施等活动的特点，将其技术标准化过程分为标准形成、标准产业化、标准市场化三个阶段；姜红等（2018）基于专利分析探究了技术标准化能力的演化过程，认为技术标准的生命周期包括开发、实施和推广三个阶段。综上可知，技术标准演化的生命周期研究是生命周期理论和技术标准理论研究拓展的必然趋势。从前述已有成果的主题来看，技术标准演化的生命周期研究正处于起步阶段。因此，探究技术标准的动态生命周期阶段划分，对于理解技术标准沿时间轨迹的演化过程具有重要的理论意义。

2.4 主导技术的界定及特征

2.4.1 主导技术的内涵界定

学者从不同的角度探究了主导技术的定义与判定标准。罗卫国（1987）从技术系统的角度研究主导技术的含义与发展特点，认为主导技术是对整个技术系统的进步具有巨大影响和制约作用的新生技术。邓旭霞和刘纯阳（2014）从产业发展的角度研究主导技术的定义与发动要素，认为主导技术能够在一定程度上决定技术进步的主攻方向，是构建技术体系的基础。Anderson 和 Tushman（1990）认为，在某个技术占据了超过一半市场的时候，就代表其占据了主导位置。但是，前述评判依据并没有考虑技术竞争的变化。也就是说，某个领先者而非主导者可以长时间占据超过一半的市场，而其他同业者可能进行技术模仿或改进并且渐渐抢占市场。针对这个问题，Suarez（2010）给出了更加全面的评判依据：一方面，存在明显的标志说明某领域内重要的替代性技术退出了技术竞争；另一方面，在市场占有比例上存在明显的优势，而且最近的市场走向反映出这样的优势在持续强化。若是出现了上述一种或两种情况，则可以判断某个技术占据了主导位置。

综合各学者的研究，本书认为，主导技术是指在一定时期内可以打破原有的技术体系的平衡，从而导致产业内的技术创新、技术革命甚至产业革命的一系列连锁反应的技术。

2.4.2 主导技术的特征

（1）复杂性。顶端、超前的技术或者多种技术的融合是建立主导技术的基础，因此，主导技术具有高度复杂性的特征。主导技术的复杂性特征体现在其具有领域内多学科交叉融合的特点。部分主导技术是几项已有技术的优化整合，是在交叉学科中颠覆性创新的成果，这些都决定了主导技术具有高度的复杂性。而且在科技高速发展的大背景下，技术更新换代的速度越来越快，导致主导技术的演化规律与发展态势无法准确判断。因此，主导技术的复杂性也体现在主导技术的技术发展方面。

（2）引导性。在产业层面上，主导技术代表了产业内部技术前沿的主要方向，并对国家未来产业的形成和发展具有引导作用，同时有利于实现产业内部技术的更新换代和整体跨越。主导技术的出现可使相关产业获得较快发展，对产业结构升级发挥着重要的带动作用。主导技术的形成和确立可以帮助产业淘汰不具优势的技术，引导产业走向健康发展的道路。在企业层面上，主导技术的识别可帮助企业在技术选择方面快速决策，降低相关企业的技术采纳风险，并为企业研发战略提供方向，引导企业围绕主导技术制定研发战略，从而对相关技术专利进行科学布局。

（3）外部性。主导技术的外部性指主导技术的研发成果往往可以被一个产业或多个产业所共用。由于占据相对重要的地位，主导技术及其相关技术相对较易扩散、溢出到其他部门或领域，从而体现了主导技术的外部性。主导技术的溢出表现为产业内不同公司间的技术共享或者学习模仿而引起的经济结果。一般的情况是：在同一个区域的产业内，当一个公司采纳主导技术、改进相关技术以及采取新的生产组织方式时，地域共同性会促进工人以及管理者之间关于主导技术的频繁交流，主导技术便会以较快的速度扩散到同一园区同类企业以及产业链的上下游企业中。例如，我国浙江各地的专业市场、美国的硅谷以及美国底特律汽车城等就是主导技术外部性的典型地区。

2.5 技术扩散相关理论

2.5.1 技术扩散的内涵

国内外众多学者围绕技术扩散这一概念进行了多方面的探讨，但至今并无统一的结论。Smith 等（1996）认为，技术扩散就是技术从一个地方运动到另一个地方或从一个使用者手里传到另一个使用者手里。美国经济学家 Metcalfe（1986）指出，技术扩散是一种选择过程：既是企业对各种不同层次的技术的选择过程——其结果总是使企业倾向于接受效率更高、成本更低或更新颖的先进技术，又是顾客对企业的选择过程——其结果总是那些优先采用创新技术的企业生产出来的品质高、价格低的产品，才能获得顾客的青睐，而迟迟拒绝采用新技术的企业，则无法逃避被淘汰的厄运。正是通过这些相互作用的选择过程，技术创新成果在市场中得到了广泛传播，即技术创新一步步地实现其扩散过程。Rogers（2010）则认为，技术扩散是一项创新技术随着时间通过各种渠道被社会成员所接受的过程。

本书认同并将采用 Rogers（2010）的创新扩散理论展开知识密集型产业主导技术扩散机理的探究。在 Rogers 的定义中，技术扩散是技术创新的后续步骤，因此技术扩散常常被称为技术创新扩散。学者的研究中经常出现"技术创新扩散"或"创新扩散"这两个概念，它们与"技术扩散"的概念本质上是相同的。"创新扩散"一词来自创新经济学的创始人熊彼特，意指技术创新扩散。"技术扩散"与"技术创新扩散"之间存在细微的区别：技术的扩散过程始于技术发明或技术成果的出现之时，而技术创新的扩散过程始于技术发明或技术成果的首次商业化应用之时，可见，两者的起点不同，也就是"技术扩散"的概念略宽于"技术创新扩散"。在实际的研究中，它们的差别通常被忽略（Caiazza and Volpe，2017）。

在研究技术扩散的文献当中，我们还经常见到"技术转移"这样一个概念。陈念文和杨德荣（1987）指出，技术转移与技术扩散不同，前者是一种以技术应用为目的，有意识、有计划、有组织的活动，而后者则是指技术的自然传播，具有自发性特征。哈佛大学的罗斯布卢姆（Rothblum）教授将技术转移定义为，技术通过与技术起源完全不同的路径被获取、开发和利用的技术变动过程。该定义强调技术转移并不是单纯地把技术从某一处挪到另一处，而应重视在转移过程中技术与环境的适应性。美国学者斯培萨（Spyza）从人类学家林顿（Linton）的人类行为组织化思想出发，认为技术转移是为实现企业目标对技术信息进行有计划、合理移动的过程。他将技术转移限定为政府和企业的有计划、合理的技术移动，强调技术转移的有序性和制度性（罗荣桂和江涛，2006）。大多数学者认为，技术转移的概念与技术扩散的概念既存在联系，又存在区别。其联系表现在：二者都是指技术通过一定的渠道发生不同企业或产业之间的移动。其区别主要体现在：①技术转移是指一种有目的的主观经济行为，参与技术转移的双方都抱有明确的目的；而技术扩散既包含有意识的技术转移，又包含无意识的技术传播；②技术转移的技术接收方一般只有一个，而且是明确的个体；而技术扩散的技术接收方一般不止一个而是多个，且以企业为主；③从技术转移过程结束的标志来看，技术转移以单个接收方掌握技术为结束标志，而技术扩散则要等到所有企业都采用该技术才停止，其扩散过程更长、波及范围更大（Ockwell et al.，2010）。

2.5.2 技术扩散的主体构成

根据现有的扩散理论，本书认为，技术扩散主体包括供给主体、需求主体以及扩散媒介。

（1）供给主体。技术扩散的供给主体一般为企业和科研机构两类。供给主体由于其不同的利益标准、发展思路、自身能力和扩散条件，表现出不同的扩散特性，从而引发不同的技术扩散概率。除专门以开发新技术进行有偿转让为目的的科技开发企业与科研机构外，大多数企业与科研机构在考虑扩散一项技术时，将会比较自身使用该技术可能产生的效益与有偿转让该技术可能带来的净收益。对于企业与科研机构来讲，当它成功地实现了一项技术创新后，就意味着它在相关领域具有了较强的竞争优势，甚至可能具有很强的垄断力量。若这种竞争优势带来的收益大于维持该竞争优势的成本与转让此技术所带来的收益，则创新企业与科研机构将不会选择扩散其创新成果；反之，则将选择扩散此项技术。

（2）需求主体。需求主体引发技术扩散成功的概率要大于扩散方（林明兴，2012）。需求主体在新技术出现后，能否及时地获取相关信息并学习掌握该技术以实现利润最大化，与需求主体的技术水平、双方之间的技术差距以及当下的市场经济体制存在着密切的联系。从技术扩散的整体过程来看，主要存在着两种性质的需求主体：一种是作为最终用户的需求主体；另一种是作为中间用户的需求主体，即技术创新成果的接收方在利用该成果的同时是否会向其他的需求主体扩散成果。后一种需求主体的存在使技术扩散成为一个多级传递的扩散链。

（3）扩散媒介。扩散媒介是技术在扩散时的传播中介，技术从供给主体通过媒介到达需求主体。在实际的扩散过程中存在着各种类型的扩散媒介，这些扩散媒介包括技术中介服务机构、公众传播渠道以及技术市场等。不同的扩散媒介具有不同的属性，在技术传播过程中发挥着不同的作用，从而产生不同的传播效果。但是，不同媒介传播下的技术扩散却表现出一个共同的规律，即一项技术的传播规模随着时间的变化在形态上呈现为一条 S 形曲线。在扩散过程中，扩散媒介起着连接供给主体与需求主体的作用,是技术扩散顺利进行必不可少的主体。现实中,扩散媒介的缺乏造成了技术扩散的瓶颈问题。

2.5.3 技术扩散模型

早期的技术扩散模型包括 Fourt-Woodlock 模型、Mansfield 模型和 Bass 模型。Fourt-Woodlock 模型假设企业在创新扩散过程中只受到大众媒体的影响(如广告、广播、期刊等)(Fourt and Woodlock, 1960)。Mansfield 模型则认为在创新扩散过程中,企业只受到口头传播的影响,强调创新扩散要通过人与人之间的接触进行(Mansfield, 1961)。Bass(1969)在 Fourt-Woodlock 模型和 Mansfield 模型的基础上,将创新扩散的途径分为两类:一种是外部影响,即主要通过大众媒体的影响进行扩散;另一种是内部影响,即主要通过人与人之间口头交流的影响进行扩散,从而提出了 Bass 模型。20 世纪 90 年代中期至今,我国学者创建了多种技术创新扩散模型。吴晓波和许庆瑞(1995)使用广义量化方法构建了二次创新竞争扩散模型,并分析了在市场竞争中二次创新的后发优势。唐小我和艾兴政(1999)、艾兴政和唐小我(2000)构建了两种产品的竞争与扩散模型及两个厂商的市场与技术开发组合模型。王莹和刘雄兵(2000)研究了新产品市场扩散过程中的市场检查及其模型。邵云飞和杜晓明(2011)基于时间和空间距离因素构建了产业集群内的技术创新空间扩散模型,并着重分析了空间距离对技术创新扩散的影响。由于现有扩散模型众多,无法一一赘述,本书选取了 Bass 模型、传染病模型以及元胞自动机等几种极具代表性的扩散模型进行详细介绍。

1. Bass 模型

Rogers(2010)将采用者分为五类:创新者、早期采用者、早期大众、晚期大众和迟缓者。Bass 模型将第一类采用者定义为创新者,其余四类采用者统称为模仿者。在 Bass 模型中,第一类采用者即创新者采用新产品只会受到大众传媒的影响;而模仿者不仅会受到大众传媒的影响,还会受到这个创新产品已经采用者人数的影响,这些影响会随着采用者人数变多而变大。根据 Bass 模型的思想,创新扩散的特征是由采用者潜量(即采用者总人数)、创新系数和模仿系数来决定的。采用者潜量是指创新产品从扩散开始到扩散完成时,在一定的营销条件下,创新累计采用者能达到的最大水平。采用者概率密度曲线如图 2.1 所示,图中的曲线和时间轴所围成的面积就是采用者潜量。采用者潜量是决定产品扩散过程的因素之一,正确估计采用者潜量对模型正确预测产品的扩散有很大的帮助。Bass 模型中另外两个较为重要的变量为内部影响力和外部影响力。外部影响力主要由创新系数决定,外部影响具体表现为通过大众传媒将创新产品的信息传播到企业中，性能较易被接受的创新产品可使用这一传播途径。创新的内部影响力（口碑）称为模仿系数，内部影响具体表现为通过口碑将新产品的相关信息传播到采用者中，对于较为复杂、不容易识别的信息可使用口碑传播。

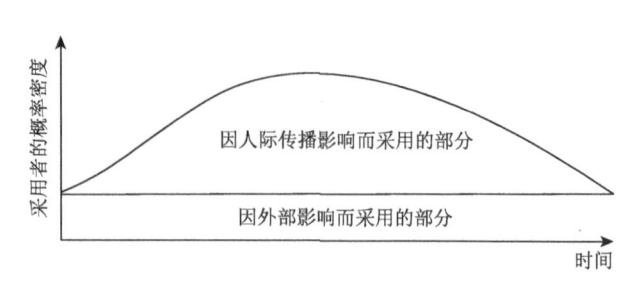

图 2.1 采用者概率密度曲线

Bass 模型的基本前提条件是

$$\frac{f(t)}{1-F(t)} = p + qF(t) \qquad (2.1)$$

式中，$f(t)$ 为 t 时刻采用者的数目占企业总体数目比例的概率密度函数；$F(t)$ 为采用者的数目占企业总体数目的比例；$\frac{f(t)}{1-F(t)}$ 为 t 时刻产品被采用的概率；p 为创新系数，取值范围为 0~1；q 为模仿系数，取值范围也为 0~1。

Bass 模型从被提出之初到后来经过几十年的发展，在实体产品的扩散预测方面取得了良好的成绩，被广泛地运用于实践中。目前，Bass 模型的用途主要包括以下几个方面。

（1）利用 Bass 模型预测耐用品的扩散规律。Bass 最初利用 Bass 模型成功预测了美国 11 种耐用品的扩散规律，拟合的扩散结果基本符合实际的扩散规律（Bass, 1969）。在预测的过程中，Bass 首先收集前几年等间距的销售数据对模型的参数进行估计，再利用得到的参数预测未来的销售情况，预测的销售数据与实际的销售数据拟合较好。该模型广泛运用于营销策略领域，为决策者做出正确的市场决策提供了一定的依据。

（2）利用 Bass 模型预测非耐用品的扩散规律。Bass 模型提出的时候，仅适用于耐用品的首次购买情况，而不能预测那些快速消费、多次购买产品的扩散规律。因此很多学者对最初的 Bass 模型进行了改进，使其能够预测多次购买的创新产品的扩散。Islam 和 Meade（1997）对模型进行初步改进，解决了这个问题。张磊和吕裔良（2009）建立了产品重复购买的扩散模型，在原来的 Bass 模型中加入重复购买的因素以及外部信息的影响因素，并利用中国乳制品数据进行实证分析，证明了模型的适用性。

（3）利用Bass模型预测多代产品的扩散情况。普通的洗衣机会被全自动洗衣机取代，智能手机会取代老年机，彩色电视机会取代黑白电视机，所以产品都是会经历更新换代的，而Bass模型最开始无法预测这种更新换代的情况。于是，许多学者对Bass模型进行进一步改进，使其能够成功预测这种多代产品的扩散情况。

（4）利用Bass模型预测互联网产品的扩散规律。近年来，随着互联网服务创新产品的增多，许多学者也使用Bass模型对这些产品进行预测，如对博客、手机支付、网上银行、网上购物等服务类产品的创新扩散研究，也取得了相应的成果。

2. 传染病模型

早在18世纪，人们就开始了与传染病的斗争。传染病在人群中怎样扩散和如何防止传染病的传播一直是一个困扰人类的棘手问题。为了能够更加科学地防控传染病的传播，科学家通过收集疾病高发区域的数据、设计理论模型来研究病毒扩散的规律。在学者的不断努力下，传染病模型应运而生。简单来说，传染病模型就是由常微分方程组成的一种数学模型（Wang et al.，2018）。尽管早在1760年就有学者用数学方法研究过天花病毒的传播过程，但最早的关于传染病模型的研究出自1889年En'ko发表的一篇学术论文。1906年，Hamer通过数据的收集和对麻疹病毒传播特征的分析构建了离散模型，以解释麻疹病毒的扩散机制。1927年，Kermark和Mckendrick为研究黑死病病毒和瘟疫扩散规律，提出了经典的SIR舱室模型，该模型被称为传染病模型研究的里程碑。在此基础上，Anderson和May于1979年首次提出了传染病生态学模型（罗荣桂和江涛，2006）。1911年，Ross通过构建微分方程模型研究了疟疾在蚊子和人群之间的传播行为。传染病模型发展至今，已在生物医学、系统动力学、心理学等领域获得了较多高水平的学术成果，其理论模型也已日臻成熟，针对不同情境的传染病优化模型均已得到科学验证（苏屹等，2014）。代表性的模型有SI（susceptible infected）模型、SIS（susceptible infected susceptible）模型、SIR模型、SEIR（susceptible exposed infected recovered）模型等。

最早的传染病模型主要用于传染病本身［如严重急性呼吸综合征（severe acute respiratory syndromes，SARS）］的预测和防控领域。近年来，学者发现许多群体性的社会行为和突发事件的传播扩散同样遵循与传染病传播类似的规律。因此，随着传染病模型理论和方法的成熟，运用传染病模型解决其他学科的研究问题成为学术界的一个热门研究方向。例如，传染病模型常被广泛应用于技术的扩散、网络舆情的传播、金融风险的扩散、知识转移等社会学和经济学研究领域（刘红丽等，2016；徐凯等，2020）。国内学者应用传染病模型的研究多集中在风险管制及预防过程（黄德春等，2013；马颖等，2015）、隐性知识传播（刘源，2008；王秀红等，2008；张生太等，2004；宋波等，2012；胡绪华等，2015）、信息扩散（宋波等，2012；刘巧玲等，2017；沈超等，2016）、技术创新系统的扩散（罗荣桂和江涛，2006；苏屹等，2014）等领域。例如，刘源（2008）借助传染病模型研究了隐性知识的传播扩散机制，并通过对员工的分析解释了传染病模型在隐性知识扩散过程中的适用性；宋波等（2012）借助传染病模型的建构思想研究品牌效应的传播扩散路径，并通过模型分析了品牌口碑扩散的影响因素；马颖等（2015）借助传染病模型研究了食品行业突发事件风险感知扩散过程，并通过传染病模型解释了食品行业出现突发状况的扩散过程；王砚羽和谢伟（2015）借用传染病模型研究商业模式扩散机制，为企业如何创新以及应该借鉴何种商业扩散模式提供参考。传染病模型发展至今，已经出现了多种情境下的模型，随着传染病模型的不断完善与成熟，越来越多的学者尝试用其解决社会学、经济学、心理学等学科的相关问题，并取得了一定的研究成果。

3. 元胞自动机

元胞自动机是 20 世纪 50 年代初由 von Neumann 及其合作者 Ulam 在生物系统中模拟自我复制时最先提出的。它能通过简单的单元和规则产生复杂的现象，能真实地反映大量个体相互作用的细致结构与模式，从而具备模拟复杂系统的能力（von Neumann，1951）。20 世纪 80 年代以来，元胞自动机获得了较快发展并被不断应用于物理学、生物学、数学和经济学等研究领域。在经济学领域中，主要应用于寡头垄断行为（Cyert and Degroot，1970）、市场营销（陈荣等，2000）、股票市场模拟（应尚军等，2000；Wei et al.，2003）等方面。近年来，元胞自动机也已经成功地应用于对扩散模型进行建模仿真（Fukś and Boccara，2005）。

元胞自动机的初始模型为一维元胞自动机，其规则为元胞的状态只能被左、右元胞的状态影响，而不能受到上、下元胞的影响。随着学者研究的深入，二维元胞自动机被开发并广泛应用。二维元胞自动机的规则为元胞的状态会受到上、下、左、右四个方向元胞状态的影响。相对于传统的微分方程思想来说，元胞自动机有如下优点（von Neumann，1951）。

（1）元胞自动机模型作为一种全离散的局部动力学模型，很容易描写单元间的相互作用，只要确定简单的局部规则，就可以对复杂的系统进行模拟。

（2）二维元胞自动机模型把各项影响因素转化为技术引进决策者的决策偏好，并引进概率来描述引进者的不确定性，从而较好地解决了微分方程参数不能太多这一局限。

（3）利用二维元胞自动机模型对初始参数进行控制和调整，可以形象地模拟不同技术扩散的具体方式。所以，元胞自动机是模拟技术扩散的一种重要模型。

从结构上看，元胞自动机由元胞、元胞空间、元胞状态集、邻居和演化规则组成，可用以下四元组表示为

$$CA = (Ld, C, N, F) \tag{2.2}$$

式中，CA 为一个元胞自动机，元胞分布在元胞空间的网格点上，是元胞自动机中的基本单元，是演化模型中的模拟对象；Ld 为元胞空间，它是一种离散的空间网格；C 为元胞；N 为一个元胞的邻居，是对中心元胞下一时刻的状态值产生影响的元胞集合，在一维元胞自动机中通常以半径 R 来确定邻居，距离中心元胞在 R 之内的元胞，被认为是中心元胞的邻居；对于二维元胞自动机模型来说，最常见的是 von Neumann 型和 Moore 型；F 为元胞的状态转换函数，它表示了一个中心元胞从一个时刻到下一时刻状态的局部演化规则，它取决于元胞邻居的定义、状态等。

2.6 本章小结

本章在归纳并总结知识密集型产业内涵的基础上，首先对技术标准的定义与分类、技术标准演化的内涵与特征、标准必要专利的概念、技术标准演化与标准必要专利的关系等相关理论问题进行阐述与分析；其次，论述了管理学领域中的生命周期理论，指出从生命周期视角研究技术标准演化问题的可行性；再次，明确了主导技术的内涵，分析了主导技术的特征，即复杂性、引导性和外部性；最后，介绍了技术扩散的理论基础，对技术扩散的内涵、主体构成和相关模型进行了论述。上述内容为本书进行知识密集型产业的技术标准演化和主导技术扩散的研究奠定了理论基础。

第3章 知识密集型产业技术标准演化的生命周期研究

本章将以"知识密集型产业技术标准的演化过程经历怎样的生命周期阶段"为研究重点,通过构建技术标准演化的 S 曲线模型,依照模型参数对技术标准演化的生命周期阶段进行划分,从而科学描述知识密集型产业的技术标准沿时间脉络的演化规律。

3.1 知识密集型产业技术标准演化的 S 曲线趋势与生命周期阶段

3.1.1 S 曲线一般理论

S 曲线(S-curve)又称为成长曲线或生命周期曲线,是理论生态学范畴常用的数学分析工具。为了描述人口增长速度与人口密度的关系,Verhulst(1838)率先将 S 曲线的数学模型引入生态学领域,对人口数量进行了估计和预测。此后,S 曲线不断得到学者的修正和完善,并广泛应用于动植物生长发育或繁殖过程等方面的研究(Andersen,2002)。Kuzents(1930)首次提出以 S 曲线模型推演技术变革,开创性地将 S 曲线的数学模型与技术演进研究相结合。随后,Foster(1986)在技术发展的研究中,采用 S 曲线建立了技术生命周期模型,论述了技术发展的萌芽期、成长期、成熟期以及衰退期之间的相互关系。Rogers(2010)在《创新的扩散》一书中指出,成功的创新遵循典型的 S 曲线,其发展轨迹近似于生物成长的生命周期模式,由此衍化而来的技术扩散 S 曲线得到了学者的普遍认可和接受(Luiz and Miranda,2010)。李正卫(2005)通过分析技术生命周期的动态性特征,将技术演进总结为间断的跳跃式 S 曲线。傅瑶等(2013)采用美国主要技术领域的专利数据,构建 S 曲线模型对其发展轨迹进行拟合,得到了美国各领域技术的生命周期。李春燕和黄斌(2017)归纳了基于专利数据的技术生命周期分析方法,利用 S 曲线方法推算了 3D 打印技术的生命周期阶段。综上可见,S 曲线能够基于专利历史数据反映技术发展的趋势,客观演绎技术演进的动态过程(刘建华等,2017)。依据李丫丫和赵玉林(2016)、李蓉等(2014)的相关研究,本书总结了用于刻画技术演进生命周期的 S 曲线特征：①S 曲线以时间为自变量，以某项技术的专利数据为因变量，该项技术的专利累计申请量随时间推移而不断增加；②技术演进的极限表现为 S 曲线的饱和值（saturation），在其生命周期内，该项技术的专利累计申请量将无限接近饱和值；③技术演进的专利累计申请量增速并非恒定的，从技术产生之初，该项技术的专利累计申请量增速不断增加，在 S 曲线的反曲点（midpoint）处达到最大并逐渐减小；④技术演进的成长时间（growth time）是指该项技术的专利累计申请量从 10%饱和值成长到 90%饱和值所经历的时间。

3.1.2 技术标准演化的 S 曲线趋势

李保红和吕廷杰（2005）对知识密集型产业技术标准演进的案例研究表明，技术标准具有明显的生命周期性，其发展路径表现为 S 曲线趋势，技术标准的更替与技术演进相互促进。赵小慧（2012）基于技术标准对知识密集型产业的核心技术扩散展开研究，强调技术标准能够加速其所涉及的核心技术扩散过程，使技术标准涉及的核心技术扩散 S 曲线更为陡峭。王珊珊等（2013）指出，由于技术系统与创新过程呈 S 曲线进化，因而技术标准的演化过程同样遵循 S 曲线规律。一方面，技术的演进推动了技术标准的发展进程；另一方面，技术标准的实现以新技术的采用为支撑，扩散最快、最广泛的技术最终会成为成功的技术标准（高俊光，2008）。可见，技术标准的形成、发展与技术演进、技术扩散密不可分。基于高俊光（2008）、李保红和吕廷杰（2005）、Sloane（2000）以及李正卫（2005）等的相关研究成果，本书认为，与技术演进和技术扩散的过程类似，知识密集型产业的技术标准演化的生命周期阶段发展呈现为 S 曲线趋势。

鉴于上述分析，本书将运用数学语言阐述技术标准的演化过程，以技术标准涉及的标准必要专利数据为基础，通过构建和比较不同类型的 S 曲线模型，论证 S 曲线用于分析知识密集型产业的技术标准生命周期阶段的有效性，尝试为技术标准演化的生命周期研究探索新思路。

3.1.3 技术标准演化的生命周期阶段划分

结合国内外学者的相关研究成果，本书整理了技术标准演化的生命周期阶段划分方法（表 3.1），同时，基于熊彼特的创新三阶段假设，提炼出技术标准演化的阶段创新特点，并据此对技术标准演化的生命周期阶段加以划分。

表 3.1 技术标准演化的生命周期阶段划分方法

学者	阶段划分					
Cargill 和 Burrows	初始需求	基础标准开发	产品设计/产品开发	产品实现与测试	—	用户执行/反馈
de Vries	需求	开发	—	实现	—	反馈
Hanseth 和 Braa	概念	定义	—	实现	使用	
Söderström	前期准备	标准开发	产品开发	产品实现	使用	反馈
Gessler	研发	标准化	产品设计	产品实现	市场扩散	
李保红	—	形成	—	实现	扩散	—
高俊光		开发		实现	扩散	

表 3.1 所涵盖的几类划分方法，基本反映了技术标准演化的生命周期阶段研究现状，对本书的研究具有重要的参考价值。

首先，技术标准演化起始于标准的形成阶段，尽管不同学者对此给出了不同的命名，如开发、定义、标准化等，但其实质内容均表现为技术标准的创建。与此同时，部分学者注意到了技术标准演化之前的筹备工作，即基于评估或需求视角产生标准思想的过程，并采用需求、概念、前期准备等不同名称对此加以概括，将其正式纳入技术标准演化的生命周期阶段划分。鉴于知识密集型产业的技术标准的前期筹备与形成阶段的区分很大程度上依赖于文献对比或基于该产业的技术标准经验的直觉判断，而且从技术标准演化的现实情况入手，也很难找到明确分界点将二者完全剥离，因此，考虑到技术标准的产生与创建活动之间的紧密关联，本书将技术标准的前期筹备视为形成阶段的一部分，即本书所定义的知识密集型产业技术标准演化的生命周期形成阶段覆盖了从标准思想萌芽到标准文本创建的过程。

其次，在表 3.1 中，不同学者关于技术标准演化的生命周期阶段划分都包括了标准的实现阶段。在这一阶段，技术标准或基于技术标准的产品开发（设计）得以完成，技术标准从文本创建走向实际执行，所以本书将其视为知识密集型产业的技术标准演化的生命周期第二阶段。

最后，学者从技术标准的需求和供给两个方面出发，分别表述了技术标准的使用和扩散阶段。根据本书的研究背景，笔者将知识密集型产业技术标准的扩散阶段视作技术标准演化的生命周期第三阶段。技术标准实现之后的反馈将在此阶段有所表现。

综上所述，考虑到技术标准演化的 S 曲线特征，本书认为，知识密集型产业技术标准演化的生命周期包括形成、实现和扩散三个阶段。

3.2 知识密集型产业技术标准演化的生命周期假设

技术标准的更新频率取决于技术演进的速率（高俊光，2008）。张米尔等（2013）、王博等（2016）明确指出，由于某些核心技术对于技术标准的形成是必需的，技术标准体系发展的过程实质上可看作创新产出的关键性核心技术的汇集。专利反映着技术演进的成果，通过专利分析能够真实、有效地了解技术发展的状况；同时，作为最主要的技术文献形式，专利也常应用于技术领域的相关研究中（赵莉晓，2012；张韵君和柳飞红，2014）。因此，利用专利数据来研究知识密集型产业技术标准演化的生命周期就成为必然。

综上所述，本书提出两点假设前提：①知识密集型产业技术标准的演进历程可通过构成标准体系的关键性核心技术的发展情况得以描述；②代表关键性核心技术的专利发展可用于描述知识密集型产业技术标准演化的客观规律。

结合本书 3.1 节中围绕标准必要专利的相关阐述，当选取标准必要专利来刻画知识密集型产业的技术标准演化的轨迹时，能够同时满足上述假设前提。因而，本书将运用标准必要专利数据研究和划分知识密集型产业技术标准所处的生命周期阶段。

3.3 知识密集型产业技术标准演化的生命周期 S 曲线模型构建

如前所述，本书假定技术标准演化的生命周期阶段发展遵循某种类型的 S 曲线。虽然 S 曲线可用多种数学模型来表示，但在技术演进和技术扩散的相关研究中，学者常用的模型主要包括 Logistic 模型、Gompertz 模型、Richards 模型、Lotka-Volterra 模型和 Bass 模型五种，其中前三种模型较有代表性（Morris and Pratt，2003；Marinakis，2012；Yamakawa et al.，2013）。鉴于本书的研究目标是应用 S 曲线方程来归纳技术标准演化的生命周期阶段发展规律，因此，本书选择具有代表性的 Logistic 函数、Gompertz 函数和 Richards 函数来构建 S 曲线的数学模型，从而为后文基于实际数据的拟合效果比较做准备。

3.3.1 知识密集型产业技术标准演化的生命周期 Logistic 模型

Verhulst（1838）最早提出了 Logistic 模型，后经学者的不断修正，得到了 Logistic 成长曲线的经典计算公式。根据学者的研究经验，本书将知识密集型产业技术标准演化的生命周期 Logistic 模型方程设定如下：

$$y = \frac{K}{1+e^{-r(t-t_m)}} \tag{3.1}$$

式中，y、t 为变量，y 表示衡量知识密集型产业技术标准演化的标准必要专利累计数量；t 表示时间；K、r、t_m 为参数，K 表示知识密集型产业技术标准发展的最大极限或标准必要专利累计数量的饱和水平；r 表示 S 曲线的斜率，即知识密集型产业技术标准的成长率；t_m 表示 S 曲线的反曲点（即二次微分由正转负的零值点）所对应的时间（Gupta and Jain，2012）。

对 t 分别求一阶导数与二阶导数，得到微分方程如下：

$$\frac{dy}{dt} = \frac{-Ke^{-r(t-t_m)}(-r)}{(1+e^{-r(t-t_m)})^2} = \frac{Kr\left(\frac{K}{y}-1\right)}{\left(\frac{K}{y}\right)^2} = ry\left(1-\frac{y}{K}\right) \tag{3.2}$$

$$\frac{d^2y}{dt^2} = r\frac{dy}{dt} - \frac{2ry}{K}\frac{dy}{dt} = r\left(1-\frac{2y}{K}\right)ry\left(1-\frac{y}{K}\right) = r^2y\left(1-\frac{2y}{K}\right)\left(1-\frac{y}{K}\right) \tag{3.3}$$

由数学计算可知，当 $y=0$ 或 $y=K$ 时，式（3.2）中 $\frac{dy}{dt}=0$；即当 $y\in[0,K]$ 时，S 曲线满足单调递增变化。同样，由式（3.3）推导可知，当 $\frac{d^2y}{dt^2}=0$ 时，y 的取值需满足 $y=0$ 或 $y=K$ 或 $y=\frac{K}{2}$，即 S 曲线在单调递增区间内的 $y=\frac{K}{2}$ 处存在反曲点。在反曲点处，Logistic 模型所对应的函数方程的二阶导数由正转负，S 曲线的斜率 r 减小，曲线形状由下凸形变为上凸形（李春燕和黄斌，2017）。借鉴赵莉晓（2012）、李春燕和黄斌（2017）的观点，结合知识密集型产业技术标准演化的生命周期阶段性特点，本书将 S 曲线的反曲点的实际意义解释为：它是知识密集型产业技术标准演化所涉及的标准必要专利累计数量由快速增长转为缓慢增长的拐点，其对应的时间 t_m 可视为该产业技术标准演化的生命周期阶段变化的分界点。

3.3.2 知识密集型产业技术标准演化的生命周期 Gompertz 模型

Gompertz 模型由 Gompertz（1953）最早提出，起初用于人口增长和死亡率分析。在 Prescott（1992）首次将其引入市场范畴之后，Gompertz 模型被广泛应用于产品的生命周期研究和技术的生命周期研究，其数学方程如下：

$$y = Ke^{-e^{r(t-t_m)}} \tag{3.4}$$

式中，各个变量和参数的含义与式（3.1）相同（Sultanov et al.，2016）。分别计算式（3.4）的一阶、二阶微分方程，并对 S 曲线的反曲点所对应的 t_m 求解，得到

$$\frac{\mathrm{d}y}{\mathrm{d}t} = K\mathrm{e}^{-\mathrm{e}^{r(t-t_m)}}(-\mathrm{e}^{r(t-t_m)})r = -ry\mathrm{e}^{r(t-t_m)} = ry\ln\frac{y}{K} \tag{3.5}$$

$$\frac{\mathrm{d}^2 y}{\mathrm{d}t^2} = -rK\mathrm{e}^{-\mathrm{e}^{r(t-t_m)}}(-\mathrm{e}^{r(t-t_m)})r\mathrm{e}^{r(t-t_m)} + r\mathrm{e}^{r(t-t_m)}(-rK\mathrm{e}^{-\mathrm{e}^{r(t-t_m)}})$$

$$= r^2 y\mathrm{e}^{2r(t-t_m)-1} = r^2 y\ln\frac{K}{y}\left(\ln\frac{K}{y} - 1\right) \tag{3.6}$$

由式 (3.5)、式 (3.6) 可知，当 $y = 0$ 和 $y = K$ 时，$\frac{\mathrm{d}y}{\mathrm{d}t} = 0$，即 S 曲线在 $y \in [0, K]$ 上单调递增；当 $y = 0$ 或 $y = \frac{K}{\mathrm{e}}$ 或 $y = K$ 时，$\frac{\mathrm{d}^2 y}{\mathrm{d}t^2} = 0$，即在单调递增区间内的 $y = \frac{K}{\mathrm{e}}$ 处存在反曲点使 S 曲线由凹变凸，即 S 曲线的斜率 r 由正转负。在反曲点处，衡量技术标准演化的生命周期阶段发展的标准必要专利累计数量增长由快转慢，表明技术标准的成长率从高速降为低速（Christodoulos et al., 2011）。因此，基于 Gompertz 模型在技术标准演化的生命周期阶段研究中的实际应用，本书将反曲点对应的时间 t_m 视为 S 曲线的拐点，即知识密集型产业技术标准演化的生命周期阶段变化分界点。

3.3.3　知识密集型产业技术标准演化的生命周期 Richards 模型

考虑到 S 曲线会由于变量特性的不同而呈现出多种变化，Richards（1959）在植物生长过程的研究中，对 Bertalanffy 模型进行扩展，提出了 S 曲线的四参数模型——Richards 模型。其后，学者对其进行了修改和重新参数化，并将其广泛应用于技术发展和技术扩散研究中。

本书根据学者的研究经验，构建 Richards 模型的函数方程如下：

$$y = \frac{K}{\left(1 + \frac{1}{v}\mathrm{e}^{-r(t-t_m)}\right)^v} \tag{3.7}$$

式中，v 为知识密集型产业技术标准演化的生命周期 S 曲线形状参数（Marinakis, 2012）；其他变量和参数的含义与式 (3.1) 相同。

对式 (3.7) 进行重新整理，并采用对数求导法分别计算式 (3.7) 的一阶、二阶微分方程，过程如下：

$$\mathrm{e}^{-r(t-t_m)} = v\left(\frac{K}{y}\right)^{\frac{1}{v}} - v \tag{3.8}$$

$$\frac{1}{1 + \frac{1}{v}\mathrm{e}^{-r(t-t_m)}} = \left(\frac{y}{K}\right)^{\frac{1}{v}} \tag{3.9}$$

$$\ln y = \ln K - v \ln\left(1 + \frac{1}{v} e^{-r(t-t_m)}\right) \qquad (3.10)$$

$$\frac{\mathrm{d}y}{\mathrm{d}t} = y' = yr\left(\frac{y}{K}\right)^{\frac{1}{v}}\left(v\left(\frac{K}{y}\right)^{\frac{1}{v}} - v\right) = yrv\left(1 - \left(\frac{y}{K}\right)^{\frac{1}{v}}\right) \qquad (3.11)$$

$$\ln \frac{\mathrm{d}y}{\mathrm{d}t} = \ln y + \ln r - r(t-t_m) - \ln\left(1 + \frac{1}{v} e^{-r(t-t_m)}\right) \qquad (3.12)$$

$$\frac{\mathrm{d}^2 y}{\mathrm{d}t^2} = \frac{{y'}^2}{y} + ry'\left(1 - \left(\frac{y}{K}\right)^{\frac{1}{v}} - 1\right) = ry'\left(\left(\frac{y}{K}\right)^{\frac{1}{v}}\left(v\left(\frac{K}{y}\right)^{\frac{1}{v}} - v\right) - \left(\frac{y}{K}\right)^{\frac{1}{v}}\right)$$

$$= ry'\left(v - v\left(\frac{y}{K}\right)^{\frac{1}{v}} - \left(\frac{y}{K}\right)^{\frac{1}{v}}\right) \qquad (3.13)$$

由式（3.11）、式（3.13）可知，当 $y=0$ 或 $y=K$ 时，$\frac{\mathrm{d}y}{\mathrm{d}t}=0$，即在 $y\in[0,K]$ 的区间范围内，S 曲线单调递增；当 $y=0$ 或 $y=K\left(\frac{v}{v+r}\right)^v$ 或 $y=K$ 时，$\frac{\mathrm{d}^2 y}{\mathrm{d}t^2}=0$，即在 $y=K\left(\frac{v}{v+r}\right)^v$ 处存在反曲点，使 S 曲线的斜率 r 减小，S 曲线形状由下凸变为上凹。

Richards 模型的特点在于，它包含了多个 S 曲线的拟合，随着参数 v 的变化，式（3.7）可以演变为 S 曲线的其他经典模型：①当 $v=1$ 时，曲线拟合为 Logistic 模型；②当 $v\to 0$ 时，曲线拟合为 Gompertz 模型；③当 $v=-1$ 时，曲线拟合为 Mitscherlish 模型（程毛林，2010）。综上，结合 Richards 模型的特点及其实际应用，本书认为，反曲点对应的时间 t_m 是知识密集型产业技术标准演化的生命周期阶段变化的分界点，技术标准演化涉及的标准必要专利累计数量增速在此处由快转慢。

3.3.4 基于模型参数的技术标准演化的生命周期阶段划分

参考各学者的研究经验（傅瑶等，2013；李春燕和黄斌，2017；赵莉晓，2012），本书将 S 曲线模型的饱和值（saturation）定义为知识密集型产业技术标准发展的极限。基于已有研究中关于技术标准演化的生命周期阶段划分的观点（李保红和吕廷杰，2005；Foster，1986），以 S 曲线模型的反曲点、90%饱和值（90% saturation）作为重要分界点，本书将知识密集型产业技术标准演化的生命周期划分为三个阶段,即技术标准的形成阶段、实现阶段和扩散阶段,如图 3.1 所示。现将其判定依据和特点总结如下。

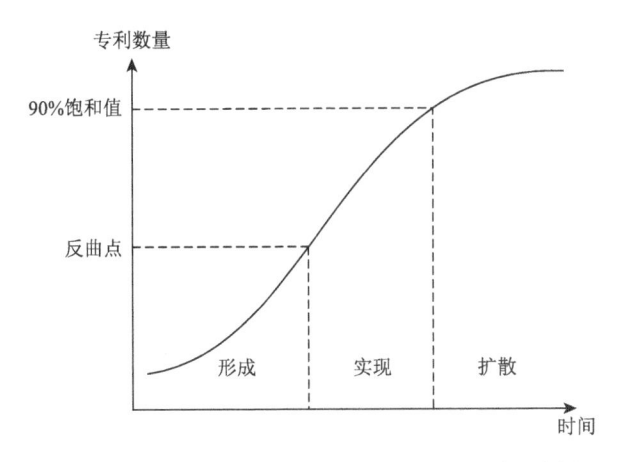

图 3.1 知识密集型产业技术标准的生命周期阶段划分

1. 知识密集型产业技术标准形成阶段

形成阶段是知识密集型产业技术标准演化生命周期的第一阶段,包含了技术标准自萌芽到成长的过程。鉴于此,本书认为,这一阶段又可进一步细分为两个时期:一是萌芽期,即从标准必要专利技术的出现开始,到专利汇集形成技术标准体系的基本框架,即至成长期的起点为止;二是成长期,借鉴赵莉晓(2012)、傅瑶等(2013)、李春燕和黄斌(2017)等的相关研究,结合 S 曲线模型得到的知识密集型产业技术标准演化的生命周期阶段特征值,本书将技术标准演化的成长时间起点定义为 10%饱和值。这意味着,从专利累计申请量达到 10%饱和值起,知识密集型产业的标准必要专利技术进入快速发展的状态。在这段时期内,该产业的技术创新高度活跃,技术更新速度较快,标准必要专利技术围绕技术标准而发展,专利累计申请量逐渐增多,直至达到 S 曲线的反曲点为止。至此,知识密集型产业技术标准的形成阶段结束。

2. 知识密集型产业技术标准实现阶段

实现阶段是知识密集型产业技术标准演化生命周期的重要阶段,覆盖了技术标准自形成到实施的过程。在这一阶段,知识密集型产业技术标准体系伴随着标准必要专利技术的发展成熟而日趋完善。参考学者的研究成果(赵莉晓,2012;傅瑶等,2013;李春燕和黄斌,2017),本书将专利累计申请量从 S 曲线的反曲点到 90%饱和值所经历的时间视为知识密集型产业技术标准的标准必要专利技术发展的成熟阶段,即技术标准的实现阶段。在这一阶段内,知识密集型产业的技术创新以技术标准的实现为目的而展开。鉴于标准必要专利技术的基础研究已初步完成,其继续发展的空间变小,现阶段的技术创新活动主要集中于技术标准的应用研究和试验发展方面,故专利申请速度相较之前放缓,专利累计申请量减速增长并接近饱和,标志着知识密集型产业的标准必要专利技术发展的成熟阶段结束。与此同时,在标准必要专利技术的支撑下,技术标准体系的具体方案出台并得以落实,意味着知识密集型产业技术标准的实现。

3. 知识密集型产业技术标准扩散阶段

扩散阶段是知识密集型产业技术标准演化生命周期的最后阶段,同时也是最为关键的时期,决定着技术标准能否成功产业化。与上一阶段相衔接,此阶段开始的标志是 S 曲线达到 90%饱和值。在这段时期内,知识密集型产业的技术标准体系和实施方案完全成型,标准必要专利技术的发展趋于极限,以标准为核心的技术创新不再活跃;相应地,技术标准的发展不再仅以专利累计申请量的增长来测度,而是将标准必要专利技术的产业化程度纳入衡量标准,开始追求用户的大规模采用,并力争成为市场认可的主导技术,这意味着知识密集型产业技术标准的演化自此进入扩散阶段。技术标准的扩散以价值创造和市场主导为目标,通过技术产品化和产品规模化持续获取收益。最终,当知识密集型产业技术标准及其所涉及的标准必要专利技术不再满足市场需求或出现新的技术变革时,新一轮技术创新逐渐展开,新技术标准将取代已有技术标准,扩散阶段随之结束。

3.4 知识密集型产业技术标准演化的 S 曲线模型的验证与甄选

3.4.1 样本选择

基于对技术的代表性、标准的完整性以及数据的可获得性等多方面因素的综合考虑,本书选取我国移动通信产业 4G 技术标准作为知识密集型产业的研究样本。原因在于,从 2005 年到 2012 年,我国 4G 技术标准经历了由技术路线确立、创新演进到标准创制的发展历程,凭借对标准必要专利技术的掌握,形成了完整的 4G 技术标准体系(周宏仁,2014)。当前,4G 技术标准已处于与 5G 技术标准的交替期,基本经历了生命周期的完整阶段,符合本书研究所需要的知识密集型产业技术标准演化的特征。

3.4.2 数据来源

根据国际电信联盟的判定，我国移动通信产业 4G 技术标准涵盖了频分双工（frequency division duplexing，FDD）、时分双工（time division duplexing，TDD）、正交频分复用（orthogonal frequency division multiplexing，OFDM）、正交频分多址（orthogonal frequency division multiple access，OFDMA）、多输入多输出（multi-input multi-output，MIMO）、智能天线（smart antenna）、软件无线电（software radio）及调制与编码（modulation coding）等八项标准必要专利技术（邱洪华和刘晓丽，2013；刘婷婷和方华丽，2013）。由于我国移动通信产业与欧洲移动通信产业长期演进（long term evolution，LTE）阵营具有相似的 4G 技术标准发展路线，并且欧洲专利申请具有在多个成员国享受同等保护的优越性，为了更有利于占据国际市场，我国移动通信产业 4G 技术标准所涉及的核心技术通常会向欧洲专利局申请专利（周宏仁，2014）。鉴于此，本书选取上述八项标准必要专利技术作为 4G 技术标准的检索关键词，在 2005～2012 年的时间范围内，设定申请主体为中国（CN），对欧洲专利局（European Patent Office，EPO）数据库进行专利数据检索。欧洲专利局数据库收录了世界范围内近 80 个国家和组织的专利数据，是专利研究领域最常引用且具有权威性的数据库之一，能够确保数据的准确性。同时，考虑到 4G 技术标准具有快速发展的特性，为了体现数据变化的时效性，本书以季度为单位进行相关数据的获取，从而保证了研究的有效性。

本书参考 Ernst（1997）对技术生命周期的研究，以专利累计申请量作为知识密集型产业技术标准演化的生命周期阶段发展的衡量指标，按季度对检索得到的 4G 技术标准专利数据进行整理，共得到 32 个时间点所对应的 4G 技术标准所涉及的标准必要专利累计申请量数据。后面将以其为数据基础，对三个不同的 S 曲线模型进行比较与选择。

3.4.3 技术标准演化的 S 曲线模型的验证与最优模型的甄选

为保证理论研究的科学性，本书以洛克菲勒大学开发的 Loglet Lab 4 软件为工具，以时间为横轴，以标准必要专利技术的专利累计申请量为纵轴，基于 4G 技术标准的专利数据，分别采用 Logistic 模型、Gompertz 模型和 Richards 模型对技术标准演化的生命周期 S 曲线进行拟合。其中，圆点表示实际的标准必要专利累计申请量，实线表示拟合的标准必要专利累计申请量，得到三个 S 曲线模型的拟合结果如图 3.2 所示。

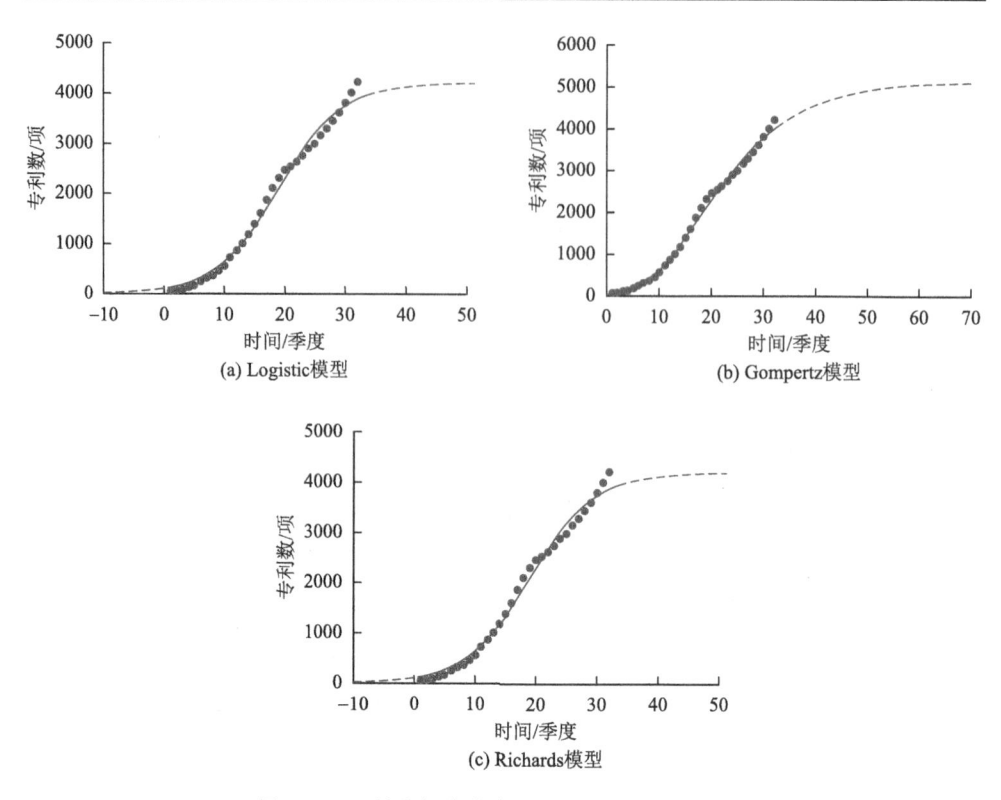

图 3.2 4G 技术标准生命周期的 S 曲线拟合效果

由图 3.2 可知，代表实际标准必要专利累计申请量的散点大部分落于拟合后的 S 曲线（即图中虚线）上，即 Logistic 模型、Gompertz 模型与 Richards 模型对 4G 技术标准演化的生命周期 S 曲线拟合均有效，说明技术标准演化的生命周期 S 曲线模型得到验证。通过比较可以看出，Gompertz 模型拟合的 S 曲线与散点的重叠度相对较高。因此，本书做出 Gompertz 模型的拟合效果优于 Logistic 模型和 Richards 模型的初步判断。

为了进一步验证判断的合理性，本书运用 Loglet Lab 4 的估算功能，就 Logistic 模型、Gompertz 模型和 Richards 模型对 S 曲线拟合效果的参数值和检验指标进行汇总和比较。其中，采用迭代方法估算 S 曲线的参数值，包括饱和值、成长时间和反曲点三项；采用蒙特卡罗方法估算拟合模型的检验指标，包括 p 值（p-value）、判定系数（R^2）、标准误（standard error，SE）、均方根误差（root mean square error，RMSE）和平均绝对百分误差（mean absolute percentage error，MAPE）五项指标（傅瑶等，2013）。同时，考虑到非线性曲线回归参数估计的不稳定性，本书对 4G 技术标准演化的生命周期 S 曲线参数值进行了多次估计，直至拟合结果趋于稳定，最终得到各模型的参数值和检验指标的估算结果，如表 3.2、表 3.3 所示。

表 3.2　各模型拟合的 4G 技术标准演化的生命周期 S 曲线参数值

模型	方程	参数			
		饱和值	成长时间	反曲点	形状参数
Logistic	$y=\dfrac{K}{1+\mathrm{e}^{-r(t-t_m)}}$	4211	22.9	19	—
Gompertz	$y=K\mathrm{e}^{-\mathrm{e}^{-r(t-t_m)}}$	5141	15.3	17.7	—
Richards	$y=\dfrac{K}{\left(1+\dfrac{1}{v}\mathrm{e}^{-r(t-t_m)}\right)^{v}}$	4211	22.9	19	1

表 3.3　各模型的 4G 技术标准演化的生命周期 S 曲线拟合效果检验指标值

检验指标	模型		
	Logistic	Gompertz	Richards
p-value	1.31×10^{-26}	6.44×10^{-32}	1.31×10^{-26}
R^2	0.981	0.993	0.981
SE	136	98.3	138
RMSE	129	93.3	129
MAPE	0.14	0.0508	0.14

表 3.2 和表 3.3 的数据显示，Logistic 模型、Gompertz 模型与 Richards 模型对 S 曲线拟合的 R^2 值差别很小，解释程度都接近 1 且 p 值<0.01，意味着各个模型对技术标准演化的生命周期拟合均显著有效。这一结果表明，技术标准演化的生命周期阶段发展符合 S 曲线趋势。其中，Richards 模型的 S 曲线形状参数 $v=1$，其拟合结果近似于 Logistic 模型。通过进一步分析参数值发现，虽然各模型的拟合均稳定有效，但与 Gompertz 模型相比，Logistic 模型和 Richards 模型对技术标准演化的生命周期 S 曲线拟合的饱和值较低，成长时间略长，且反曲点出现稍晚，表明不同的 S 曲线模型对技术标准演化的生命周期阶段发展轨迹拟合结果并非完全一致，即这些模型在技术标准演化的生命周期 S 曲线拟合效果方面存在差异。

本书参考 Gupta 和 Jain（2012）、Sultanov 等（2016）的研究，采用 SE、RMSE 和 MAPE 三项指标来评估模型的拟合优度。通过对各模型检验指标的进一步比较，可以看出，Richards 模型的 SE 值最大，Logistic 模型的 SE 值居中，Gompertz 模型的 SE 值最小，而 SE 值越小则表示模型的拟合效果越好；Gompertz 模型具有最低的 RMSE 值，这意味着它的拟合值与实际观测值之间的差异最小，即此模型的拟合程度最好；使用 MAPE 对同一组数据的不同模型进行比较，Gompertz 模型的 MAPE 值明显较低，表明该模型具有更高的拟合优度。

综上所述，本书认为，相较于 Logistic 模型和 Richards 模型，Gompertz 模型对技术标准演化的生命周期 S 曲线拟合效果更好。同时，从现实情况来看，知识密集型产业技术标准演化具有成长时间短、更新速度快的特点（李蓉等，2014），这与 Gompertz 模型所绘制的技术标准演化的生命周期阶段发展轨迹更加契合。鉴于此，本书认为，Gompertz 模型对知识密集型产业技术标准演化的生命周期 S 曲线拟合最有效，是本书进行技术标准演化的生命周期阶段研究的最优模型。

3.5 移动通信产业 4G 技术标准演化的生命周期阶段分析与讨论

3.5.1 移动通信产业 4G 技术标准演化的生命周期阶段分析

技术标准演化的生命周期阶段发展过程也是技术标准涉及的标准必要专利技术不断发展的过程。经过对 Logistic 模型、Gompertz 模型和 Richards 模型拟合效果的讨论和分析，本书选择以 Gompertz 模型拟合的技术标准演化的生命周期阶段性发展的特征值为分界点，结合 S 曲线的趋势变化，分别对 4G 技术标准演化的生命周期各个阶段的分界点进行数值估计，得到的结果如表 3.4 所示。

表 3.4 4G 技术标准演化的生命周期阶段特征值

特征值	10%饱和值	反曲点	90%饱和值
时点	8.9	17.7	40.9

结合表 3.4 中的数据，将特征值按时间序列进行重新梳理和解读，由此得到我国移动通信产业 4G 技术标准演化的生命周期阶段划分结果如表 3.5 所示。

表 3.5 4G 技术标准演化的生命周期阶段划分结果

阶段划分	标准形成阶段	标准实现阶段	标准扩散阶段
Gompertz 模型时间分界	2005 年 1 月~2009 年 6 月	2009 年 7 月~2015 年 3 月	2015 年 4 月至今

由表 3.5 可知，根据 Gompertz 模型的阶段划分结果，我国移动通信产业 4G 技术标准的形成阶段为 2005 年 1 月~2009 年 6 月，尽管包括了萌芽期和成长期，此阶段的持续时间却仅有 4 年多。可见，我国 4G 技术标准虽然起步较晚，但是其前期发展较为迅速，所需时间较短。4G 技术标准的实现阶段自 2009 年 7 月开始，到 2015 年 3 月标准必要专利累计申请量达到 90%饱和值为止，历时近 6 年。

相比于形成阶段,此阶段的持续时间相对较长,从侧面说明了我国 4G 技术标准的成熟和完善经历了较为艰辛的过程。4G 技术标准的扩散阶段从 2015 年 4 月开始,一直持续至今。接下来,4G 技术标准会逐渐向 5G 技术标准过渡和转换。

3.5.2 移动通信产业 4G 技术标准演化的生命周期阶段结果的案例检验

为了验证上述模型的拟合结果及其阶段划分的合理性和适用性,本书结合 4G 技术标准的实际发展历程,从技术标准演化的阶段性特点入手,进一步采用案例分析对上述研究结果加以检验。

在国家实施创新驱动发展战略的大背景下,移动通信产业是我国重点关注和扶持的知识密集型产业,而 4G 技术标准的快速发展是我国移动通信产业系统创新的成功范例。在 4G 技术标准的演化进程中,我国移动通信产业逐步构建了具有自主知识产权的完整产业链,完成了从受制于人、技术跟随到占据技术优势的全面跨越,大幅提升了产业整体的技术创新能力,有力地推动了 4G 技术标准演化的生命周期阶段发展。鉴于此,本书通过 4G 技术标准的案例分析,立足于现实情况对技术标准演化的生命周期阶段拟合结果的合理性予以验证。

1. 4G 技术标准形成阶段

2005 年 1 月,为应对外部技术的竞争压力,我国启动了 4G 项目并开展了一系列可行性研究工作。其中,为确定 4G 技术标准与技术路线所进行的前期调研,标志着 4G 技术标准正式萌芽。2005 年 11 月,在充分考虑 3G 技术标准的演进升级和技术延续的前提下,大唐电信联合中兴、普天等我国移动通信相关企业共同提出了基于正交频分复用的 TD-SCDMA 后续演进方案,这一方案随即被国际标准化组织——第三代合作伙伴计划(Third Generation Partnership Project,3GPP)接受,为我国 4G 技术标准的标准必要专利技术研发奠定了基础,保证了 4G 技术标准在萌芽期内得以发展。随后,在我国政府主管部门的有力组织下,IMT-Advanced(4G)推进组成立,政产学研用平台也成功搭建,以国家无线电监测中心等为代表的政府部门直属单位,以中国移动、大唐电信、华为、中兴、中国信息通信研究院以及清华大学、北京邮电大学等为核心的众多国内运营商、制造商、研究院所和高校参与到 4G 技术标准的标准必要专利的研发与创新活动中,促进了 4G 技术标准体系的快速形成。至此,4G 技术标准体系初步成型,其萌芽期结束,继而转入迅猛发展的成长期。在实践中,技术标准演化的形成阶段从标准概念的提出开始,以标准文本的冻结为界(李保红和吕廷杰,2005)。2008 年 12 月,包括频分双工长期演进(frequency division duplex-long term evolution,FDD-LTE)、时分双工长期演进(time division-long term evolution,TD-LTE)技术两种模式的

4G技术标准第一个版本R8在3GPP冻结；至2009年6月，4G技术标准随着R9版本立项得以改进，并在R10、R11、R12陆续颁布的过程中逐步健全，成为被国际移动通信产业广泛接受的国际标准。由此可见，从2005年1月到2009年6月，我国4G技术标准经历了从无到有的演化过程，标准必要专利技术研发持续取得突破，标准版本在3GPP连续颁布并冻结，这一时期4G技术标准处在早期的萌芽和成长过程中，从而验证了基于Gompertz模型拟合得到的4G技术标准的形成阶段。

2. 4G技术标准实现阶段

2009年7月，随着4G技术标准在3GPP的冻结，为进一步加快4G技术标准产业化，在工业和信息化部的领导下，4G推进组联合大唐电信、华为、中兴、中国移动、中国联通等移动通信核心企业开展了技术试验、大规模网络建设及4G商用牌照发放等工作。从2009年到2013年，4G推进组的技术试验耗时4年多，进行了4G（TD-LTE）的功能、性能、接口、关键技术和组网研究，先后制定了150项技术规范；包括大唐电信、华为、中兴、展讯、海思、酷派、联想、星河亮点、中创信测等在内的共计超过100家系统设备、芯片、终端和仪表企业提供设备、参与试验；由中国信息通信研究院、中国移动、中国电信和中国联通的技术人员组成的测试组，完成了超过54 000个测试项，发现、验证和解决各类技术问题3000余项。与此同时，4G技术标准的大规模组网和基站建设同步进行，2012年中国移动率先启动超过2万个基站的大规模商用网络建设，以超常规的速度推进了4G网络建设进程。2013年12月，工业和信息化部为中国移动、中国电信和中国联通发放了三张4G（TD-LTE）牌照，意味着4G（TD-LTE）技术标准正式走向商用；其后的一年内，三大运营商陆续发布了4G技术标准的终端需求白皮书，并积极推动产业开发4G技术标准的终端商用产品；2015年2月末，工业和信息化部再次向中国电信与中国联通颁发4G（FDD-LTE）经营许可；截至2015年3月，我国三大运营商已全部获得4G牌照，4G技术标准全面进入了商用时代。由此可见，4G技术标准在2009年7月～2015年3月的发展，历经技术试验、大规模网络建设和商用牌照发放的主要事件，完成了技术标准的实现，再度验证了基于Gompertz模型拟合得到的4G技术标准的实现阶段。

3. 4G技术标准扩散阶段

虽然从2012年开始，4G技术标准的大规模网络建设便以超高速进行，2013年12月底即建成4G基站7.3万个，2014年末建设的4G（TD-LTE）基站已超过50万个，然而，4G技术标准的用户数量并未与大规模网络建设保持同步发展。2012年，中国移动在北京、上海、南京、杭州等15个城市的4G技术标准试验中，仅发展了近 10 万个友好用户；2014 年，随着第一批 4G 商用牌照的发放，4G 用户规模有所增长，但仍处于小范围试用阶段，数量仅为 9217.2 万人；直至 2015 年，4G 牌照全面发放，我国 4G 用户规模才开始迅速扩大，并呈现出爆炸式增长，用户数量达到 4.14 亿人。由此可见，自 2015 年 4 月开始，随着 4G 用户数量飞速增长，4G 技术标准才实现了大规模扩容，并开启了技术标准的扩散模式，成为被市场认可的主导技术。这一事实进一步印证了本书根据 Gompertz 模型拟合得出的 4G 技术标准扩散阶段的合理性。

此外，为了更好地描述知识密集型产业技术标准演化的生命周期阶段发展的客观规律，以 4G 技术标准演化的生命周期案例分析为基础，本书提炼并对比了技术标准演化的生命周期各阶段的理论特征与现实特征（表 3.6），从而进一步验证了知识密集型产业技术标准演化的生命周期阶段划分的有效性。

表 3.6 技术标准演化的生命周期各阶段的理论特征与现实特征对比

阶段	理论特征	现实特征
形成阶段	①关键性核心技术开始出现； ②关键性核心技术进入快速发展期； ③形成技术标准体系的基本框架	①4G 技术标准的概念首次被提出； ②4G 技术标准的关键核心技术研发持续取得突破； ③4G 技术标准文本冻结，成为被广泛接受的国际标准
实现阶段	①关键性核心技术的基础研究已初步完成； ②主要工作集中于技术标准的应用研究和试验发展； ③技术标准体系的具体方案出台并得以落实	①先后制定了 150 项 4G 技术规范； ②4G 技术标准的大规模组网和基站建设同步进行； ③我国三大运营商全部获得 4G 牌照
扩散阶段	①开始追求用户的大规模采用； ②通过技术产品化和产品规模化持续获取收益	①建设的 4G 基站超过 50 万个； ②4G 用户规模开始迅速扩大，呈现出爆炸式增长

3.5.3 分析与讨论

通过进一步对 4G 技术标准演化的生命周期阶段进行案例分析，本书认为，技术标准演化的生命周期阶段发展与核心企业的积极参与、政府的大力扶持以及产业内成员的协同合作等因素密切相关，具体分析如下。

（1）核心企业的积极参与对于技术标准演化的生命周期阶段发展具有决定性作用。在 4G 技术标准的形成阶段和实现阶段，以大唐电信、华为、中兴、中国移动、中国联通为主的移动通信核心企业均进行了符合自身发展的战略部署，积极投入资源进行 4G 技术标准的标准必要专利技术研发，成为撬动 4G 技术标准演化的重要支点。

（2）政府的大力扶持在技术标准演化的生命周期阶段发展中发挥了支撑作用。2008 年我国政府启动了"新一代宽带无线移动通信网"国家科技重大专项，4G 技术标准的第一批项目开始实施，并取得了突破式发展。以市场为导向、企业为主体、产学研用相结合的系统布局打造了 4G 技术标准创新产业链；四阶段技术试验的统筹规划加速了 4G 技术标准产业化进程；积极发放 4G 牌照推动了 4G 技术标准的正式商用。可以说，政府的大力扶持对 4G 技术标准演化的生命周期阶段发展功不可没。

（3）技术标准演化的生命周期阶段发展是产业内成员协同合作的结果。4G 技术标准的建立及发展是一项复杂的系统工程，在工业和信息化部的统一领导下，国家无线电监测中心，研究院所，高校以及运营商，系统设备、芯片、终端和仪表企业等产学研单位参与其中，营造了以"研""用"为双引擎驱动的协同创新平台，不仅带动了整个 4G 技术标准创新产业链的发展，而且成为 4G 技术标准持续创新、攻克难关的不竭动力。

3.6 本章小结

本章旨在科学划分知识密集型产业技术标准演化的生命周期阶段。首先，阐述了知识密集型产业技术标准演化的 S 曲线趋势和生命周期阶段的相关理论。其次，分别构建了 Logistic 模型、Gompertz 模型和 Richards 模型三个不同的 S 曲线模型以量化描述技术标准演化的生命周期阶段发展规律，借助模型参数值将知识密集型产业技术标准演化的生命周期划分为形成、实现和扩散三个阶段。再次，基于 4G 技术标准所涉及的标准必要专利数据，利用上述三个 S 曲线模型对 4G 技术标准演化的趋势曲线进行拟合，通过比较不同 S 曲线模型的拟合效果，发现 Gompertz 模型对技术标准演化的趋势曲线拟合最为有效。最后，根据 Gompertz 模型对标准必要专利数据的拟合参数值，实际划分了我国 4G 技术标准生命周期的形成、实现和扩散阶段，并采用案例检验进一步证实了知识密集型产业技术标准的生命周期阶段划分结果，归纳得出核心企业的积极参与、政府的大力扶持、产业内成员的协同合作在 4G 技术标准演化的生命周期阶段发展中发挥着重要作用。

第4章 联盟合作关系影响知识密集型产业技术标准演化的理论研究

作为技术标准形成、实现与扩散的重要组织形式，技术标准联盟及其合作关系对知识密集型产业技术标准演化的影响不言而喻。本章将从广度与深度两个维度入手对技术标准联盟合作关系的作用进行分析，进而提出技术标准联盟合作关系与知识密集型产业技术标准演化之间关系的理论假设。

4.1 技术标准联盟的内涵与特征

4.1.1 技术标准联盟的内涵

国内外学者从联盟主体、联盟动因、联盟类型等不同的角度对技术标准联盟的内涵进行了论述。Bekkers 等（2011）认为，技术标准联盟指的是以拥有较强的研发实力与关键知识产权的企业为核心并联合多个企业或事业单位，以共同发起一项技术标准并将标准进行市场扩散为战略目标的联盟组织。孙耀吾等（2009）从战略和网络的角度指出，技术标准联盟是一个公司与多个现实或潜在的竞争者签订合作协议，联合发展一项技术标准的组织。李薇（2014）认为，技术标准联盟是以 R&D 联盟和专利联盟为基础的联盟组合，是同时涵盖技术研发与技术产业化两项功能的多组织联合体。根据现有研究成果，本书认为，技术标准联盟指的是行业内的核心企业通过签订合作协议或契约的方式，以共同发起一项技术标准并将标准进行市场扩散为战略目标而形成的联盟组织，其中以拥有较强 R&D 实力和关键技术知识产权的企业为核心（孙耀吾等，2009；Bekkers et al.，2011；李薇，2014）。具体而言，技术标准联盟联合了行业内包括企事业单位在内的中坚创新力量，旨在促进技术标准的制定并获得标准价值，能够及时响应市场需求，快速制定和推广技术标准。可以说，技术标准联盟为所在行业攻克技术难题、引领行业发展开辟了新的组织形式。

4.1.2 技术标准联盟的特征

技术标准联盟具有以下特征。

（1）结构的半开放性。技术标准联盟成员会由于技术实力、社会资本、对技术标准形成与实现工作的贡献不同而引导技术标准联盟逐渐形成具有核心圈和外围圈的半开放结构（Drahos and Braithwaite，2002）。其中，核心圈由技术标准联盟中具有很强的技术实力和行业影响力的企业与事业单位构成。核心圈的封闭行为一方面能够保护核心圈自身的利益和对技术标准联盟的领导权力；另一方面也能维持技术标准联盟的管理效率和稳定性不受外界环境的干扰。而外围圈则由技术标准联盟中认同核心圈的工作目标和实施模式、自愿加入技术标准联盟中参与技术标准制定工作的企业以及事业单位构成。技术标准联盟不但对现有的外围圈成员开放资源渠道和知识产权的使用权限，而且联盟自身也在努力吸纳更多成员加入并参与技术标准制定的相关工作（胡黎明和肖国安，2016）。这是因为，新成员的加入不仅能够带来技术研发工作所需的异质性资源，而且能够扩大市场中愿意使用并推广联盟主导的技术标准的消费者群体，即安装基础。

（2）属于松散的契约型联盟。技术标准联盟是由成员通过签订合作协议或契约而组成的，联盟成员之间的联系依靠合作条约得以维系（王程韡和李正风，2007）。虽然核心圈成员基于自身的资源控制能力对外围圈成员具有一定的领导指挥权，但是这种权力的行使多数体现在资源共享和任务分配的过程之中；技术标准联盟成员之间的关系归根结底还是平等互助的合作关系。因此，它的组织结构相对松散，采用协议和契约中的条款对成员的行为加以约束。而这种约束力来源于集结力量共同建立并共同享有的技术标准。它是技术标准联盟成员的共同利益来源，是维系成员关系的纽带，也是激励企业建立或加入技术标准联盟的重要动因（李冬梅和宋志红，2017）。

（3）兼具专利联盟与 R&D 联盟的特征。由于技术研发、专利组合、专利许可等活动都包含在技术标准联盟的工作内容之中，技术标准联盟与 R&D 联盟、专利联盟之间都存在着紧密联系。技术标准研发工作使技术标准联盟具有 R&D 联盟的特征，而专利集成以及技术标准确立后的产业化工作则与专利联盟的工作内容相契合。然而，技术标准联盟并非仅包含 R&D 联盟和专利联盟的并集。技术标准联盟被认为是应对复杂性系统创新的有效组织形式，因此政府常指定技术标准联盟执行一些能够创造国家或区域竞争优势的重大创新战略（吴文华和张琰飞，2006）。这意味着，与政府部门的合作与协调功能为技术标准联盟的存在赋予了复杂的意义。

4.2　技术标准联盟合作关系的内涵与特征

4.2.1　技术标准联盟合作关系的内涵

本书的研究目的在于明确技术标准联盟内部成员展开的合作关系对技术标准

演化的影响，因此，在本书中，技术标准联盟合作关系特指技术标准联盟内部成员为了完成技术标准的确立、实施与推广而形成的合作关系（洪结银，2018）。具体而言，技术标准联盟成员为了达成技术标准联盟的战略目标并满足成员自身的利益诉求，通过联合研发、技术体系共建、技术成果共享等方式积极开展内部合作，通过资源在成员间的流动形成了彼此有利的互利共生关系，从而合力完成技术标准形成和实现过程中各个环节的技术工作（Jeong et al.，2017）。

4.2.2 技术标准联盟合作关系的特征

技术标准联盟合作关系具有如下特征。

（1）互惠性。在技术标准联盟内部，成员之间缔结合作关系的目的在于通过技术标准获取行业效益，所以技术标准联盟合作关系具有显著的互惠特性（Leiponen，2008）。成员的共同利益不仅是维系合作关系的纽带，而且是约束合作伙伴行为的效力来源。在技术标准形成、实现与扩散的过程中，成员之间坚持资源与成果共享、成本与风险共担原则，不断激励彼此加速完成研发工作，以期达到获取行业效益的目的。

（2）时限性。由于标准技术研发的任务实施与成果凝结都具有明显的阶段性特征，围绕技术标准研发工作缔结的技术标准联盟合作关系也具有一定的时限性（Hemphill，2009）。一般而言，当合作关系由于阶段性研发成果的产生而宣告终止时，技术标准联盟成员会根据技术领域的探索空间与后续研发的预期价值来判断自身是否需要重新缔结合作关系。

（3）连锁性。由于受到技术研发任务的领域跨度与异质性资源的获取渠道的影响，如今的技术标准联盟合作关系越来越朝着跨领域、多层次的方向发展（Schilling and Phelps，2007；贾晓霞和张寒，2019）。技术标准联盟内部复杂的合作关系使众多成员形成一个相互依托又相互牵制的整体，成员的行为也因此会由于利益的变动而产生连锁效应，从而对整体的状态和行为产生影响。

4.3 技术标准联盟合作关系的维度划分

4.3.1 技术标准联盟合作关系的维度划分依据

作为一种以技术标准和技术专利为基础的特殊战略联盟，技术标准联盟不但具有更强的 R&D 合作关系，而且存在着更加紧密的知识产权连接关系。随着技术标准演化工作的推进，技术标准联盟合作关系也会逐渐朝两个方向发展：一是不断缔结新的合作关系,进而增加联盟成员之间合作关系的多样性及广泛化程度(赵蓉英和魏绪秋,2016);二是与特定领域内既有的合作伙伴开展持续深入的合作研发工作(Granovetter,1973),进而增强联盟成员之间合作关系的紧密程度。而这两种发展方式将会导致技术标准联盟合作关系对技术标准演化的影响路径发生差异。

关系的概念在组织内约束力量来源的论述中常被提及。与契约、规章制度等具有明确执行力的约束不同,关系的缔结与终止常常起源于主体心理层面的动机。因此,技术标准联盟合作关系需要通过其他特征变量加以表征(江积海和蔡春花,2014)。而广度与深度这两个维度能够从数量与质量两个角度衡量组织采取的合作行为,因而也反映合作关系的特征与演化情况。在探讨关系本身或者各类组织通过关系完成的行为的作用效果时,如知识交流(吕鸿江等,2018)、知识渠道(李强等,2019)、吸收能力(邹波等,2015)等,众多学者普遍采用广度与深度这两个维度对关系类变量进行测度。

4.3.2 技术标准联盟合作关系的维度分析

技术标准联盟合作关系可划分为技术标准联盟合作广度与技术标准联盟合作深度两个维度(Gallié and Roux,2010)。技术标准联盟合作广度是指在标准联盟合作关系中成员间合作的多样性及广泛化程度。在技术标准联盟中,技术标准联盟合作广度不但能够反映合作关系的开放与连通程度(赵蓉英和魏绪秋,2016),而且能够反映成员拓展潜在合作规模的可能性。技术标准联盟合作广度越大,说明成员合作伙伴的种类、数量以及合作涉及的业务范围就越大,开辟信息渠道的本领也越强(Neshati and Daim,2017)。技术标准联盟合作深度是指技术标准联盟中成员合作关系的紧密程度。合作深度不仅能够反映关系网络中合作主体间的交流频次、信任程度、合作默契度,而且能够反映技术标准联盟的凝聚力和稳定性(谭云清,2015)。技术标准联盟合作深度越大,成员基于合作行为建立的联系就越紧密,成员利用合作伙伴共有技术知识的效率就越高。

一些特征变量由于能够纳入技术标准联盟合作关系的产生前因的范畴,能够实现对技术标准联盟合作关系的测度。例如,技术标准联盟合作广度的增加源于合作伙伴数量的增加与所涉研究领域的广泛化,因而能够通过映射伙伴数量与所涉领域等维度进行测量。而技术标准联盟合作深度的增加源于合作领域的深入研究与合作伙伴之间的相互集聚,因而能够通过映射探索阶段与集聚程度等维度进行测量(赵泽斌等,2019)。

4.4 技术标准联盟合作关系的作用分析

4.4.1 技术标准联盟合作广度的作用分析

技术标准联盟合作广度的增加源于合作伙伴数量的增加与所涉领域的广泛化。对技术标准联盟而言，当参与合作研发的联盟成员数量增加时，联盟能够通过不同领域的技术知识根基影响技术体系的结构与功能，进而对联盟的联动性与响应能力造成影响（姚远和宋伟，2011）。而对技术标准联盟成员而言，合作伙伴数量的增加能够缩短成员之间的距离，进而影响行业地位不同的联盟成员对异质性资源的调控能力；同时能够通过研发工作的协调与资源交易的磋商等环节对技术标准制定工作的效率产生影响。

然而，当前学术界对企业合作广度与科研工作绩效之间关系的研究存在一定的争议。马艳艳等（2014）认为，随着企业研发合作广度的增加，企业拓宽知识基础的宽度、增加知识源种类的能力逐渐增强，有助于促进企业创新绩效的提升。与之相反，高霞等（2019）则指出，在扩展合作广度的初期，企业应对甄选合作伙伴、协调合作关系等问题的能力较弱，此时企业的合作行为面临着较强的不确定性，难以发挥合作研发的资源优势，因而不利于科研工作绩效的提高。可见，对技术标准演化而言，技术标准联盟合作广度基于不同的作用路径发挥的作用效果也具有差异。

4.4.2 技术标准联盟合作深度的作用分析

技术标准联盟合作深度的增加源于技术标准联盟成员针对当前技术领域内持续深入的研发行为（Kishna et al., 2017）。对技术标准联盟而言，当相同领域的研发活动持续深入进行时，联盟的结构会逐渐向局部集聚的趋势演化，此时技术标准联盟成员的观念格局与行为性质会从情感层面影响合作关系的结构与研发工作的效率。当合作研发活动涉及更频繁的信息桥接与资源流通行为时，联盟成员能够进一步增强网络结构和工作进展的掌控力度。此时联盟成员之间的技术交流频次与技术分享程度会通过技术系统协调性的变化对技术成果的使用价值产生影响（史金艳等，2019）。已有研究普遍认同合作深度的增加能够提升组织活动绩效这一观点，并且已从多个研究视角探究合作深度对组织活动绩效的作用路径。本书认为，在技术标准联盟的各项活动中，技术标准联盟合作深度在技术知识和情感倾向两个方面发挥着更加显著的作用，并且能够对技术标准联盟结构与功能的认知产生影响。因此，关于技术标准联盟合作深度对技术标准演化的影响需要结合技术标准联盟的内在特征和技术标准的演化条件来加以阐述。

4.5 技术标准联盟合作关系与技术标准演化间关系的假设论述

4.5.1 技术标准联盟合作广度与技术标准演化的关系假设

在技术标准演化的相关工作中，本书认为，合作关系更广泛的技术标准联盟在拓宽异质性资源的获取渠道方面具有很强的优势（赵炎和姚芳，2014）。具体而言，技术标准联盟合作广度越大，技术标准联盟内部的成员建立的合作关系越广泛，获取异质性创新资源的渠道和规模也随之增加。此时，联盟成员能够从更多的渠道获取行业信息资源，进而增强联盟成员对市场变化的感知能力。联盟成员能够根据即时的行业信息把握市场需求的发展趋势，有助于构建技术标准的应用框架（Wu et al., 2017）。在此框架下，技术标准联盟成员能够针对各部分的预期目标来完善技术方案的内容，增强技术标准内部的技术方案对未来市场变化的响应能力，提升技术标准的价值与行业影响力，进而推动技术标准的演化。

与此同时，技术标准联盟合作广度的增加意味着联盟成员能够涉猎更宽的知识领域、获取更丰富的知识资源、不断更新自身的技术知识体系（Guo et al., 2018）、提高技术标准具备的先进水平，进而为技术标准联盟攻克潜在技术难题、满足行业潜在需求增加了保障（李艳华和崔文岳，2018）。广泛的合作关系可以使技术标准联盟成员拉近彼此的距离，增强联盟成员的技术交流意愿，有助于联盟成员之间隐性知识的转移（周寄中等，2003）。并且，随着技术标准联盟合作广度的增加，联盟成员能够更直观地了解到自身技术水平与行业未来的发展需求之间的差距，激励联盟成员进一步参与合作研发（Ireland and Webb, 2007），不断丰富技术成果，进而完善技术标准方案的内容，增强技术标准的行业竞争力。由此可见，技术标准联盟合作广度通过拓宽异质性创新资源的获取渠道来完善技术标准的内容、增强技术标准的市场应变能力，进而推动技术标准的形成与实现（Pasquale and Mirian, 2019）。然而，技术标准联盟合作广度较低时对技术标准演化的积极作用并不明显，甚至会产生负面影响。原因在于，一方面，较低的技术标准联盟合作广度导致联盟成员拥有的信息资源渠道比较狭窄，通常会使企业难以得到及时、准确的市场信息，使行业潜在的发展需求给联盟成员带来较强的信息不对称性（Dyer, 1997）。过时且不完整的行业信息诱使技术标准联盟成员产生决策失误，致使技术研发工作脱离行业技术轨迹，最终导致联盟成员的技术标准研发工作面临失败。另一方面，当技术标准联盟合作广度较低时，联盟成员因自身具备的资源规模有限，往往耗费较高的成本从外界获取资源；而且联盟成员之间的发展目标与技术模式都存在一定的差异，因而导致联盟成员开拓寻找合作伙伴、调整研发方式都需要耗费较多的精力，进而使合作研发的边际成本增加（Lee and Bozeman，2005）。因此，在技术标准联盟合作广度较低的情况下，联盟成员将承担更大的研发风险、付出更高昂的成本，并且技术标准产生的边际收益难以抵消合作研发的边际成本。换言之，较低的技术标准联盟合作广度反而在一定程度上抑制了技术标准的演化。

综上所述，本书认为，技术标准联盟合作广度不同时，会对技术标准演化产生不同的影响，即当技术标准联盟合作广度较低时，技术标准联盟合作广度负向影响技术标准演化；而在技术标准联盟合作广度较高时，技术标准联盟合作广度则正向影响技术标准演化。因此，本书建立如下假设。

假设 H4-1：技术标准联盟合作广度与技术标准演化之间存在 U 形关系。

4.5.2 技术标准联盟合作深度与技术标准演化的关系假设

技术标准联盟合作深度能够反映技术标准联盟成员缔结契约的执行力度（Gallié and Roux，2010）。技术标准联盟合作深度对技术标准演化的积极作用表现在提升合作关系的稳定性和联盟成员之间的合作默契程度上，进而发挥技术研发的协同效应，提升联盟成员构建技术标准方案的速率，最终达到通过加深技术标准联盟合作关系来推动技术标准演化的目标。具体而言，当技术标准联盟合作深度增加时，技术标准联盟内针对特定领域技术创新的合作成员会逐渐形成集聚或"抱团"的现象，进而在合作网络中逐渐形成联系紧密的小世界效应（赵炎和王琦，2013）。在这样的网络中，相互抱团的联盟成员能够相互监督、相互制约，在技术研发和专利集成过程中逐渐培养出高度的信任，有利于增强合作关系的稳定性，进而保证技术标准相关的技术研发与专利集成工作能够高效有序地进行（González-Moreno et al.，2019）。同时，小世界效应使技术标准联盟成员之间的合作变得更加活跃，使彼此的知识距离大大缩短（Walker，2001）。这意味着联盟成员不仅能够提升信息流动的速率，而且能够增强研发过程中的合作默契。联盟成员能够凭借这些优势发挥技术研发的协同效应（周增骏等，2015），迅速打破技术瓶颈，提高技术方案的制定速率，从而推动技术标准的演化。

与此同时，技术标准联盟合作深度对技术标准演化的积极作用还表现为可以降低技术交易成本、推动技术标准内部各模块的衔接与嵌套（王硕等，2015），进而提升技术标准的系统性与完备性。技术标准联盟内的深度合作关系能够为联盟成员构建公平互惠的技术交易平台，从而使公开市场环境中因知识产权保护与企业间技术竞争而无法实现的专利使用许可和技术成果共享成为可能。因此，技术研发效率能够以联盟成员的专利使用许可作为保障，降低了原本需要承担的由于技术交流与知识产权使用许可产生的交易成本（舒辉和王媛，2018）。交易成本的降低不但能够促进技术标准联盟成员之间的技术交流，进而大幅度提升知识转移的效率（赵炎和姚芳，2014），而且使联盟成员研发工作中资源投入的弹性得以增加，进而增强技术管理工作的灵活性（石大千等，2020）。这意味着，技术标准联盟成员能够从知识转移和技术管理两个层面提高研发工作的效率，进而提升技术方案的系统性与完备性。而技术方案的完善能够增强技术标准对行业未来发展的技术指导作用，从而推动技术标准的演化进程。

综上所述，本书认为，技术标准联盟合作深度增加时，联盟成员不但更容易在紧密的合作集体中增强默契，而且能进一步降低合作研发所需的交易成本，进而增强技术标准在技术领域中的权威性，从而促进技术标准的发展与演化（Moorthy and Polley，2010）。由此，本书做出如下假设。

假设 H4-2：技术标准联盟合作深度能够促进技术标准演化。

基于上述研究假设，本书构建了技术标准联盟合作关系影响技术标准演化的理论模型，如图 4.1 所示。

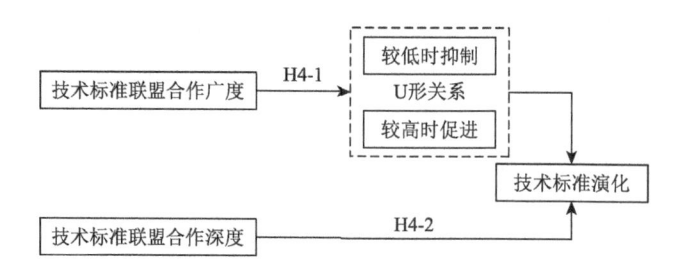

图 4.1 技术标准联盟合作关系影响技术标准演化的理论模型

4.6 本章小结

本章首先阐述了技术标准联盟合作关系的内涵与特征；其次，将技术标准联盟的合作关系划分为技术标准联盟合作广度与技术标准联盟合作深度两个维度，并分析了二者在知识密集型产业技术标准演化过程中的作用；再次，分别论述了技术标准联盟合作广度与技术标准联盟合作深度对知识密集型产业技术标准演化的影响；最后，以上述分析为基础提出了技术标准联盟合作关系影响知识密集型产业技术标准演化的理论假设。

第 5 章　联盟合作关系影响知识密集型产业技术标准演化的实证研究

本章将选取闪联产业联盟的音频互连技术标准作为数据来源，构建其专利合作网络模型。以此为基础，借助社会网络分析方法，运用网络结构指标表征技术标准联盟的合作广度与合作深度，继而完成联盟合作关系影响知识密集型产业技术标准演化相关假设的实证检验。

5.1　研究对象与数据获取

5.1.1　研究对象与数据来源

电信行业发展过程充斥着前沿性、复杂性和高度的不确定性，因而技术标准对行业秩序的维持与发展步伐的控制起着至关重要的作用（田博文和田志龙，2016）。这也进一步导致了参与制定电信领域技术标准的企业将自身的专利列入技术标准的内容中视为首要目的（Berger et al.，2012）。在电信行业中出现的技术标准联盟中，闪联产业联盟（也称闪联标准工作组或闪联信息产业协会，以下简称闪联）较具代表性。闪联由联想、TCL、康佳、海信、创维、长虹、长城、中和威八家大型企业于 2003 年 7 月共同发起成立，目的在于实现闪联技术标准的制定、实施与产业化。从成员性质与创立目标来看，闪联符合本书研究中"技术标准联盟"的定义，因而被划入研究对象的选定范围之内。

本书选取的研究样本为闪联应用框架标准的第 407 部分——《信息技术　信息设备资源共享协同服务　第 407 部分：音频互连协议》（GB/T 29265.407—2017）。该项技术标准是由闪联的 16 家成员企业共同起草的，由中华人民共和国国家质量监督检验检疫总局与中国国家标准化管理委员会于 2017 年 11 月 1 日正式发布。根据形成方式判断，该项技术标准是由技术标准联盟主导制定并在国家标准化组织平台上正式颁布的一项技术标准。该项技术标准来源于电信行业，所属技术领域内的技术专利与技术标准具有密切的联系，并且该项技术标准所属领域的专利数据能够从权威的专利数据库中获取，因此能够保证研究的可重复性。

本书的研究数据来源于欧洲专利局数据库（https://worldwide.espacenet.com/patent）。欧洲专利局是于 1977 年 10 月 7 日正式成立的基于《欧洲专利公约》组建的以专利审批为主要职责的组织。截至 2019 年 12 月 31 日，欧洲专利局数据库已具备世界范围内近 80 个国家和地区申请的超过 1.1 亿项专利的庞大数据资源，包含发明专利、实用新型和外观设计类专利，是专利研究领域中引用频次最高并且最具权威性的数据库之一。该数据库平台具有开放性与公益性，免费提供的检索项目包括专利名称、申请专利号、申请日期、公开专利号、公开日期、专利申请人、发明（设计）人以及专利分类号国际专利分类（international patent classification，IPC）与联合专利分类（cooperative patent classification，CPC），这些检索项目能够满足本书的研究需要。因此，从欧洲专利局数据库中获取的专利数据能够保证本书研究结果的可靠性。

5.1.2 数据获取与预处理

由于音频互连技术标准于 2017 年 11 月 1 日正式发布，因而本书选取的有关音频互连的专利申请时间始于闪联的成立日期，即 2003 年 7 月 1 日，止于音频互连国家标准的发布日期，即 2017 年 11 月 1 日。综合考虑以上因素，本书从欧洲专利局数据库检索符合以下条件的专利数据：专利标题或摘要中包含 Audio Interconnection 字段、申请人中包含 CN（中国）与 CO（公司）字段、国际专利分类号以 G（物理）或 H（电学）开头、申请日期为 2003 年 7 月 1 日至 2017 年 11 月 1 日。共计下载专利数据 70 902 项，其中包含由两位或多位申请人联合申请的 15 682 项专利数据。

首先，本书采用 Excel 软件对所得数据的申请时间、专利分类号与专利申请人信息进行筛选，一方面便于统计与分析专利所涉领域，另一方面便于筛选多申请人联合申请的专利。其次，采用 CO_OC1.7 软件获得专利合作网络所需的申请人信息，通过英译汉和人工核查获取申请人的汉语名录，并再次进行汉译英与人工核查以检查翻译的准确性。最后，基于闪联官方网站（http://www.igrs.org/channel.php?id=11）中公布的成员名单，提取闪联成员联合申请的专利数据 1140 项，为后面建立技术标准联盟的专利合作网络奠定基础。

5.2 闪联产业联盟的专利合作网络模型

5.2.1 社会网络分析方法及其适用性分析

1. 社会网络的内涵

社会网络是指由节点（或称行动者、顶点、点）与这些节点所连接成的边（或称链接、弧、线）构成的整体（沈以淡，2003），它能够通过拓扑结构反映网络内主体以及主体之间关系的特征及演化规律。其中，节点代表行为主体，包括自然人与法人；而边代表行为主体之间的互动关系。节点之间的关系可以包含多个维度，以代表主体之间多层次的互动关系（Schilling and Phelps，2007）。受外界环境与先期决策后果的影响，社会网络中主体的行为存在相互依赖的属性。这会导致主体的部分特征无法通过主体行为反映出来，而是需要通过主体之间的关系演化来实现还原。因此，社会网络能够通过关系将微观层面（节点）的行为与宏观层面（网络整体）的环境相结合，从而解释多层次的社会现象（Robins and Wiersema，1995）。

2. 社会网络分析框架

社会网络分析方法最早由英国社会学家 Burt 在研究家庭和城市社会学时提出，用来描述人的社会关系系统（Farrell and Saloner，1985）。社会网络分析的核心在于通过特定的网络结构表征复杂多样的社会关系，并通过分析该结构的特征和演化规律来论述这样的关系对主体行为以及社会结构的意义。社会网络分析主要的研究对象既包括行为主体，也包括主体之间的互动所形成的结构关系。而结构关系被视为社会网络分析的关键性要素。

社会网络分析基于以下三个假设：首先，在探究主体行为时，主体间的结构关系远比主体其他的属性指标更加重要，主体行为取决于主体所拥有的各种关系以及通过这种关系建构而成的整体环境，具有高度情境化的特征；其次，主体间的关系在社会环境中形成了复杂的结构性机制，而这种机制能够影响主体的意愿与行为；最后，结构关系的演化是一种动态过程，网络结构在主体之间的互动过程中不断地发生着变化（Katz and Shapiro，1985）。社会网络的测量与分析框架包含三个组成要素，即网络主体、关系的形式与内容、数据分析层次。首先，选择与研究主题相关度最高的社会背景，并确定在此背景之下哪些组织涵盖了待研究的网络主体。其次，收集具体的包含关系内容与关系形式的社会关系数据。其中，关系内容数据代表了连接方式的选择，由研究对象与研究目的决定；而关系形式数据则包括关系双方主体互动的强度与频率以及关系的指向。最后，根据研究目的，从自我中心网络、双元对偶网络、多元关系网络、宏观结构关系网络四个层次中选择若干个层次进行分析。

作为一种实证研究的理论指导框架，社会网络分析可以涵盖各种形式的结构关系，因而能够解决多个分析层次上的问题。这一功能使社会网络分析方法在社会学研究中得到越来越广泛的应用。

3. 社会网络分析方法的适用性分析

在技术标准形成和实现的过程中，技术标准联盟内部的成员跨越自身的组织边界，通过多边的合作关系形成一个复杂的网络。而技术标准联盟合作关系以边的形式存在于合作网络中（Dai et al., 2018）。联盟中成员的行为不再仅仅影响成员自身的状态，还会通过合作关系的映射给其他成员的行为造成影响。具体而言，技术标准联盟合作关系的缔结与终止能够改变合作网络的结构与成员在网络中的位置，进而使成员的各项行为在技术标准形成和实现过程中发挥的作用效果产生差异（Giovannetti and Piga, 2017）。因此，探究技术标准联盟合作关系对联盟内各项活动绩效的影响不仅需要分析技术标准联盟成员的行为特征，更要通过技术标准联盟内部的网络特征分析技术标准联盟合作关系如何作用于成员自身以及技术标准联盟整体的特征和变化规律。

具体来说，本章的研究目的在于通过实证分析方法探究技术标准联盟合作关系对技术标准演化的影响。社会网络分析模型是基于图论产生的定量分析模型（杨建梅，2010），能够通过网络拓扑指标实现技术标准联盟合作关系的量化，从而解决技术标准联盟合作关系难以测度的问题，进而保证研究的准确性。而且，网络图谱的动态演化情况能够直观地反映技术标准联盟合作关系的缔结和终止对网络结构和节点位置的变化造成的影响，进而为从静态与动态的双重视角出发分析技术标准联盟合作关系对技术标准演化的影响提供了可靠的路径。因此，本章基于社会网络模型对技术标准联盟合作关系影响技术标准演化的理论假设展开实证研究。

5.2.2 专利合作网络模型构建

本书将基于闪联成员联合申请专利行为构建的专利合作网络作为技术标准联盟合作关系的代理变量，进一步采用 Gephi 0.9.2 软件构建技术标准联盟合作关系的社会网络模型。Gephi 是一款免费、交互式的复杂网络分析软件，主要用于探索性链接分析、数据分析、社交网络分析和生物网络分析等。Gephi 软件提供的各种算法可计算出网络中节点的度、边的连接性、网络的整体特性以及聚类特性等，因而能够满足本书的研究需求。

闪联的专利合作网络由节点与边构成，可通过 $G = (N, E)$ 表示。其中，$N = (n_1, n_2, \cdots, n_N)$ 是节点的集合，表示联合申请音频互连领域专利的闪联成员。$E = \begin{bmatrix} w_{11} & \cdots & w_{1N} \\ \vdots & & \vdots \\ w_{N1} & \cdots & w_{NN} \end{bmatrix}$ 是边的集合，表示专利申请人通过联合申请专利而形成的合作关系；w_{ij} 是第 i 个节点与第 j 个节点之间连边的权重，表示闪联内部同一组成员联合申请专利的频次。本书将技术标准联盟的专利合作网络设置为无向加权网络，无向反映了专利申请所代表的合作关系并无明确指向的性质，权重则反映了网络中各个节点之间具有的合作关系的频度。

由于技术标准联盟内部的合作协议会持续 2~3 年的时间,在此期间成员会围绕技术标准相关的技术研发、专利集成、标准方案撰写等活动维持合作关系。因此,本书假设闪联成员通过联合申请一项专利开展一段合作关系的维持时间为 3 年,采用连续 3 年滚动的方式构建专利合作网络并计算网络指标(Wu et al., 2017)。

图 5.1 反映了 2015~2017 年闪联成员在音频互连技术标准的专利合作情况。总体而言,闪联成员合作研发的行为已十分普遍,并且专利合作网络结构和节点位置能够直观地反映 2015~2017 年闪联成员之间的合作广度与合作深度。所以,专利合作网络图谱进一步说明了社会网络分析方法对技术标准联盟合作关系的相关研究具有很强的适用性。

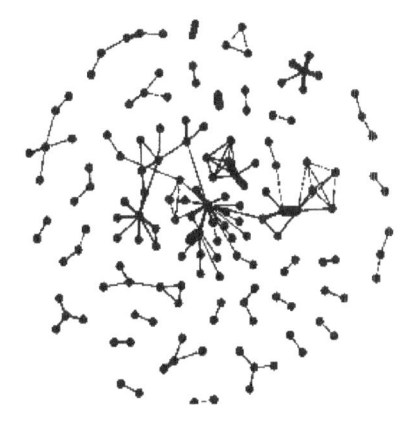

图 5.1　闪联音频互连技术标准专利合作网络图谱

5.3　各类变量的测度指标分析

5.3.1　技术标准演化的测度

本书对技术标准演化的测度参考了 Layne-Farrar(2011)、姜红等(2018)、Ernst 等(2018)的研究成果,采用音频互连技术领域的累计申请专利数量的变化来表征技术标准演化。首先,选取 2005~2017 年为待测年份;然后,分别选取自 2003 年(本书采用连续 3 年滚动方式构建专作网络,所以统计数据从 2005 年开始)至待测年份音频互连技术领域的累计申请专利数量,经整理后获得 13 个时间节点构成的时间序列数据。

5.3.2　技术标准联盟合作关系的测度

1. 技术标准联盟合作广度的测度

本书分别从前面所述的由第 $n–2$ 年至第 n 年的专利联合申请人信息构成的专利合作网络中选取相关指标以衡量第 n 年的网络指标,进而完成技术标准联盟合作广度和技术标准联盟合作深度的测度。其中,对于技术标准联盟合作广度的测度本书将参考 Blind 和 Mangelsdorf(2016)、刘凤朝等(2011)关于专利合作网络的研究成果,采用网络规模与平均度两个指标。

(1) 网络规模是指网络中的节点数量。网络规模能够反映闪联内部参与技术合作的成员数量，能够从网络整体的角度判断网络中节点参与合作的广泛程度。

(2) 平均度是指网络中节点度数的总和与节点数量的比值。网络的平均度越大，说明网络中节点具有的合作伙伴数量就越多，即技术标准联盟成员的合作广度越高。

2. 技术标准联盟合作深度的测度

技术标准联盟合作深度的测度借鉴陈伟等（2012）、Watts 和 Strogatz（1998）的研究成果，采用小世界效应与中介中心势两个指标。

(1) 小世界效应反映了网络中的局部集团化现象。考虑到平均集聚系数与平均路径长度能够反映网络中是否存在小世界效应，本书参考 Watts 和 Strogatz（1998）的研究成果，通过计算平均集聚系数和平均路径长度的比值来衡量网络的小世界效应。平均集聚系数（也可称为平均簇系数）表示网络中具有连接关系的节点之间的平均连接概率。由于网络中节点的集聚基于节点三元组而形成，因此平均集聚系数能够反映网络中节点的局部集聚程度（王硕等，2015）。若平均集聚系数越大，则说明网络中的局部连接情况越显著。在加权网络中，平均集聚系数 CI 的计算公式如下：

$$\mathrm{CI} = \frac{2\sum_{i \in N} \frac{\mathrm{edge}_i}{d_i(d_i-1)}}{n} \tag{5.1}$$

式中，edge_i 为与节点 i 直接连接的节点具有的连边总数；d_i 为节点 i 的度；n 为网络中的节点数量；N 为网络规模。

平均路径长度表示连接网络中任何两个节点之间最短路径的平均长度，其倒数即可反映节点间的集聚程度（杨建梅，2010）。平均路径长度越短，说明网络的运行效率和信息传导速率越高。加权网络平均路径长度的计算公式如下：

$$L = \frac{2\sum_{i \neq j} l_{ij}}{n(n-1)} \tag{5.2}$$

式中，l_{ij} 为节点 i 与节点 j 之间的加权距离。

因此，小世界效应的计算公式如下：

$$\mathrm{SWE} = \frac{2\sum_{h,j,k \in N} \frac{\mathrm{edge}_{jk} \mathrm{edge}_{kh}}{d_i(d_i-1)}}{n} \frac{n(n-1)}{2\sum_{i \neq j} l_{ij}} = \frac{(n-1)\sum_{i \in N} \frac{\mathrm{edge}_i}{d_i(d_i-1)}}{\sum_{i \neq j} l_{ij}} \tag{5.3}$$

(2) 中介中心势是指网络中经过某一节点的最短路径的比例分布，可以用来表示网络内部合作关系的中心媒介程度（赵炎和姚芳，2014）。当技术标准联盟内部的合作深度增加时，成员之间针对特定技术领域的合作更加频繁且深入，因而能够对该领域的知识进行更加深入的探索与创新。此时，技术标准联盟合作深度能够通过增强技术标准联盟成员的研发能力、担任特定领域的"桥梁"角色对技术标准演化造成影响。因此，本书采用中介中心势衡量技术标准联盟合作深度。

中介中心势的计算公式如下：

$$C_{AB} = \frac{2\sum_i (C_{AB\max} - C_{ABi})}{(n-1)^2(n-2)} = \frac{2\sum_i \left\{ \max - \sum_{j<k} \mathrm{gl}_{jk}(i) \right\}}{(n-1)^2(n-2)} \quad (5.4)$$

式中，$\mathrm{gl}_{jk}(i)$ 表示节点 i 是否出现在节点 j、k 之间最短路径的判断值；C_{AB} 表示网络的中介中心势；C_{ABi} 表示网络中主体 i 的中介中心性；$C_{AB\max}$ 表示 C_{ABi} 的最大值。

5.3.3 控制变量的测度

本书选取了网络密度与接近中心势作为控制变量。

（1）网络密度是网络中实际拥有的边数与可能存在的最大边数的比值。网络密度能够体现网络中节点之间相互连接的密集程度（刘凤朝等，2011）。当网络密度增加时，节点在网络中的互动程度得以提升，网络中信息传播的渠道变得更多、信息覆盖程度更广，因而网络的运营与管理效率得以提升，并对技术标准演化造成影响。因此，可选择网络密度作为模型的控制变量。

在加权网络中，相同的节点对之间允许产生多次连接。本章中对网络密度的分析仅仅是为了探究节点之间关系的广泛性，因此在计算中不考虑边的权重，即记为每一节点对之间仅存在一条有效连接。所以，网络密度的计算公式如下：

$$D = \frac{2m}{n(n-1)} \quad (5.5)$$

式中，m 为网络中与第 i 个节点连接成边的节点数量。

（2）接近中心势能够反映网络整体的接近集中趋势。在合作研发与推广相关技术的过程中，技术标准联盟成员能够通过合作关系进一步拉近彼此的距离，使网络整体的接近集中趋势更加明显，此时成员能够通过合作伙伴与市场中的各种渠道提高自身的资源获取效率和动态应变能力，进而对技术标准演化产生影响。因此，可选择接近中心势作为模型的控制变量。

接近中心势的计算公式如下：

$$C_{RC} = \frac{(2n-3)\sum_i (C_{RC\max} - C_{RCi})}{(n-1)(n-2)} = \frac{(2n-3)\sum_i \left[\max\left(\frac{n-1}{\sum_j l_{ij}}\right) - \frac{n-1}{\sum_j l_{ij}} \right]}{(n-1)(n-2)} \quad (5.6)$$

式中，C_{RCi} 表示接近中心性，指节点 i 到其他所有节点的平均最短距离；$C_{RC\max}$ 表示 C_{RCi} 的最大值。

5.4 联盟合作关系影响知识密集型产业技术标准演化的实证检验

5.4.1 描述性统计与相关性分析

本书对各指标的数据进行了描述性统计,并采用Pearson检验方法验证变量之间的自相关性,结果如表5.1所示。表5.1中的描述性统计结果显示,各变量的离散程度有限,可以对变量进行经典回归分析。Pearson检验结果显示,解释变量网络规模、平均度、小世界效应和中介中心势之间的相关系数均未超过0.7,可以认为解释变量之间并不存在显著的自相关性,因此可以加入回归模型中进行下一步的分析。

表 5.1 描述性统计与相关性分析结果

指标	专利累计申请数量	网络密度	接近中心势	网络规模	平均度	小世界效应	中介中心势
专利累计申请数量	1						
网络密度	0.88**	1					
接近中心势	0.85*	0.19*	1				
网络规模	0.92***	0.37*	0.34**	1			
平均度	0.71*	0.54**	0.17**	0.15	1		
小世界效应	0.67**	−0.18**	−0.35*	−0.20*	0.43*	1	
中介中心势	0.53*	0.63**	0.28**	0.29*	0.26**	−0.18*	1
均值	1.83×10^4	0.004	0.003	83.933	0.703	0.037	0.062
标准差	2.20×10^4	0.003	0.003	52.251	0.658	0.024	0.033

*表示 $p<0.05$,**表示 $p<0.01$,***表示 $p<0.001$。

5.4.2 联盟合作关系影响知识密集型产业技术标准演化的假设检验

1. 技术标准联盟合作广度影响技术标准演化的假设检验

根据前述理论模型与量表测量,本书采用 SPSS 25.0 软件对技术标准联盟合作广度与技术标准演化之间的关系进行回归分析。本书将网络密度、接近中心势作为控制变量,分别引入网络规模、平均度作为自变量,将专利累计申请数量作为技术标准演化的代理变量,建立关于技术标准演化的回归方程。表5.2显示了技术标准联盟合作广度影响技术标准演化的回归分析结果。

表 5.2 技术标准联盟合作广度与技术标准演化间关系的检验结果

指标		模型 1	模型 2	模型 3
控制变量	网络密度	0.005**	2.236*	−0.582*
	接近中心势	0.939*	−2.952	−0.809**
自变量	网络规模		−0.902*	
	网络规模二次项		2.377*	
	平均度			0.002*
	平均度二次项			1.171***
Adjust-R^2		0.802	0.947	0.759
D-W 检验值		0.799	0.945	0.756
F 检验		6.470**	9.212***	5.385*

*表示 $p<0.05$，**表示 $p<0.01$，***表示 $p<0.001$。

在表 5.2 中，模型 1 显示了网络密度、接近中心势等控制变量对技术标准演化的影响，模型 2 则在此基础上进一步引入网络规模，分析其对技术标准演化的影响。结果表明，网络规模二次项系数为正，并且在 5%显著性水平下通过检验（$\beta=2.377$，$p<0.05$）。同时，经过计算，U 形函数的拐点对应的网络规模值约为 73，说明在网络规模达到 73 之前，网络规模对技术标准演化具有抑制作用；而网络规模达到 73 之后，网络规模对技术标准演化具有促进作用。因而，网络规模与技术标准演化之间存在着显著的 U 形关系。同时，校正决定系数 Adjust-R^2 的数值均大于 0.75，表示模型拟合效果良好；D-W（Durbin-Watson）检验值则表明模型不存在自相关性。

模型 3 的结果显示，平均度二次项系数为正，并且在 0.1%显著性水平下通过检验（$\beta=1.171$，$p<0.001$）。同时，经过计算，U 形函数的拐点对应的平均度约为 1.206，说明在平均度达到 1.206 之前，网络规模对技术标准演化具有抑制作用；而平均度达到 1.206 之后，网络规模对技术标准演化具有促进作用。因而，网络规模与技术标准演化之间存在着显著的 U 形关系。综上所述，技术标准联盟合作广度与技术标准演化之间存在 U 形关系，假设 H4-1 成立。该结论与高霞等（2019）的观点一致，即较低的合作广度不利于创新绩效的提升，而较高的合作广度有利于创新绩效的提升。

2. 技术标准联盟合作深度影响技术标准演化的假设检验

表 5.3 是技术标准联盟合作深度与技术标准演化间关系的回归分析结果。模型 4 中，小世界效应在 5%显著性水平下未能通过检验（$\beta=0.591$，$p>0.05$）；模

型 5 中，中介中心势在 5%显著性水平下未能通过检验（$\beta = 0.462$，$p > 0.05$），所以无法说明技术标准联盟合作深度促进技术标准演化。进一步地，本书参考了高霞等（2019）的研究方法，将专利累计申请数量的对数值作为技术标准演化的代理变量，新建回归模型 6、模型 7、模型 8 对小世界效应、中介中心势与技术标准演化之间的关系进行非线性检验。

表 5.3　技术标准联盟合作深度与技术标准演化间关系的检验结果

指标		模型 4	模型 5
控制变量	网络密度	2.719	0.402
	接近中心势	−1.473*	0.530
自变量	小世界效应	0.591	
	中介中心势		0.462
Adjust-R^2		0.605	0.530
D-W 检验值		0.603	0.527
F 检验		2.894	3.769

*表示 $p < 0.05$。

从表 5.4 的模型 6 中可以看出，小世界效应的系数为正，并且在 5%的显著性水平下通过检验（$\beta = 0.609$，$p < 0.05$），说明小世界效应与技术标准演化之间具有显著的正相关关系。模型 7 中，中介中心势与技术标准演化之间的关系在 5%的显著性水平下未通过检验（$\beta = 0.514$，$p > 0.05$）；而在检验中介中心势与技术标准演化之间的非线性关系过程中，模型 8 的结果显示，中介中心势二次项系数为负，并且在 0.1%的显著性水平下通过检验（$\beta = -0.163$，$p < 0.001$），说明中介中心势与技术标准演化之间具有显著的倒 U 形关系。同时，经计算，倒 U 形函数的拐点对应的中介中心势数值为 1.774，超过了中介中心势的取值范围。因此，本书认为，中介中心势对技术标准演化具有促进作用。综上所述，模型 6 与模型 8 的检验结果表明，技术标准联盟合作深度能够促进技术标准演化，假设 H4-2 成立。该结论与高霞等（2019）的观点一致，即合作深度能够促进创新绩效的提升。

表 5.4　以专利累计申请数量的对数值为因变量的回归检验结果

指标		模型 6	模型 7	模型 8
控制变量	网络密度	2.304**	2.217*	0.690*
	接近中心势	−1.409*	−1.272*	−0.302
自变量	小世界效应	0.609*		

续表

指标		模型 6	模型 7	模型 8
自变量	中介中心势		0.514	14.506*
	中介中心势二次项			−0.163***
Adjust-R^2		0.689	0.639	0.766
D-W 检验值		0.672	0.625	0.762
F 检验		8.976***	6.784**	9.075***

*表示 $p<0.05$，**表示 $p<0.01$，***表示 $p<0.001$。

5.4.3 结果讨论

本书基于前面的实证检验结果对技术标准联盟合作广度、技术标准联盟合作深度与技术标准演化之间的关系进行讨论。

（1）技术标准联盟合作广度与技术标准演化之间呈显著的 U 形关系，即较低的技术标准联盟合作广度不利于技术标准演化，而较高的技术标准联盟合作广度则有利于技术标准演化。

原因在于，当网络规模较小时，技术标准联盟具备的知识基础尚不健全，涉足陌生知识领域并将该领域的技术知识融会贯通需要耗费较多的时间与精力，致使合作研发产生较高的边际成本，所以不利于技术标准的形成与实现（Lee and Bozeman，2005）。然而，当网络规模较大时，技术标准联盟具备的知识体系和技术问题应对模式变得更加成熟，能够快速应对当前的技术难题，使合作研发的边际成本下降，提高了技术研发的效率，从而有助于技术标准演化。

同样地，当平均度较低时，技术标准联盟成员筛选合作对象、签署合作协议的经验不足，协调研发进度的能力较弱，致使在维持合作关系与协调研发工作进展过程中耗费的成本较高，导致合作研发效率较低，所以不利于技术标准的形成与实现（Lee and Bozeman，2005）；然而，当平均度较高时，参与合作的技术标准联盟成员之间能够形成较好的合作模式，使得由协调关系、解决争端等引起的合作成本下降，有利于提高合作研发效率，从而有助于推动技术标准演化。

（2）技术标准联盟合作深度能够促进技术标准演化，并且这种促进作用会随着技术标准联盟合作深度的增强而进一步增强。然而，随着技术标准联盟合作深度的增加，中介中心势对技术标准演化的促进作用会弱于小世界效应。

原因在于，技术标准联盟合作深度使处于相同或相似技术领域的企业由于创新目标、技术体系的相似性以及共同的发展目标而紧密地集聚在一起，在技术研发环节能够采取持续紧密的技术合作（赵炎和姚芳，2014）。在此过程中，知识要素发挥着重要的作用。由于知识要素具有边际效益递增的特性（舒辉和王媛，2018），并且产生的技术成果能够作为后续技术研发所需的资源，因此成员之间由于深度合作产生的技术知识能够通过"滚雪球"的形式使创新成果的产生效率和内在技术水平都得到更大幅度的提升，导致技术标准合作深度对技术标准演化的促进作用随着技术标准联盟合作深度的增强而进一步增强。

然而，随着中介中心势的提高，专利合作网络中的主流研发方向与异质性知识资源的控制权越来越容易集中在技术标准联盟核心圈的成员手中。这样的集中趋势容易使非核心圈的成员难以充分发挥合作研发的自主性，使合作研发效率受到制约，最终导致中介中心势对技术标准演化的促进作用弱于小世界效应。

5.5 本章小结

本章首先以闪联产业联盟关于音频互连技术标准的联合申请专利为研究对象，构建技术标准联盟合作关系的社会网络模型；其次，基于社会网络分析工具，计算得到表征技术标准联盟合作广度与合作深度的网络指标；最后，分别构建技术标准联盟合作广度、技术标准联盟合作深度与技术标准演化之间关系的多元回归模型，实证检验前述研究假设，并根据实证结果进一步探讨联盟合作关系对技术标准演化的影响。

第 6 章 联盟合作关系影响知识密集型产业技术标准演化的动态分析

本章将引入动态发展的研究视角，对闪联产业联盟的音频互连技术标准演化的阶段性进行分析，并基于社会网络分析（social network analysis，SNA）方法对联盟合作关系影响知识密集型产业技术标准演化的过程进行动态分析。在此基础上，采用凝聚子群识别并划分技术标准联盟合作关系的类别，进而对不同类别联盟合作关系影响知识密集型产业技术标准演化的动态过程展开研究。

6.1 技术标准联盟专利合作网络的阶段性分析

6.1.1 技术标准联盟专利合作网络的阶段划分

2003～2017年闪联成员的联合申请专利数量变化情况如图6.1所示。本书根据2003～2017年闪联成员的联合申请专利数量变化情况将专利合作网络多年来的演化情况进行阶段划分。于是，闪联成员联合申请专利的发展历程可以分成持续波动—平稳增长—缓步下降三个阶段。

(a) 联合申请专利数量

(b) 联合申请专利数量占比

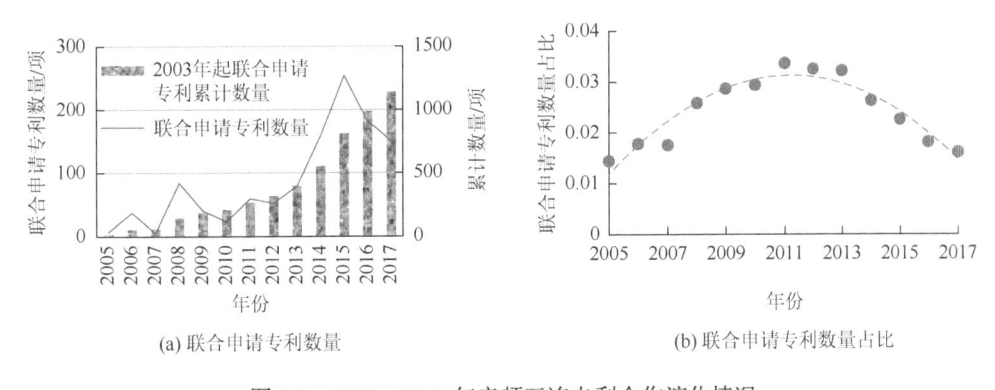

图 6.1 2003～2017年音频互连专利合作演化情况

第一阶段，即持续波动阶段，分布在2003～2009年，此时闪联成员联合申请专利数量呈现出波动态势。原因在于，该阶段音频互连技术尚不成熟，也并无完备的国家标准出台。此时该行业中不同企业与其他科研单位从不同方向出发研究该领域的技术，闪联内部尚未确定技术标准的制定方向，闪联成员的技术攻关方向也尚未完全明确，导致成员合作研发的效率较低。因此，闪联成员联合申请专利数量较少，而且在音频互连专利申请数量中占比也较低。

第二阶段，即平稳增长阶段，分布在 2009~2015 年，此时闪联成员联合申请专利数量逐渐呈现出平稳的增长态势。原因在于，该阶段音频互连技术得以快速发展，闪联成员在前期技术成果的积累下取得较显著的技术进步，使合作研发的效率大幅度提升，因此联合申请专利数量的增长情况逐渐趋于平稳。另外，由于闪联成员合作研发产生的联合申请专利数量不断增加，联合申请专利数量占比也随之增加。

第三阶段，即缓步下降阶段，分布在 2015~2017 年，此时闪联成员联合申请专利数量出现缓步下降的趋势。原因在于，该阶段音频互连技术逐渐成熟，发展方向被限制在某一确定方向，原本按照其他方向进行研发的成员单位可能调整方向或退出该技术领域，导致联合申请专利数量有所降低。这也反映出随着闪联成员合作研发成果在技术标准形成与实现工作中发挥的作用越来越显著，音频互连专利申请总量以较高的速率持续增加，技术标准在进一步扩散，进而导致联合申请专利数量在总量中的占比逐渐下降。

本书借鉴 Wu 等（2017）的研究成果，采用连续 3 年滚动的方式构建专利合作网络，并分别截取持续波动阶段、平稳增长阶段、缓步下降阶段的专利合作网络图，以分析 2003~2017 年音频互连技术标准的专利合作网络的动态变化情况。各阶段专利合作网络图谱如图 6.2 所示。

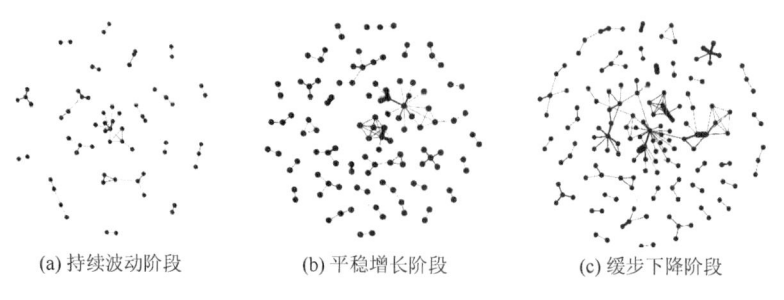

(a) 持续波动阶段　　(b) 平稳增长阶段　　(c) 缓步下降阶段

图 6.2　2003~2017 年音频互连专利合作网络的动态变化情况

可以看出，随着时间的推移，专利合作网络中闪联成员的数量逐渐增加，导致专利合作网络的规模逐渐扩大、连通性逐渐增强。节点之间通过连接成边逐渐形成了复杂、紧密的合作关系，使网络密度逐渐增加。相同的成员之间联合申请专利数量的增多使相同的节点之间连边的权重逐渐增加，进而使节点在网络中的地位逐渐增强。闪联成员的专利合作网络通过若干节点之间越加紧密的合作关系逐渐演化成彼此相互分离、内部相互集聚的小型网络。并且，随着度数和连边权重的增加，网络中的若干节点逐渐占据各自所属小型网络的中心位置，进而对各自的小型网络乃至网络整体都逐渐掌握了中心控制权力。

6.1.2 专利合作网络拓扑结构的阶段性分析

本书通过网络拓扑指标分析各阶段专利合作网络的结构特征和演化规律，网络拓扑指标的测量结果如表 6.1 所示。可以看出，随着闪联成员合作关系的阶段性演化，网络中的节点和边的数量也会发生变动，进而导致相关的网络指标在网络演化的不同阶段呈现出不同的特征。

表 6.1 音频互连专利合作网络各阶段的相关网络指标

网络指标	持续波动阶段	平稳增长阶段	缓步下降阶段
网络规模	65	113	153
网络密度	0.002	0.006	0.008
平均度	1.183	1.552	2.030
连接次数	143	780	980
平均集聚系数	0.237	0.442	0.516
平均路径长度	1.408	3.763	4.318
度数中心势	0.166 23	0.165 36	0.133 57
中介中心势	0.014 77	0.013 19	0.034 22
接近中心势	0.006 32	0.007 60	0.008 73

闪联成员音频互连专利合作网络中各项指标的阶段性演化情况如下。

（1）网络规模的阶段性演化情况。在持续波动阶段，由于技术方向尚未确定、标准方案尚不完备、参与技术标准制定的闪联成员尚未对合作研发工作做出明确的规划，所以参与合作的成员数量较少、网络规模较小而且增速缓慢。此时，由于闪联成员协调合作关系的能力有限，开展合作关系所需成本难以通过合作研发带来的收益抵消，因而该阶段网络规模的增长不利于技术标准形成和实现。从平稳增长阶段开始，音频互连技术开始进入快速发展的阶段，众多闪联成员开展广泛的合作并不断产生重要的技术成果，导致联合申请专利的申请人数量迅速增加，网络规模也随之扩大。此时，闪联成员合作研发产生的资源优势能够促进技术成果的生成，进而提高技术方案的制定效率。因此，该阶段网络规模的扩大能够推动技术标准形成与实现。在缓步下降阶段，音频互连技术的发展方向逐渐确立，更多成员选择加入网络子群并且跟随核心成员实施技术研发和推广工作,所以该阶段网络规模的增加主要体现在既有网络子群节点数的增加,而网络外围的节点数量并未发生明显变动。而相对地,网络规模对技术标准演化的促进作用逐渐增大。

(2) 网络密度的阶段性演化情况。表 6.1 显示,2003~2017 年期间,闪联成员专利合作网络整体上呈现出逐渐密集的趋势,表明闪联成员已开展更加广泛的技术合作,使技术联盟内部的互动程度逐渐增强。具体来说,闪联成员专利合作网络密度的演化情况存在明显的时间分界点。在持续波动阶段,闪联成员专利合作网络密度的增幅与增长速率都很小,结合该阶段专利申请人数量与联合申请专利数量来看,参与到音频互连专利申请的闪联成员数量的增长速率非常平缓,并且新增申请人数量具有明显的波动态势,这导致申请人在合作过程中可获得异质性资源的程度受限,技术成果产出效率相对较低,因而技术标准形成与实现工作的进展较慢。而从平稳增长阶段开始,随着技术发展前景得到更多企业的重视,更多闪联成员开始在音频互连技术领域展开技术合作,导致专利合作网络的密度不断增强;同时,闪联内部更广泛的技术合作关系也使专利合作网络整体的联动程度进一步地提升,刺激着网络内部的合作研发不断生成以专利为代表的技术成果,进而为技术标准实现奠定基础。在缓步下降阶段,闪联内成员的技术合作行为已越来越普遍,导致网络密度持续增强,并通过知识流通与经验交流不断提高闪联的研发效率,从而推动技术标准的演化。值得注意的是,直到 2017 年为止,闪联成员的专利合作网络密度仍然比较低,表明闪联成员之间的合作互动程度有待提高。

(3) 平均度的阶段性演化情况。在持续波动阶段,由于参与音频互连技术研发的闪联成员较少,成员能够选择的合作伙伴数量有限,因而专利合作网络节点度数较低并且增速缓慢,进一步导致网络的平均度数值较小。在此阶段,由于闪联成员搜寻合作伙伴与协调合作研发进度等会分散精力,降低研发效率,因而该阶段平均度的增长不利于推动技术标准形成与实现。从平稳增长阶段开始,随着技术轨迹逐渐明晰,闪联成员逐渐认清技术发展前景,进而广泛开展合作关系,节点度迅速增加,网络的平均度也随之迅速增长。此时,闪联成员从合作伙伴处获取和利用异质性资源的效率提升,有利于产生技术标准相关的技术成果并取得收益,所以平均度的增长能够推动技术标准形成与实现。在缓步下降阶段,闪联成员的合作研发方向逐渐明确,资源获取渠道也趋于稳定,因而成员无须花费较大精力拓展合作关系,进而使节点度数和网络平均度的增速出现下降的趋势。相对地,由于前期技术资源的积累,闪联成员的技术实力得到大幅度提升,因而能够保持较高的效率完成研发工作,从而推动技术标准演化。

(4) 连接次数的阶段性演化情况。由于网络中的边是基于闪联成员之间联合申请专利的行为构建的,因此网络的连接次数与闪联成员联合申请专利的数量变化情况类似,也呈现出持续波动—迅速增长—增速有所放缓的态势。具体而言,在持续波动阶段,受节点数量与度数的限制,闪联成员之间的合作关系还不够稳定,成员对合作研发进度的掌控能力也尚待提高,所以合作研发产生的技术成果数量呈现波动态势。从平稳增长阶段开始,节点数量的增加为连边数量与权重提供了提升的空间;同时更多闪联成员通过前期的研发工作奠定了技术基础,使合作研发效率增强,进而使专利成果数量迅速增长,并通过连接次数的提升表现出来。到了缓步下降阶段,专利合作网络连接次数的增速逐渐下降,但是仍然高于网络规模的增长速率。这是因为,与前两个阶段相比,缓步下降阶段节点数量随着技术标准的逐渐确立而趋于稳定,原本未涉足该技术领域的成员新加入该领域合作研发工作的倾向减弱,而合作关系也继续在该领域已经具备一定技术实力与研发经验的成员中间发展,导致网络规模的连接次数以高于网络规模发展的速率增加。

(5)平均集聚系数的阶段性演化情况。在持续波动阶段,网络中节点的数量较少、位置分布相对分散,边的结构相对简单稀疏,导致节点尚未出现明显的集聚趋势,所以此时闪联成员合作关系紧密程度较低,对技术标准形成与实现的作用较弱。在平稳增长阶段,节点数量明显增加,具备相似利益诉求的联盟成员通过开展合作关系使网络开始出现局部集聚的现象,并且这种现象随着合作网络的演化而变得越来越明显,闪联成员合作关系的紧密程度也逐渐增加,其对技术标准形成与实现的作用开始加强。在缓步下降阶段,网络结构趋于稳定,这意味着节点集聚的速度开始放缓,闪联成员的合作关系趋于稳定。而相对地,前期探索技术领域的深度合作使技术标准联盟成员的技术实力得到大幅度提升,因此对技术标准演化的作用更加显著。

(6)平均路径长度的阶段性演化情况。闪联成员专利合作网络的平均路径长度随着网络规模的扩大而逐渐增加。在持续波动阶段,网络规模较小,节点之间虽然出现相互集聚的倾向,但是不同集聚体的节点之间的分离趋势尚不明显,使平均路径长度的增速明显小于平均集聚系数,这意味着技术标准联盟合作深度将以较快的速度增加;而自平稳增长阶段起,网络中节点相互集聚、形成小世界网络的趋势越加明显,不同集聚体的节点由于缺少连边而呈现出逐渐分离的趋势,导致网络的平均路径长度不断增加,并且其增速逐渐接近平均集聚系数的增速,导致合作深度增速放缓。到了缓步下降阶段,平均路径长度的增速继续向平均集聚系数的增速逼近,导致网络的局部集聚现象趋于稳定。而相应地,小世界效应对技术标准演化的促进作用更加显著。

(7)度数中心势的阶段性演化情况。度数中心势通过节点度指标反映节点在网络中的核心位置和控制力度(Farrell and Saloner,1986)。在持续波动阶段,闪联成员专利合作网络中节点的数量少,而且多数节点相对离散,节点度数的基数较小。在这种情况下,一些节点很容易由于度数的增加而在网络中获得中心控制地位,使整个网络的结构特征以及相关指标出现波动,导致技术标准联盟合作关系难以稳定地影响技术标准形成与实现。从平稳增长阶段开始,闪联成员专利合作网络的度数中心性的演化情况趋于平稳,并出现逐渐下降的趋势。原因在于,随着参与合作的节点增加,网络中核心节点的地位更加稳固。而到了缓步下降阶段,由于闪联成员合作研发导致专利成果不断涌现,网络中具有相似的技术实力和行业影响力的核心节点数量逐渐增加,并且在各自的合作伙伴中逐渐确立了中心控制地位,从而导致其对网络整体的中心控制力度有所削弱。此时,网络中不同节点间的度数差距逐渐缩小,平均度的增速趋于稳定,进而对技术标准演化的作用更加显著。

(8)中介中心势的阶段性演化情况。在持续波动阶段,闪联成员专利合作网络中的节点数量较少,并且大多数表现为简单的双边合作关系,因而网络结构呈离散状态。由于某些节点的行为对网络结构指标产生较大的影响,中介中心势出现明显的波动态势。而从平稳增长阶段开始,随着连边的增加,网络中多个节点形成直接或间接联系的情况更加普遍,导致中间节点在网络中的媒介作用开始显现,从而使中介中心势的演化情况趋于平稳。此时合作关系的媒介作用使合作研发的效率不断提升,进而不断推动技术标准形成与实现工作的开展与实施。在缓步下降阶段,部分原本在网络边缘的节点与既有大型子群的节点缔结合作关系,进一步增强了子群中核心节点的媒介作用,致使网络中的中介中心势逐渐增强,从而使合作深度不断提升。此时,得益于合作关系更加显著的媒介作用,闪联成员间的合作研发效率进一步提升,从而对技术标准演化的促进作用更加显著。

(9)接近中心势的阶段性演化情况。在持续波动阶段,闪联成员之间的技术合作尚未普及,因而合作网络中的连边数量稀少,节点之间的距离较远并导致了技术合作对技术标准形成与实现的影响效果有限。从平稳增长阶段开始,随着网络中边的数量不断增加,越来越多的节点通过直接或间接连接使彼此的距离逐渐缩短,致使节点的接近中心度逐渐增加。而这也意味着网络整体逐渐呈现出接近集中的趋势,具体表现为网络接近中心势的增加。到缓步下降阶段为止,合作网络的接近中心势增至 0.00873,对技术标准形成与实现的作用更加显著。然而,若要对技术标准演化起到更有效的促进作用,闪联成员专利合作网络整体的接近中心势仍有待进一步提高。

6.2 基于社会网络分析的联盟专利合作关系影响技术标准演化的动态分析

为了排除各变量数据的量纲造成的干扰,本书对技术标准联盟合作关系与技术标准演化的相关测度指标进行了无量纲化处理，并对各变量的演化情况进行了对比分析，旨在通过网络结构与节点位置的动态变化情况探究技术标准联盟合作关系与技术标准演化的协同发展关系。

6.2.1 技术标准联盟合作广度影响技术标准演化的动态分析

在音频互连技术专利合作网络中，闪联成员的合作广度变化与技术标准演化的动态变化情况如图 6.3 所示。在音频互连技术标准联盟合作网络的三个阶段中，闪联成员的合作广度与技术标准演化之间的关系呈现出不同的特征。

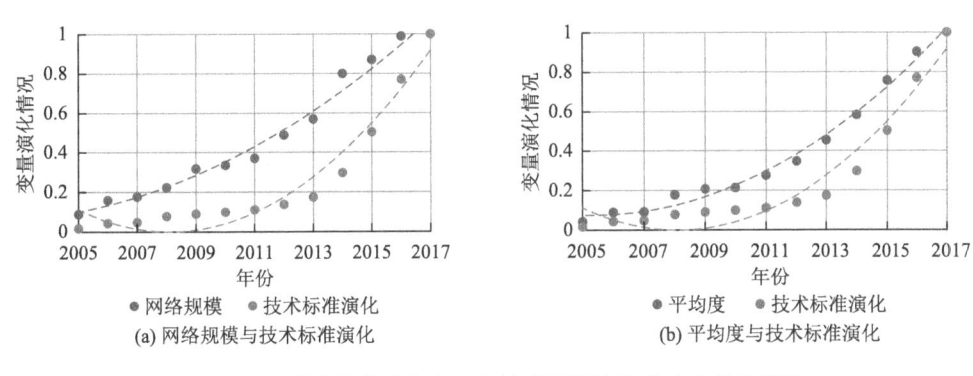

图 6.3 闪联成员的合作广度与技术标准演化的动态变化情况

在持续波动阶段，闪联成员的合作广度与技术标准演化的表征变量——音频互连技术领域的专利累计申请数量均处于较低的水平，并且二者之间存在相反的变化趋势，说明闪联成员的合作广度在较低范围内抑制技术标准演化。原因在于，此时音频互连领域的技术前景尚不明晰，技术研发具有较强的不确定性。参与合作研发的闪联成员数量少，导致网络的规模与连通性都很差，难以发挥合作行为引起的协同效应；另外，合作关系单一，导致闪联成员通过合作关系获取的异质性资源难以满足研发需求，因而产生的研发成果难以弥补寻求合作伙伴和交流磋商产生的成本。这也进一步使合作关系的展开受到限制，进而导致技术标准的演化进展较慢。

在平稳增长阶段，闪联成员的合作广度与技术标准演化指标均开始出现增长态势。原因在于，技术发展与市场需求为音频互连技术的研发工作带来了较好的发展前景，并且使闪联成员获得更加广阔的发展空间。所以闪联内越来越多的成员加入合作研发的工作中，合作广度也因此迅速增加。此时，闪联成员充分利用广泛合作带来的资源渠道和交流机会，借助联盟合作关系产生的协同效应加速完成技术研发，进而使技术标准演化的相关工作取得较快的进展。

在缓步下降阶段,闪联成员的合作广度与技术标准演化指标依旧保持增长态势,并且技术标准演化的增长趋势比合作广度更加显著。原因在于,由于音频互连技术标准的发展方向和方案内容逐渐得以确立,技术研发的模式逐渐构成一种隐形的技术壁垒,使原本未按照该模式研发技术的联盟成员难以加入,因而网络规模的增速明显下降。与此同时,闪联成员更加倾向于在现有的合作网络中挑选资深成员开展新的合作关系。在此过程中,虽然资源渠道需求的削弱使合作伙伴数量增加的速率有所下降,但是闪联成员的合作广度趋于稳定,因而能够更加有效地促进技术标准的演化。

综上所述,在闪联成员专利合作网络动态发展的过程中,该技术联盟的合作广度与技术标准演化指标呈现出先反向变化后同向变化且促进作用越发明显的趋势,因而从动态视角验证了技术标准联盟合作广度与技术标准演化之间存在 U 形关系。

6.2.2 技术标准联盟合作深度影响技术标准演化的动态分析

在音频互连技术专利合作网络中,闪联成员的合作深度变化与技术标准演化的动态变化情况如图 6.4 所示。在音频互连技术标准联盟合作网络的三个阶段内,联盟成员的合作深度与技术标准演化呈现出相似的特征,但是不同年份之间的合作深度呈现出波动的态势。

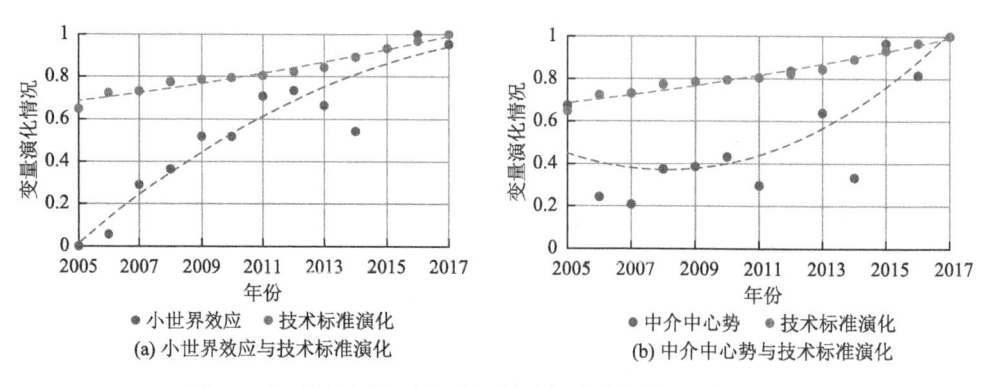

图 6.4 闪联成员的合作深度与技术标准演化的动态变化情况

在持续波动阶段,音频互连技术在行业中存在一定的不确定性,技术标准在方案的制定、技术的研发和产品功能的设计上尚未明确方向。此时参与标准技术研发的闪联成员数量较少,合作情况比较罕见,闪联成员之间未形成明显的局部集聚趋势,因此专利合作网络的小世界效应较弱。同时,正是由于闪联成员之间合作情况还不够普遍,成员之间专利成果数量的些许变化就可能导致网络的结构与节点在网络中的地位发生较大的变化,因此中介中心势呈现出比较明显的波动。

此时参与合作的成员难以发挥合作深度在技术研发工作中的优势，因此闪联成员的合作研发效率较低，从而导致技术标准演化的增速小于合作深度的增速。

在平稳增长阶段，音频互连技术的发展前景激励着闪联成员进一步加深合作关系，紧密的合作关系引发了部分闪联成员相互集聚的现象，使网络的小世界效应不断增强；同时，联盟成员不断与其他成员进行知识共享与技术传授，使专利合作网络的中介中心势不断增强。此时，合作深度的增强不断提高闪联成员的技术研发效率，使闪联成员的研发成果大量涌现。然而，由于技术合作时间的限制，网络中不同成员间合作关系的缔结与终止行为使专利合作网络结构不断发生变化，致使闪联成员的合作深度在该阶段的后期出现波动态势。

在缓步下降阶段，闪联成员合作深度的波动情况有所缓解，并且逐渐与技术标准演化指标的增长情况趋于相同。随着合作深度的增加，闪联专利合作网络内小世界效应的增速逐渐放缓，网络结构趋于稳定，进而为合作研发提供了稳定有序的技术环境。同时，中介中心势的波动程度减小，表明网络中部分节点的中心控制地位逐渐确立下来，这些节点能够有效地发挥在技术标准制定工作中的领导作用，使技术标准联盟的技术研发效率提高。因此，深度合作能够保证该领域技术的持续开发与整合，有利于技术体系的构建与技术方案的完善，进而使技术标准演化工作高效地进行。

综上所述，在闪联成员专利合作网络动态发展的过程中，中介中心势和小世界效应的变化趋势始终与技术标准演化的趋势保持一致，因而从动态视角验证了技术标准联盟合作深度与技术标准演化的同向变化关系。

6.3 技术标准联盟合作关系的类别分析

6.3.1 专利合作网络的凝聚子群识别

凝聚子群分析是一种针对网络内部子群体的聚类分析工具，通过计算机软件执行算法程序来确定网络中存在的更加直接、紧密或者类似积极关系的节点所构成的子集（王树祥等，2014），是社会网络分析工具的重要功能之一。小世界效应的存在意味着音频互连技术专利合作网络具有局部集聚的现象。子群的规模以及子群中节点的位置均表现出不同的特征，而且子群内部以及子群之间的合作关系会由于这些特征的差异而对技术标准演化产生不同的影响。因此，本书采用凝聚子群分析方法识别音频互连技术专利合作网络子群内部以及子群之间不同类别的合作关系，进而分别论述各类别合作关系对技术标准演化产生的不同影响。

Gephi 软件具有团体发现分析功能，能够根据算法区分网络中的子群，并分析子群内部以及子群之间节点的关系特征（Berger et al.，2012）。因此，本书基于

Gephi 软件模块化指数的计算结果将网络分为若干个子群,其中部分子群的结构特征如图 6.5 所示。

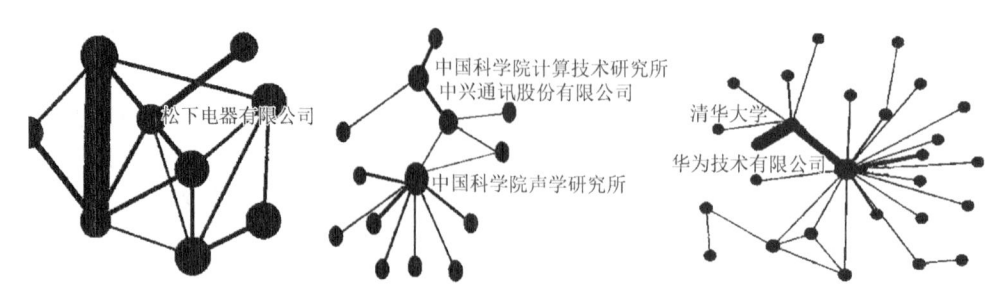

图 6.5 专利合作网络部分子群网络示意图

从图 6.5 中凝聚子群的结构特征与节点分布可看出,该网络的核心节点中企业占比较大,如华为技术有限公司、松下电器有限公司、中兴通讯股份有限公司等。而权重较大的边大多是由企业与高校或科研院所连接而成的,如清华大学、中国科学院计算技术研究所、中国科学院声学研究所等。这一现象说明,与企业间的合作关系相比,企业与高校或科研院所的合作关系对技术标准演化的贡献更大。

6.3.2 技术标准联盟合作关系的类别划分

技术标准联盟内的成员按照其所持有专利技术数量的多少和重要程度,可划分为核心成员和参与成员(高照军,2015)。对应地,网络中的节点也可根据其代表单位的技术实力和网络控制力划分为核心节点与参与节点。闪联成员专利合作网络中大多数子群均具有若干个核心节点,并且呈现出以这些节点为中心向外辐射的态势。核心节点具有较高的度,代表闪联中具有较强技术实力与产业竞争地位的成员。这些核心成员能够通过自身的技术优势吸引更多伙伴以共同完成技术创新和技术标准实现的工作,不断积累技术专利,并在各自的子群中扮演着技术寡头的角色。而子群中的非核心节点代表的闪联成员由于加入联盟的时间较晚、联合申请专利的成果较少并且在闪联中通常采取"参与"与"响应"性质的行为,所以成为子群中的参与成员。在专利合作网络子群中,参与成员大多通过与核心成员连接成边,进而参与子群网络中的技术创新活动。

本书借鉴高照军(2015)的研究成果,以度为划分依据,以 5 为界限,将节点划分为核心节点与参与节点。其中,2015~2017 年间音频互连专利合作网络的核心节点如表 6.2 所示。

表 6.2　2015～2017 年间音频互连专利合作网络的核心节点

名称	度	名称	度
华为技术有限公司	20	中国科学院声学研究所	8
清华大学	7	松下电器有限公司	6
中国科学院计算技术研究所	5	北京京东方多媒体科技有限公司	5
中兴通讯股份有限公司	5	北京大学	5

随着闪联成员专利合作网络中节点合作关系的产生与变化，核心节点于 2007 年开始出现。此后网络中的合作关系开始出现分化趋势，并从第二阶段起明显呈现出三类合作关系，分别为核心-核心合作关系、核心-参与合作关系、参与-参与合作关系。以边的数量为表征的三类合作关系在专利合作网络中的动态变化情况如图 6.6 所示。

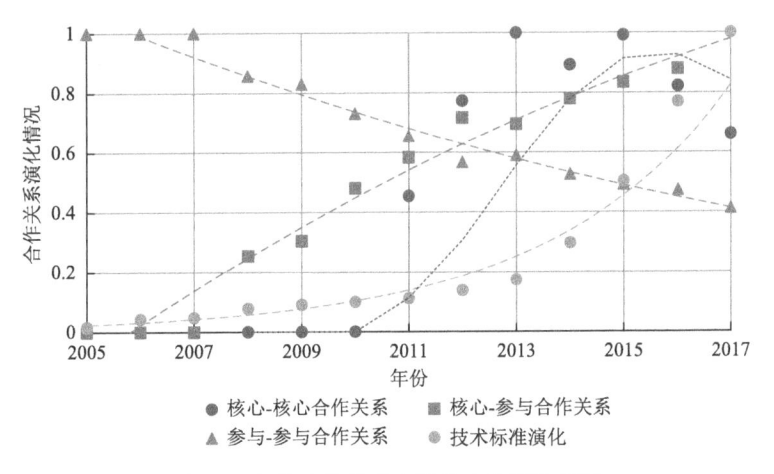

图 6.6　各类合作关系在网络中的演化情况

6.3.3　不同类别的联盟合作关系对技术标准演化的影响

1. 核心-核心合作关系对技术标准演化的动态影响

核心-核心合作关系分布在闪联成员专利合作网络的不同子群之间，虽然形成的边数量较少，但是在网络中通常能够起到引领与控制各子群的作用。这是因为，在音频互连技术标准的专利合作网络中，核心成员通常是在技术实力和行业影响力方面具有优势地位的企业或科研单位，一般能够掌握网络中的稀缺资源，因此对子群内的其他节点也具有中心控制能力（Lee and Bozeman，2005）。核心成员能够连通各自子群中的其他成员，并通过个体间的相互联系与作用来领导子群中的其他成员进行技术标准发展的相关活动（赵泽斌等，2019）。核心-核心合作广度的拓宽能够带动各自子群内其他成员的连通与互动，缩短各自子群的节点之间的距离，有利于促进合作双方以及各自代表的子群之间的异质性资源流动与共享；而合作深度的增加一方面能够强化子群之间联系的紧密程度、增强子群之间的互动，另一方面能够使子群内部形成一个以核心节点合作关系为核心的、具有更加紧密联系的网络子群，提高子群内部的联动性（陈伟等，2012）。因此，核心-核心合作关系能够在子群中发挥引领技术创新的作用，主导专利成果的生成，进而推动技术标准演化。

在持续波动阶段，由于网络规模较小，节点间的连边数量很少，网络结构简单稀疏。网络中的核心节点自2007年起才开始出现，而对网络整体的领导作用也尚不明显。从平稳增长阶段开始，随着技术标准形成与实现工作的不断推进，核心-核心合作关系开始发挥作用，使各自的子群实现连通甚至演化成统一的大型子群，从而使网络整体的联动性增强。子群规模的扩大和网络联动性的增强能够有效提升技术标准制定者的行业影响力，从而推动技术标准演化。从图6.6中曲线之间的发展趋势可以看出，核心-核心合作关系在此阶段对技术标准演化具有明显的先期带动作用。而在缓步下降阶段，随着网络中节点与边数量的增加，核心节点之间连边数量占比相对削弱，核心-核心合作关系对技术标准演化的影响力也因此而有所削弱。

2. 核心-参与合作关系对技术标准演化的动态影响

核心-参与合作关系在闪联成员专利合作网络中大多表现为子群内核心成员与参与成员的合作关系。在音频互连专利合作网络中，相比于核心成员，参与成员的技术实力相对薄弱、申请的专利数量较少。为了形成与实现技术标准、提升产业竞争地位，参与成员与网络中的核心成员积极合作，因此参与成员在闪联成员专利合作网络中表现出比较明显的归属倾向。核心-参与合作关系的广度主要由核心成员在子群中的影响力决定，并体现在与核心成员合作的参与成员的数量上。核心-参与合作广度的增加意味着子群网络规模的扩大，能使更多参与成员获得来自核心成员的异质性技术资源，推动专利成果的产生。而核心-参与合作深度的增加意味着子群乃至整个网络内部联系紧密程度的增强，并将自身具有的资源通过合作的形式辐射至合作伙伴的技术体系中，进而提升参与成员的技术创新能力（赵炎和王琦，2013）。因此，核心-参与合作关系的发展能够推动参与成员据自身具备的技术特性开发并贡献互补性技术专利，使音频互连技术标准的系统性与完备性更加完善，进而推动技术标准演化。

闪联成员专利合作网络中核心-参与合作关系的动态变化情况如图6.7所示。在持续波动阶段，网络中成员地位的差别较小，节点间合作关系尚未分化，因而无法明显呈现核心-参与合作关系。从平稳增长阶段开始，核心成员开始凭借自身技术实力与资源控制力不断提升自身在网络中的地位,并吸引参与成员缔结合作关系,不断扩大子群规模,进而领导子群完成音频互连技术标准的研发工作。而在缓步下降阶段,核心成员的中心控制地位进一步提升,并且出现与其他子群的参与成员缔结合作关系的倾向,使网络的流通性与联动性进一步提升,并通过联动性行为推动网络整体共同完成音频互连技术标准的研发工作,从而推动技术标准的形成与实现。与上述分析相对应,图6.6也显示,在闪联成员专利合作网络动态演化的过程中,核心-参与合作关系曲线与技术标准演化曲线的发展趋势基本一致。

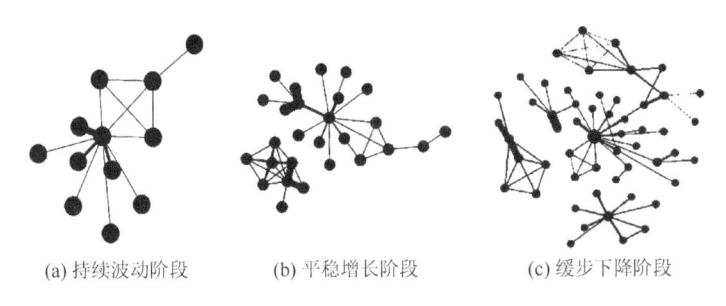

(a) 持续波动阶段　　(b) 平稳增长阶段　　(c) 缓步下降阶段

图6.7　核心-参与合作关系演化情况

3. 参与-参与合作关系对技术标准演化的动态影响

参与-参与合作关系在闪联成员专利合作网络中处于相对边缘的位置。由于参与成员的技术实力与核心企业存在差距、技术体系的完备程度相对较低,这些成员不仅难以吸引众多的合作伙伴参与技术研发,而且较难在某一技术领域持续维持紧密的合作关系,进而导致参与-参与合作关系在合作广度与合作深度的提升方面都受到限制。因此,参与-参与合作关系在研发过程中产生的技术成果在数量和影响力上均难以得到明显提升,在音频互连技术标准演化中发挥的作用也大打折扣。

闪联成员专利合作网络中参与-参与合作关系的动态变化情况如图6.8所示。在持续波动阶段,由于核心节点出现得较晚,网络中各类合作关系的作用差别很小,虽然从2007年起一些具备较强的技术实力与行业影响力的节点通过度数的优势成为网络中的核心节点,但参与-参与合作关系在数量上仍具有优势,并且主导着音频互连技术标准演化初期的工作。自平稳增长阶段开始,随着各子群中核心节点的地位逐渐确立,参与成员为了获得资源优势而越来越倾向于与核心成员缔结合作关系,从而导致网络中参与-参与合作关系的数量占比逐渐下降。这一点可以在图6.6中参与-参与合作关系与核心-参与合作关系存在的此消彼长关系中得到体现。在缓步下降阶段,参与-参与合作关系数量占比进一步下降,在音频互连技术标准演化工作中的作用也进一步被削弱。图6.8呈现了上述参与-参与合作关系随着专利合作网络的动态变化而下降的趋势，也显示出参与-参与合作关系与技术标准演化的反向变化关系。

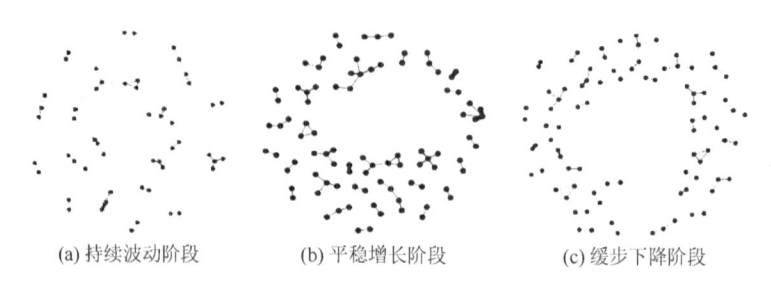

(a) 持续波动阶段　　　　(b) 平稳增长阶段　　　　(c) 缓步下降阶段

图 6.8　参与-参与合作关系的动态变化情况

6.4　本章小结

本章基于动态演化视角，采用社会网络分析方法探究了技术标准联盟合作关系的动态变化对技术标准演化的影响。首先，基于联合申请专利数量变化情况将音频互连技术标准演化过程分为三个阶段，并对专利合作网络拓扑结构进行了阶段性分析；其次，分析了在不同阶段技术标准联盟合作关系的变化特征及其对技术标准演化的影响；最后，通过凝聚子群分析划分了闪联成员专利合作网络存在的合作关系的不同类别，并探讨了各类合作关系对技术标准演化的影响。

第 7 章　知识密集型产业技术标准演化的地景层面影响因素研究

本章将从宏观视角切入，分析知识密集型产业技术标准演化的地景层面影响因素，提出社会技术地景因素、研发投入与技术标准演化的相关假设，并以我国移动通信产业为例，通过对 4G 技术标准的实证分析，探究地景层面影响因素能否对知识密集型产业的技术标准演化产生作用这一重点问题。

7.1　影响知识密集型产业技术标准演化的社会技术地景因素分析

7.1.1　技术标准演化与技术创新的互动关系

如前面所述，技术标准与专利日益交融的发展趋势使越来越多的专利技术被纳入技术标准体系。在此背景下，将知识密集型产业的核心技术申请为标准必要专利，不仅奠定了技术标准创立的技术基础，同时能为技术创新成果的成功转化提供有效途径。标准必要专利的出现是技术标准与技术创新产出的专利技术相融合的结果，搭建起技术标准与技术创新的良性互动关系，促进了"技术专利化—专利标准化"的链条形成。它一方面保证了技术创新发展的可持续性，另一方面则为技术标准演化铺垫了基石。

赵小慧（2012）以移动通信产业与核心专利技术融合的技术标准为研究对象，指出技术标准对技术创新扩散具有关键作用，原因在于，一旦技术创新成果转化为技术标准，被纳入技术标准的核心专利技术将会更易于被潜在使用者所接受，进而做到迅速占领市场，加速技术创新的扩散进程。舒辉和刘芸（2014a）通过分析技术创新成果转化为技术标准的途径，明确了基于专利途径的"专利-市场竞争型"和"专利-政府指导型"技术创新成果转化模式，并结合技术生命周期详细阐述了技术创新成果转化为技术标准的切入时机，进一步揭示了技术创新发展与技术标准演化过程的各环节互动关系。陶忠元和夏婧（2015）对我国制造业技术标准化与技术创新的互动效应展开研究，认为技术标准与专利的融合有利于加大技术创新成果的保障力度，从而激励各类主体的技术创新意愿，为技术创新的持续发展添注动力；与此同时，技术创新成果的转化和不断注入，也在技术标准研制、形成与推广应用的过程中发挥了重要的支撑与推动作用。

事实上，作为技术创新成果转化和扩散的载体，技术标准无法脱离技术创新而单独存在，二者密不可分、相互依存（高俊光，2008）。因此，技术标准演化的过程，势必会同时伴随着技术创新的发展，对技术创新产生作用的相关因素，也同样可能会影响技术标准演化。鉴于此，参考学者关于技术创新与技术标准影响因素的研究，本书尝试将社会技术地景的概念引入知识密集型产业的技术标准演化研究，从宏观视角出发，通过划定技术标准演化涉及的社会技术地景范畴，分析和确定知识密集型产业技术标准演化的地景层面影响因素。

7.1.2 社会技术地景的定义

地景的概念最早可追溯至景观生态学理论。Urban 等（1987）为了简化动态景观的复杂性，采用层次模式和行为范式的景观研究方法，首次将地景定义为整个景观中的自然地面景观。Kauffman 等（1998）在研究中率先引入"技术地景"一词，开创性地将地景概念与企业技术变革联系起来，提出技术地景是企业进行技术创新规划所面临的外部环境，通过将技术需求与动态环境相结合，能够进一步明确未来技术改进的重点，并做出技术变革的最佳决策。随后，基于荷兰特文特大学半演化理论的多层感知机（multilayer perceptron，MLP）多层分析方法（Li，2009），Geels（2010）展开一系列研究，构建了由市场、政策、基础设施建设等要素所组成的社会技术地景与技术转型的演化模型，通过论述各要素对技术变革的协同作用，得到了社会技术地景在技术转型过程中发挥关键作用的结论。

所谓社会技术地景（socio-technical landscape），即指影响技术变革的外部环境，由诸多外部因素组成，包括石油价格、经济增长、战争、移民、政治联盟、文化价值标准、环境问题等（Geels，2002）。根据孙启贵（2010）的研究成果，借鉴社会技术系统方法，将技术创新置于更为广泛的社会文化背景下进行探讨，社会技术地景可视为影响技术创新发展的宏观外部环境，通常可以归入市场、宏观经济、基础设施、政治因素、知识和深层的文化模式等维度。因此，本书将以此为基础，结合技术标准演化与技术创新的互动关系，对影响知识密集型产业技术标准演化的社会技术地景因素进行维度划分。

7.1.3 影响知识密集型产业技术标准演化的社会技术地景维度划分

基于社会技术系统理论的观点，任何技术创新都是创新主体在外部环境因素交互作用下发生的过程，其发展通常表现出社会技术地景的选择作用（吴晓园等，

2011）；与此同时，考虑到知识密集型产业的技术标准演化与技术创新发展过程的相互交织，技术标准演化同样离不开社会技术地景要素的影响。

现有研究表明，社会技术地景对于知识密集型产业技术标准演化的影响主要体现在四个方面。

（1）市场规模是知识密集型产业技术标准演化的关键。一方面，市场规模能够引导技术创新沿用户需求方向发展，避免了技术标准在早期形成过程中的不确定性风险；另一方面，市场规模代表用户集聚程度，是技术标准后续得以实现和扩散的重要渠道（戴万亮和李庆满，2016；余文波，2013）。

（2）经济环境为知识密集型产业技术标准演化提供动力（高俊光和单伟，2012）。具体而言，良好的经济环境既能直接为技术创新成果向技术标准的转化供给相应的技术、人才、资金等资源，同样也能够通过诱导用户消费预期增加，继而催化技术标准的实现和扩散。

（3）基础设施建设成为知识密集型产业技术标准产业化价值创造和价值获取的基本前提。作为衡量技术创新发展"硬环境"的重要指标，基础设施建设为知识密集型产业技术创新成果的转化和落地提供运营平台，为技术标准演化各环节的有序执行提供保障，基础设施建设的健全程度能否满足技术创新成果转化的需求，对知识密集型产业技术标准的形成、实现及扩散至关重要（李庆满等，2018；陈衍泰等，2015）。

（4）政府支持影响知识密集型产业技术标准演化的进程。基于政府支持的技术创新发展显然更为创新主体所重视，不但直接影响了知识密集型产业的技术创新成果转化过程的资源配置，也会间接地影响到其技术标准的形成质量、实现效率乃至扩散范围（徐明华和史瑶瑶，2007；王博和何明升，2010）。

综上所述，本书认为，社会技术地景对知识密集型产业技术标准演化的影响可以从市场规模、经济环境、基础设施建设和政府支持四个维度进行考量。

7.2 社会技术地景因素影响知识密集型产业技术标准演化的研究假设

7.2.1 社会技术地景因素对技术标准演化的主效应分析

基于前面的分析，本书从市场规模、经济环境、基础设施建设和政府支持等维度出发，考察社会技术地景因素对技术标准演化的影响。

市场规模即指市场容量，其大小表现为市场中的现有用户数量（唐馥馨等，2011）。多项研究表明，市场规模对技术标准演化具有决定性作用（潘海波和金雪军，2003；高长元和单子丹，2010；徐明华和史瑶瑶，2007；李龙一和张炎生，

2009)。原因在于，路径依赖使用户更容易接纳由原有技术衍生而来的新技术，较大的市场规模（即较多的现有用户数量）能够降低知识密集型产业在原有技术基础上推行技术标准的阻力，提高技术标准被市场中绝大部分用户接受的程度，进而增大技术标准成功的可能性；同时，现有市场规模意味着用户基础，从网络效应的特点来看，用户基础越好、网络规模越大，产业推行技术标准与用户接受技术标准后所能享有的网络价值就越高，则产业创建技术标准与用户采纳技术标准的意愿就越强烈，从而有助于促进技术标准的演化（戴万亮和李庆满，2016；李龙一和张炎生，2009；Kauffman et al.，1998；余文波，2013）。据此，本书提出如下假设。

假设 H7-1：市场规模与技术标准演化呈正相关关系。

经济环境是指影响技术标准相关创新活动的宏观经济状况，如经济结构、经济发展趋势和国民收入水平等（赵树宽等，2012），技术标准的演化受到经济环境的影响。高俊光和单伟（2012）提出，技术标准的形成虽然以技术为基础，但是更需要经济的推动。良好的经济环境有利于提升国民收入水平，提高人们的消费能力，诱发新的市场需求，进而促进技术水平的提高，并加快新技术转化为技术标准的速度。赵树宽等（2012）通过技术标准、技术创新与经济增长的向量自回归（vector autoregressive，VAR）模型验证了高俊光和单伟的结论，并进一步认为，经济增长为技术标准的发展提供物质基础，对技术标准具有长期、稳定的正向作用。具体表现为，经济的快速增长为技术创新提供了技术、人才储备和资金支持，持续推动着技术成果产业化，促进技术知识规范化，进而推进了知识密集型产业技术标准体系的建立。因此，本书提出如下假设。

假设 H7-2：经济环境与技术标准演化呈正相关关系。

根据 2015 年中华人民共和国住房和城乡建设部的相关文件，基础设施建设是指在交通运输、环保水利、能源动力、建筑、通信等领域为社会生产和居民生活提供公共服务的物质工程设施，如通信基础设施通常由通信光缆、机房、基站、铁塔、管道线路等组成。产业链中不同类型的企业基于基础设施建设建立联系，以技术标准为核心形成技术创新体系，为技术标准的研究和发展提供协作机制与规模化条件（王道平等，2013）。具体来说，一方面，较好的基础设施建设水平增进了企业间的频繁联系，便于与技术标准开发相关的更多企业融入技术创新系统，有利于实现不同技术模块的资源整合，加快标准体系中标准必要专利技术的开发（李庆满等，2018）；另一方面，完善的基础设施建设为技术标准产业化提供了充分条件，促进了企业间的纵深合作，增加了技术标准未来运营的预期收益，进一步提高了技术标准的评估价值，吸引更多配套技术企业参与到标准创建的行列，从而加快技术标准的演化进程（陈衍泰等，2015）。由此，本书提出如下假设。

假设 H7-3：基础设施建设与技术标准演化呈正相关关系。

政府支持是指政府为推进技术标准演化所采取的一系列鼓励举措，具体包括给予资金支持、出台扶持政策和相关法规、牵头研发合作等（潘海波和金雪军，2003）。研究表明，政府的政策、资金支持在一定程度上保障了技术创新的成功率，围绕技术标准进行技术研发的企业因此获利，并在利益驱动下加紧进行从新技术到技术标准的转化（徐明华和史瑶瑶，2007；王博和何明升，2010）。Gao 和 Liu（2012）通过实证研究发现，政府支持的间歇波动和模糊立场，加大了 TD-SCDMA 标准研发的不确定性风险，引发多数企业对其持观望态度，并采取谨慎投资策略，进而对技术标准的发展产生阻碍，最终推迟了 TD-SCDMA 标准的形成、实现乃至扩散。这一研究从反例的角度验证了信春华（2010）关于政府支持可以正向影响技术标准发展的结论。因此，本书提出如下假设。

假设 H7-4：政府支持与技术标准演化呈正相关关系。

7.2.2　研发投入的中介效应分析

在国家统计局、科技部、财政部联合颁布的《2017 年全国科技经费投入统计公报》中，R&D 经费是指在统计年度内全社会实际用于基础研究、应用研究和试验发展的经费支出，包括实际用于研究与试验发展活动的人员劳务费、原材料费、固定资产购建费、管理费及其他费用支出。综合学者对研发投入的理解，本书将研发投入定义为以增加知识总量、利用新知识和发现新用途为目的，用于基础研究、应用研究和试验发展活动的经费支出与人员投入。相关研究表明，研发投入作为技术创新的必备条件，对技术创新具有显著的促进作用（陈金波，2010；范群林等，2012）；同样，技术标准无法绕过技术创新而建立，新技术与技术标准的捆绑发展，使技术创新成为技术标准出台的支撑（陈锐等，2013；王博等，2016）。由此可见，研发投入与知识密集型产业技术标准之间存在互动关系。这一观点可以在李岱松等（2009）关于区域技术标准创新的研究中进一步得到证实。该研究指出，研发活动的经费支出、人员投入与技术标准发展正向相关。因此，本书提出如下假设。

假设 H7-5：研发投入与技术标准演化呈正相关关系。

基于熊彼特（Schumpeter）的创新理论，学者从经济环境、基础设施建设、政府支持等方面对研发投入的影响因素进行了大量研究。Teitel（1994）认为，研发投入决策受经济环境的正向影响；Varsakelis（2006）强调了政府支持对研发投入的强度具有重要的促进作用；陈仲常和余翔（2007）指出，基础设施建设与研发投入的增长正向相关。上述学者的观点及实证研究结果表明，社会技术地景、研发投入与技术标准演化三者之间存在相应的逻辑关系，即经济环境、基础设施建设、政府支持作为研发投入的影响因素，通过促进研发投入进而作用于知识密集型产业技术标准的形成、实现和扩散。鉴于此，本书认为，社会技术地景反映着技术标准演化的宏观环境，不仅会直接作用于知识密集型产业技术标准的演化进程，也会以研发投入为中介对产业技术标准的发展产生影响。

随着国际竞争日趋激烈，经济环境的变化直接影响着研发活动所需资金的使用和人力资源的调用，从而对知识密集型产业技术标准演化产生外在影响。一方面，经济环境的变化首先会对知识密集型产业的研发投入产生导向作用，影响研发资金的投入方向；其次，良好的经济环境有利于增加研发投入的资金数量，使其达到技术创新和标准发展所需的理想水平，从而推进知识密集型产业技术标准的演化进程（陈仲常和余翔，2007）。另一方面，良好的经济环境有助于促进高等教育和高水平技能培训的普及，增加了可供研发活动调用的科研人员数量，增强了研发活动的人员投入和技术创新的初始知识积累，进而推动知识密集型产业技术标准体系的演进（Grabowski and Vernon，2000）。可以说，经济环境越好，对研发投入的激励作用越大，技术标准演化的效率越高。因此，本书提出如下假设。

假设 H7-6：经济环境与研发投入呈正相关关系。

假设 H7-6a：研发投入在经济环境与技术标准演化之间发挥中介作用。

陈衍泰等（2015）认为，基础设施建设不仅影响研发投入的预期收益，也成为技术标准价值创造和获取的前提。Grabowski 和 Vernon（2000）则基于弗鲁姆（Vroom）的期望理论提出，预期收益是促进研发投入的重要决定因素；Klette 和 Griliches（2000）通过建立企业研发投入的数量模型，进一步验证了预期收益对研发投入的正向作用。鉴于此，本书认为，基础设施建设、预期收益、研发投入与知识密集型产业技术标准演化之间存在连锁反应，通过彼此间的促进作用，构成了相应的相关关系。具体表现为，基础设施建设越完善，研发活动的预期收益越高（陈衍泰等，2015）；良好的预期收益增强了企业进行研发活动的动机，促使研发投入增加（陈仲常和余翔，2007）。相应地，研发投入越大，技术标准涉及的标准必要专利技术研发的价值创造与获取就越容易，从而推动技术标准越快地发展。因此，本书提出如下假设。

假设 H7-7：基础设施建设与研发投入呈正相关关系。

假设 H7-7a：研发投入在基础设施建设与技术标准演化之间发挥中介作用。

政府支持对研发投入的增加具有积极效果（朱平芳和徐伟民，2003）。一方面，政府科技激励政策表明了政府对于研发投入的支持态度，为研发活动提供了政策保障，诱发了企业进行研发活动的动机，进而促进了研发投入的增加（成力为和戴小勇，2012）。另一方面，政府资金支持对研发投入具有引导作用，扩充了研发活动的资金来源，增强了研发投入的信心，进而提高了研发投入的强度（张振伟和刘云，2017）。相关研究表明，政府的资金支持和政策引导与研发投入显著正相关，政府支持越稳定，研发投入越大，相应地，研发投入对技术创新的促进作用就越明显，知识密集型产业技术创新活动的频率就越高，则构成标准体系所需的标准必要专利技术就越容易产生，从而加快了技术标准的演化（王博等，2016）。由此，本书提出如下假设。

假设 H7-8：政府支持与研发投入呈正相关关系。

假设 H7-8a：研发投入在政府支持与技术标准演化之间发挥中介作用。

7.2.3 社会技术地景因素影响知识密集型产业技术标准演化的理论模型

综上所述，本书充分借鉴了国内外相关研究成果，秉承前述研究逻辑与研究假设，构建了以研发投入为中介变量的社会技术地景因素影响知识密集型产业技术标准演化的理论模型，如图 7.1 所示，并将根据此模型进行后续的假设检验。

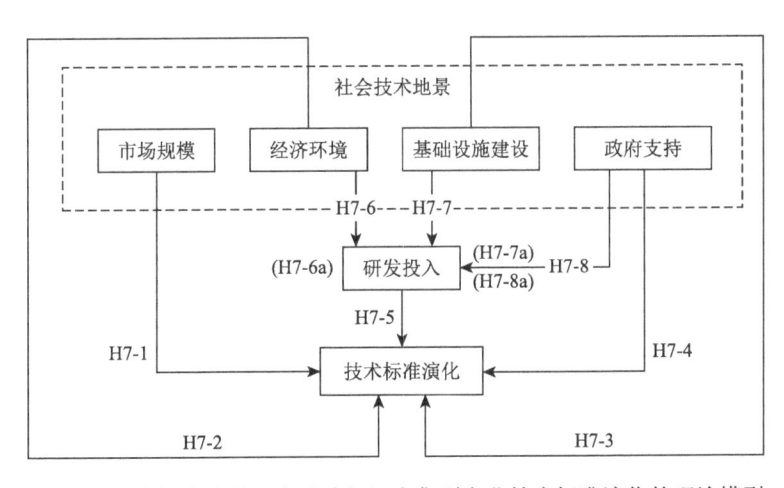

图 7.1 社会技术地景因素影响知识密集型产业技术标准演化的理论模型

7.3 实证研究的方案设计

7.3.1 样本选取

如前面所述，我国移动通信产业作为典型的知识密集型产业，其 4G 技术标准经历了从形成、实现到扩散的生命周期完整阶段。回顾这一演化过程，经济环境奠定了我国移动通信产业技术创新的基础，在政府领导下，我国移动通信产业坚持以市场为导向，依托基础设施建设资源，积极开展 4G 技术标准研发，顺利完成了标准体系的构建,并推动了4G技术标准的产业化和全球化发展(周宏仁,2014)。可以说,我国移动通信产业4G技术标准的演化过程中既有市场规模和基础设施建设的影响,又有经济环境与政府支持的促进,同时,离不开研发投入的中介作用,较好地呈现了社会技术地景、研发投入与技术标准演化三者之间的作用关系,符合本章研究涉及的样本特征。因此,本章将继续选取我国移动通信产业4G技术标准作为研究样本。

7.3.2 变量测度

本书主要参考徐明华和史瑶瑶(2007)、信春华(2010)、高俊光(2012)的研究,从市场规模、经济环境、基础设施建设、政府支持四个维度分别选取社会技术地景的测度指标。具体为:选取移动电话用户数来测量市场规模;采用城镇居民人均可支配收入这一指标测度经济环境;选择移动通信产业的固定资产投资完成额、国家财政科技支出分别作为基础设施建设和政府支持的测度指标。考虑到研发投入是技术创新活动的资源投入总量,由经费支出、人员投入等组成(张振伟和刘云,2017),本书在参考陈仲常和余翔(2007)的研究成果的基础上,设置移动通信产业的研发机构数、研发经费支出、研发人员数三个指标来衡量研发投入。与此同时,基于前面有关4G技术标准所涉及的八项标准必要专利技术的相关论述,本书选取4G技术标准所涉及的标准必要专利申请量作为技术标准演化的衡量指标。

7.3.3 数据收集

本书中关于市场规模、经济环境、基础设施建设、政府支持、研发投入等变量的测度指标的具体数据均来源于万得资讯(Wind)数据库。该数据库是国内较为完整、准确的金融财经数据库,数据类目覆盖全面,来源真实可靠。本章研究用以衡量4G技术标准演化的八项标准必要专利申请量数据均来自欧洲专利局数据库。欧洲专利局数据库作为专利研究领域中最重要的数据库之一,具有专利覆盖范围广、数据质量高、数据量丰富和检索方便等优点。因此,上述数据获取方式使本章研究所依据的测度指标的原始数据可信度较高,确保了研究的准确性。

本章的数据收集与处理工作主要分两步进行:①选定4G技术标准演化所涉及的标准必要专利持续累积的2005~2012年为时间跨度,按照季度为单位进行相关数据的收集;②进行数据处理,主要是对分别检索获取的八项标准必要专利申请量进行清洗并剔除专利重复项,最终整理得到32条季度数据。

为了更有效地进行样本分析，本书还对产业技术标准演化过程中的参与企业数量、产业销售利润等行业因素数据进行了收集。考虑到这些因素对社会技术地景、研发投入与知识密集型产业技术标准演化之间的关系具有一定影响，因此，在数据分析中将其作为控制变量进行处理。

7.4 社会技术地景因素影响知识密集型产业技术标准演化的实证分析

7.4.1 描述性统计与相关性分析

本章中涉及的研究变量的平均值、标准差和相关系数的分析结果如表 7.1 所示。由表 7.1 可知，市场规模与技术标准演化（$\beta = 0.589$，$p<0.01$）、经济环境与技术标准演化（$\beta = 0.450$，$p<0.01$）、基础设施建设与技术标准演化（$\beta = 0.411$，$p<0.05$）、政府支持与技术标准演化（$\beta = 0.477$，$p<0.01$）均呈现显著正相关关系，为进一步研究社会技术地景与技术标准演化的假设模型提供了一定的依据。

表 7.1 变量描述性统计与相关系数

变量	均值	标准差	市场规模	经济环境	基础设施建设	政府支持	技术标准演化
市场规模	68 254.090	23 563.550	1.000				
经济环境	10 672.720	5 586.490	0.620**	1.000			
基础设施建设	370.269	224.827	0.507**	0.784**	1.000		
政府支持	324.094	258.301	0.635**	0.868**	0.876**	1.000	
技术标准演化	132.156	67.671	0.589**	0.450**	0.411**	0.477**	1.000

**表示 $p<0.01$。

同时，为避免原始数据存在非平稳性和研究变量之间存在多重共线性而导致的虚假回归，本章在进行回归分析之前对非平稳性和多重共线性问题进行了检验。结果表明，通过增广迪基-富勒（augmented Dickey-Fuller，ADF）单位根检验，所有研究变量均为一阶单整序列，满足进行 Johansen 协整检验的条件；通过特征值轨迹检验，所有研究变量间的协整关系得到证实，能够建立经典回归模型（李子奈和叶阿忠，2012）；另外，所有研究变量的方差膨胀系数（variance inflation factor，VIF）都符合要求，即其数值均低于临界值 10（Kleinbaum et al.，2013）。因此，本章所研究的变量并未受到虚假回归的影响，可以采用多元回归方法进行后续的分析。

7.4.2 社会技术地景因素对技术标准演化的主效应实证分析

本章采用 Stata 11.0 对相关假设进行检验。由于研究中不同变量间的数值变化较大,首先对所有变量的原始数据进行了标准化处理,再通过多元回归分析各变量对技术标准演化的作用,同时,采用了稳健回归以避免异方差性的出现。根据已有文献的研究范式,本书的假设检验方法如下:首先,不考虑社会技术地景的影响,将控制变量作为自变量、技术标准演化作为因变量进行回归,得到方程 1;然后,在方程 1 的基础上,考虑社会技术地景的作用,分别加入市场规模、经济环境、基础设施建设和政府支持等自变量进行回归,得到方程 2~5。上述方程的检验结果见表 7.2。

表 7.2 主效应的检验结果($N=32$)

变量	因变量:技术标准演化				
	方程 1	方程 2	方程 3	方程 4	方程 5
参与企业数量	0.399*	0.306*	0.305*	0.298*	0.292*
产业销售利润	−0.395*	−0.343*	−0.538***	−0.531**	−0.513
市场规模		0.511**			
经济环境			0.541**		
基础设施建设				0.499**	
政府支持					0.537**
R^2	0.271	0.522	0.530	0.487	0.530
Adjust-R^2	0.221	0.471	0.480	0.432	0.479
ΔR^2		0.251	0.259	0.216	0.259
F 值	5.38*	10.20***	10.54***	8.86***	10.50***

注:表中回归系数均为标准化回归系数。
*表示 $p<0.05$,**表示 $p<0.01$,***表示 $p<0.001$。

方程 1、2 的检验结果显示,在控制变量的基础上加入自变量市场规模后,市场规模与技术标准演化的正相关关系以 1%的显著性通过检验,其回归系数为 0.511,验证了假设 H7-1;方程 1、3 的检验结果表明,在控制变量基础上引入自变量经济环境后,经济环境与技术标准演化的正相关关系以 1%的显著性通过检验,其回归系数为 0.541,假设 H7-2 得到了验证;方程 1、4 的检验结果显示,在控制变量的基础上加入自变量基础设施建设后，基础设施建设与技术标准演化的正相关关系以 1% 的显著性通过检验，其回归系数为 0.499，假设 H7-3 同样得到验证；由方程 1、5 的检验结果可知，在控制变量基础上添加自变量政府支持后，政府支持与技术标准演化的正相关关系以 1% 的显著性通过检验，其回归系数为 0.537，假设 H7-4 也得到验证。

由此可知，市场规模、经济环境、基础设施建设、政府支持与技术标准演化显著正相关，即社会技术地景对技术标准的演化具有正向促进作用。这一结果意味着，市场规模越大，经济环境越好，基础设施建设越完善，政府支持力度越强，则它们所表征的社会技术地景对技术标准演化的作用就越强，技术标准建立的环境条件和资源基础越好，技术标准演化进程也越顺利。

上述假设检验的结果证实了信春华（2010）有关市场规模、政府支持是高新技术转化为技术标准的动力的结论。同时，上述研究结果也验证了高俊光和单伟（2012）关于技术标准形成的经济路径模型，并为陈衍泰等（2015）、王道平等（2013）的技术标准评估的价值模型提供了实证支持。

7.4.3 研发投入的中介效应实证分析

根据 Baron 和 Kenny（1986）提出的"中介作用"检验模型，本书认为，若社会技术地景、研发投入与技术标准演化三者之间的相关关系能够满足以下条件，则研发投入的中介效应存在：①自变量与因变量显著相关；②中介变量与因变量显著相关；③自变量与中介变量显著相关；④自变量与中介变量同时进入回归方程解释因变量，若中介变量与自变量的作用均显著，且自变量的作用减弱，中介变量表现为部分中介作用；若中介变量的作用显著而自变量的作用不显著，则中介变量表现为完全中介作用。由此，建立表 7.3 中的回归方程 6~12，其中，方程 6、7、8 分别为经济环境、基础设施建设、政府支持和控制变量对研发投入的回归方程，方程 9、10、11 分别是经济环境、基础设施建设、政府支持、控制变量和研发投入对技术标准演化的回归方程；方程 12 为控制变量和研发投入对技术标准演化的回归方程。由于假设 H7-2~H7-4 的验证结果已表明中介作用的判定条件①得到满足，因此下面将主要对其他的判定条件进行检验。

表 7.3 中介作用的检验结果（$N=32$）

变量	因变量：研发投入			因变量：技术标准演化			
	方程 6	方程 7	方程 8	方程 9	方程 10	方程 11	方程 12
参与企业数量	0.153	0.156	0.133	0.248	0.233	0.243	0.250
产业销售利润	−0.312*	−0.278	−0.275	−0.427**	−0.415**	−0.411***	−0.324*

续表

变量	因变量：研发投入			因变量：技术标准演化			
	方程6	方程7	方程8	方程9	方程10	方程11	方程12
经济环境	0.659***			0.297			
基础设施建设		0.554**			0.267		
政府支持			0.673***			0.288	
研发投入				0.370*	0.419**	0.370**	0.559***
R^2	0.464	0.345	0.485	0.604	0.602	0.600	0.558
Adjust-R^2	0.406	0.275	0.430	0.545	0.543	0.541	0.511
ΔR^2				0.074	0.115	0.070	
F值	8.07***	4.92**	8.81***	10.29***	10.22***	10.12***	11.8***

注：表中回归系数均为标准化回归系数。
*表示$p<0.05$，**表示$p<0.01$，***表示$p<0.001$。

方程12的实证结果表明，研发投入与技术标准演化显著正相关，其回归系数为0.559（$p<0.001$），假设H7-5得到检验，中介作用的判定条件②得到满足。

方程6、7、8的检验结果显示，经济环境、基础设施建设、政府支持对研发投入存在正向影响，其回归系数分别为0.659（$p<0.001$）、0.554（$p<0.01$）、0.673（$p<0.001$），均能满足中介作用的判定条件③，进而验证了假设H7-6、H7-7、H7-8。该结果与陈仲常和余翔（2007）的观点相一致，即经济环境、基础设施建设、政府支持是研发投入的影响因素，对研发投入具有显著的促进作用。

方程9、10、11的结果进一步表明，当经济环境、基础设施建设、政府支持与研发投入同时进入回归方程解释技术标准演化时，研发投入的作用均显著（$\beta=0.370$，$p<0.05$；$\beta=0.419$，$p<0.01$；$\beta=0.370$，$p<0.01$），而经济环境、基础设施建设、政府支持的作用则不显著。该结果满足中介作用的判定条件④，表明研发投入对经济环境、基础设施建设、政府支持与技术标准演化的正相关关系具有完全中介作用，从而验证了假设H7-6a、H7-7a、H7-8a。

以上结果不仅揭示了研发投入作为中介变量，在社会技术地景与知识密集型产业技术标准演化的关系中所发挥的作用，而且弥补了唐馥馨等（2011）、高长元和单子丹（2010）在技术标准影响因素研究中对中介因素缺乏关注的不足。由于经济环境、基础设施建设、政府支持对研发投入的影响具有许多现实案例佐证，因而本书所得到的研发投入在经济环境、基础设施建设、政府支持与知识密集型产业技术标准演化之间发挥完全中介作用的结论相对容易理解。具体而言，良好的经济环境影响着研发投入的各项决策，为研发活动提供了充足的资金和人力资源，提高了标准必要专利技术研发成功的效率，为知识密集型产业技术标准演化创造了条件；完善的基础设施建设使研发活动的预期收益加大，诱发了企业进行技术创新的动机，提高了标准必要专利技术研发活动的速率，直接促进了知识密集型产业技术标准的发展；政府支持对研发投入的激励作用降低了技术研发所面临的不确定性风险，减少了研发活动的成本，促进了标准必要专利技术的推广，提高了标准必要专利技术的认可度，进而推动了知识密集型产业技术标准的演化进程。

7.5　实证研究结果讨论

本书立足于知识密集型产业技术标准演化的宏观环境视角，从市场规模、经济环境、基础设施建设和政府支持四个维度出发，分析了社会技术地景对知识密集型产业技术标准演化的影响，同时，引入研发投入作为中介变量，进一步构建了社会技术地景与技术标准演化的理论模型，并通过4G技术标准的实证分析验证了本书的研究假设。研究结果表明：①社会技术地景与知识密集型产业技术标准演化存在显著的正相关关系；②社会技术地景不仅在市场规模维度直接影响技术标准的演化，而且在经济环境、基础设施建设和政府支持三个维度通过研发投入这一中介变量间接影响知识密集型产业技术标准的形成、实现和扩散；这意味着，知识密集型产业技术标准能否顺利发展，既受到市场规模的直接驱动，还受到经济环境、基础设施建设和政府支持作用于研发投入后所引发的间接推动；③在社会技术地景中，政府支持对研发投入的回归系数最高，即其促进作用最为明显，表明政府支持对知识密集型产业技术标准演化具有关键性的促进作用。

7.6　本章小结

本章在对影响知识密集型产业技术标准演化的社会技术地景因素进行分析的基础上，将研发投入作为中介变量引入社会技术地景与技术标准演化的研究中，构建了研发投入的中介效应模型，并选择我国移动通信产业的4G技术标准为实证对象，利用统计数据和专利数据对本章提出的主效应、中介效应假设进行检验。实证分析结果显示，市场规模、经济环境、基础设施建设和政府支持等维度社会技术地景因素与知识密集型产业的技术标准演化表现出正相关关系，并且经济环境、基础设施建设和政府支持以研发投入为中介变量间接影响技术标准的演化。

第8章 地景层面因素影响知识密集型产业技术标准演化的仿真分析

通过第 3 章和第 7 章的实证研究，本书明确了知识密集型产业技术标准演化的生命周期阶段划分，论证了地景层面影响因素对于知识密集型产业技术标准演化的作用机制。本章将进一步重点关注技术标准生命周期阶段演化与地景层面影响因素的交互关系，运用系统动力学模型进行仿真分析，以回答"社会技术地景因素、研发投入如何作用于技术标准演化"这一问题。

8.1 地景因素与技术标准演化作用关系的系统动力学模型构建

系统动力学认为，系统是由相互区别、相互作用的诸元素有机联结的，从而具有某种功能的集合体（王其藩，1988）。从这一观点来看，作为技术标准存在的高级方式，技术标准系统以实现某项特定功能为目的，由一定范围内的标准内容按其逻辑组合而成的技术标准体系和介入标准发展的影响因素两部分共同构成，通过系统内各部分要素之间的紧密关联和相互作用，表现为一个具有高度动态复杂性的完整有机体（刘坚强等，2014）。

基于演化的系统动力学建模强调了反馈系统的多阶段、多回路、非线性及动态性特征，是理解复杂时变系统结构和行为的有效手段，其优势在于：第一，能够以反馈环为基础，构建描述系统内部各要素之间因果关系的结构模型，借此直观反映真实系统的各变量关系；第二，既能保留真实过程的人为知识经验，又能实现模拟过程的计算机重复运行，通过揭示不同政策变化后的各种系统动态行为，获得更多的丰富信息来做出改善现实情况的最优决策（刘晓燕等，2014；张军和许庆瑞，2015）。

由此可见，本书采用系统动力学方法构建知识密集型产业技术标准演化的仿真模型，借以洞察知识密集型产业技术标准生命周期阶段演化与地景层面影响因素的动态关系是可行的。

8.1.1 系统边界确定及基本假设

根据系统动力学的观点，系统行为的性质主要由系统的内部结构决定，即系统行为的发展根植于其内部的反馈结构和机制。在一定条件下，外部环境的变动、干扰会对系统行为产生作用，但归根结底，外因只有通过系统内因才能起到重要作用（王其藩，1988）。因此，本书认为，系统行为的变化主要取决于内生变量，外生变量是影响系统行为的非决定性因素（王展昭等，2015）。换言之，本书所涉及的知识密集型产业技术标准演化仿真模型构建成功的关键就在于，从技术标准演化的众多影响因素中提炼关键变量以明确系统边界。

结合本书第 3 章和第 7 章的实证研究内容，本章引入系统动力学理论的基本思想，继续开展关于知识密集型产业技术标准生命周期阶段演化与社会技术地景之间动态关系的仿真研究。从结构上来看，社会技术地景-技术标准生命周期阶段演化系统主要由社会技术地景子系统和技术标准生命周期阶段演化子系统构成。其中，社会技术地景子系统主要考虑宏观层面的市场规模、经济环境、基础设施建设、政府支持变量对整个技术标准生命周期阶段演化过程的影响，同时，本书也将研发投入变量纳入社会技术地景子系统，以考察研发投入、社会技术地景对技术标准生命周期阶段演化的动态作用关系；技术标准生命周期阶段演化系统则重点考察了基于技术进步的技术标准发展情况，通过研究潜在标准必要专利增长趋势与社会技术地景子系统的耦合，共同阐释技术标准生命周期阶段演化的系统行为变动模式。

系统动力学指出，对系统进行建模和研究的前提条件是：该系统必须为非平衡的、有序的耗散结构（王其藩，1988）。以此为依据，本书提出如下三点基本假设：第一，技术标准生命周期阶段演化表现为一个连续的、渐进的动态行为过程，不考虑重大制度变革及非正常情况导致的系统崩溃；第二，社会技术地景-技术标准生命周期阶段演化模型以二者之间的动态关系为关注焦点，系统建模中不考虑企业竞合关系等因素的影响；第三，在技术标准生命周期阶段演化过程中，假定潜在标准必要专利增长趋势保持不变，即其所涉及的技术进步源自渐进性技术创新，不考虑根本性技术创新导致的技术进步情况。

8.1.2 因果关系分析及系统变量设置

通过分析社会技术地景-技术标准生命周期阶段演化的系统结构，本书以社会技术地景-技术标准生命周期阶段演化系统边界为限制条件，以子系统之间的行为和互动关系为主线，构建了社会技术地景-技术标准生命周期阶段演化系统的因果关系图，如图 8.1 所示。

由图 8.1 可知，社会技术地景-技术标准生命周期阶段演化系统共有两条正反馈回路，在反馈回路中各变量之间的相互作用使该系统呈现出增长趋势，进而决定

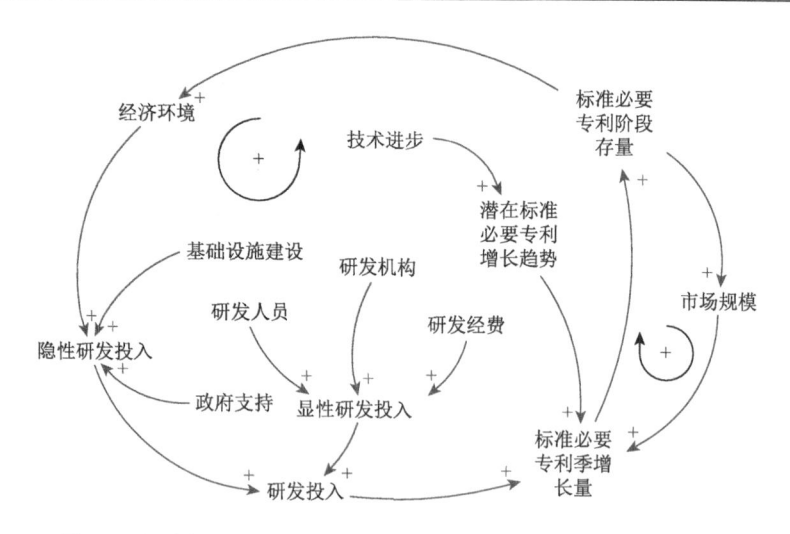

图 8.1 社会技术地景-技术标准生命周期阶段演化系统因果关系图

系统演化的宏观状态和行为特征。从社会技术地景-技术标准生命周期阶段演化的系统特性不难发现,标准必要专利阶段存量的变动能够有效反映出技术标准生命周期阶段演化情况,技术进步、研发投入、社会技术地景是技术标准产生和发展的关键所在。其中,技术进步保证了标准必要专利的潜在增长趋势,伴随市场规模拓展而加深的网络效应吸引着更多高技术企业加入技术标准创新,良好的经济环境、完善的基础设施建设和政府支持以隐性研发投入形式与基于研发人员、机构及经费的显性研发投入形式共同提高了对技术标准的研发投入。也就是说,上述变量的持续增长必然使标准必要专利阶段存量不断增加,从而推动整个技术标准生命周期阶段演化过程;同时,通过技术标准产生、实现和扩散速率的提升,技术标准的采用程度和水平得以加强,并进一步带动了经济发展。

根据所构建的因果关系图,进一步引入系统运行所需的其他变量,本书得到社会技术地景-技术标准生命周期阶段演化系统的全部指标变量,如表 8.1 所示。系统动力学按照变量的不同性质,将系统中的变量分别定义为状态(level)变量、速率(rate)变量和辅助(auxiliary)变量。其中,状态变量描述了系统的累积效应;速率变量体现了系统中累积效应变化的快慢程度,即随着时间的推移,状态变量的值增加或减少;辅助变量作为中间变量,在状态变量和速率变量之间起到信息传递、转换的作用(王其藩,1988)。在本书所建立的社会技术地景-技术标准生命周期阶段演化系统中,标准必要专利阶段存量为状态变量,标准必要专利季增长量为速率变量,其余指标变量均为辅助变量。

表 8.1 社会技术地景-技术标准生命周期阶段演化系统动力学指标变量

子系统	一级指标变量	二级指标变量
技术标准生命周期阶段演化	标准必要专利阶段存量	—
	标准必要专利季增长量	
	潜在标准必要专利增长趋势	
社会技术地景	研发投入	显性研发投入
		隐性研发投入
	市场规模	移动电话用户数
	经济环境	城镇居民可支配收入
	基础设施建设	电信固定资产投资
	政府支持	国家财政科技支出

8.1.3 系统流图构建及主要方程设计

虽然从定性角度而言，因果关系图能够较好地反映社会技术地景-技术标准生命周期阶段演化系统的结构，但却无法表示系统中不同性质变量的差异和各变量之间的定量关系。为了更加清晰地描述系统内变量之间的动态关系，本书在社会技术地景-技术标准生命周期阶段演化系统因果关系图的基础上，进一步考虑系统内指标变量的性质和变量间的作用过程，利用系统流图的形式构建了社会技术地景-技术标准生命周期阶段演化系统动力学模型，如图 8.2 所示。

依照社会技术地景-技术标准生命周期阶段演化系统流图，本书借助方程式对该系统中变量之间的定量关系加以明确。结合第 3 章和第 7 章所收集的社会技术地景、研发投入及技术标准生命周期的各项指标数据，计算得出方程系数并设置各子系统的主要方程式如下。

（1）市场规模 = 移动电话用户数表函数（Time）
（2）经济环境 = 城镇居民人均可支配收入表函数（Time）
（3）基础设施建设 = 电信固定资产投资表函数（Time）
（4）政府支持 = 国家财政科技支出表函数（Time）
（5）隐性研发投入 = $0.338 \times 10 \times$ 经济环境 + $0.687 \times 10 \times$ 基础设施建设 + $0.563 \times 10 \times$ 政府支持
（6）显性研发投入 = 研发经费表函数（Time）+ 研发人员表函数（Time）+ 研发机构表函数（Time）
（7）研发投入 = 隐性研发投入 + 显性研发投入

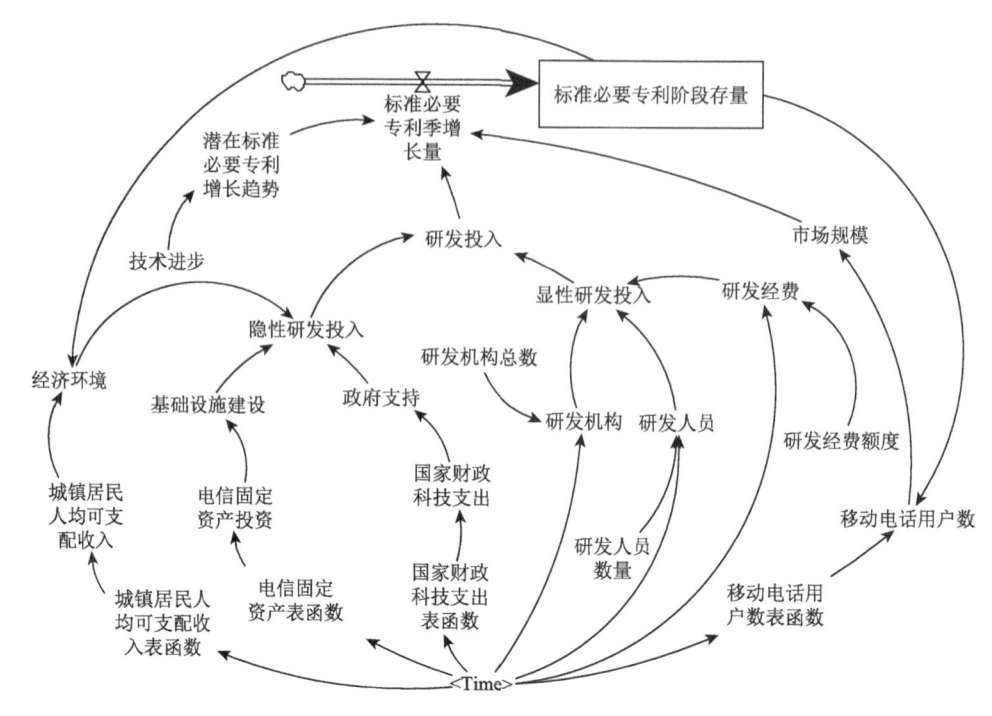

图 8.2 社会技术地景-技术标准生命周期阶段演化系统流图

（8）标准必要专利季增长量 = 0.845/10×研发投入 + 0.196/10×市场规模 + 潜在标准必要专利增长趋势

（9）标准必要专利存量 = INTEG（标准必要专利季增长量，0）

方程（1）~（7）为社会技术地景子系统的主要方程，方程（8）~（9）为技术标准生命周期阶段演化子系统的主要方程。上述方程式分别采用了不同类型的函数来处理系统中变量间的定量关系。

其中，对于市场规模、经济环境、基础设施建设等变量采用了表函数的形式。表函数是系统动力学程序中的用户自定义函数，通常用图表的方式来表示。它一般用于反映两个变量之间特殊的非线性关系。表函数在系统动力学建模中的应用非常普遍，原因在于，社会经济系统中的许多变量之间都存在复杂的非线性关系，只能通过作图的方式加以描述。

对于隐性研发投入、标准必要专利季增长量与各自影响变量之间的关系采用了线性函数，本书以第 3 章和第 7 章的研究为基础，通过多元回归分析方法对影响系数进行确定。

另外，由于标准必要专利存量描述了技术标准生命周期阶段演化从无至有的过程，是随时间不断累积的状态变量。本书默认其初始值为 0，并运用 INTEG 数学函数加以取整。

8.2 系统动力学仿真的方案设计

8.2.1 仿真工具的选择

继应用系统动力学的理论与方法对社会技术地景-技术标准生命周期阶段演化系统进行分析并建模之后，本书仍需要进一步选取合适的系统动力学软件，以依据前面所构建的系统动力学模型，对其进行模拟分析并获得仿真结果。

伴随系统动力学理论的发展和 Windows 操作系统的普及，系统动力学仿真工具也由早期的编程语言逐渐扩展至图形化应用软件，如 Vensim、iThink、STELLA、Powersim 等。其中，Vensim 软件是基于 Windows 界面的可视化建模软件，具备功能强大的图形编辑环境。在 Vensim 编辑环境中，使用者能够依据知识经验与真实情况对系统内的变量设置约束条件，并将其加入已建立的系统动力学模型，通过观察现有模型运行时的模拟情况可以判断模型的有效性；此外，调整模型结构或参数，还能够对模拟结果进行分析和优化（吴传荣等，2010）。所以，本书采用 Vensim DSS 软件实现技术标准生命周期阶段演化模型仿真。

参照第 3 章和第 7 章关于知识密集型产业技术标准演化的生命周期和地景层面影响因素的实证研究，本章以我国移动通信产业为例，以其 4G 技术标准作为技术标准生命周期阶段演化仿真的数据来源，以 4G 技术标准从形成、实现到扩散的演化过程为基准，对模型进行初始条件设定：令 Initial Time = 0，Final Time = 48，Time Step = 1，Units for Time：Quarter。

8.2.2 模型的有效性检验

系统动力学模型的有效性检验方法主要包括直观检验、运行检验、历史检验和敏感性检验四种（程华等，2015；姜明辉等，2015）。

直观检验和运行检验建立在资料分析的基础上，考虑到本书始终将技术标准演化的现有理论和实证研究作为参阅资料，并以此为据完成了技术标准生命周期阶段演化仿真模型的系统结构分析、指标变量选定以及系统流图构建，所以可以认为该模型已基本通过了直观检验和运行检验。

历史检验的基本原理是选择某一历史时刻为起点，对模型进行仿真模拟，通过比较模型仿真结果与系统实际结果的误差范围，判断模型是否存在问题需要修正（程华等，2015）。本书采用历史检验方法对模型的部分模拟值进行有效性检验，检验变量为反映技术标准生命周期阶段演化情况的标准必要专利存量，其仿真结果如图 8.3 所示。需要说明的是，在图 8.3 中验证的起始时间为 2010 年，终止时间为 2012 年。选取这一历史时段的原因在于，在此期间我国移动通信产业 4G 技术标准演化正处于稳步发展的实现阶段，具有较强的代表性。在上述仿真结果的基础上，本书进一步将标准必要专利阶段存量的模拟值与 4G 技术标准的历史数据进行对比，得到的结果如表 8.2 所示。

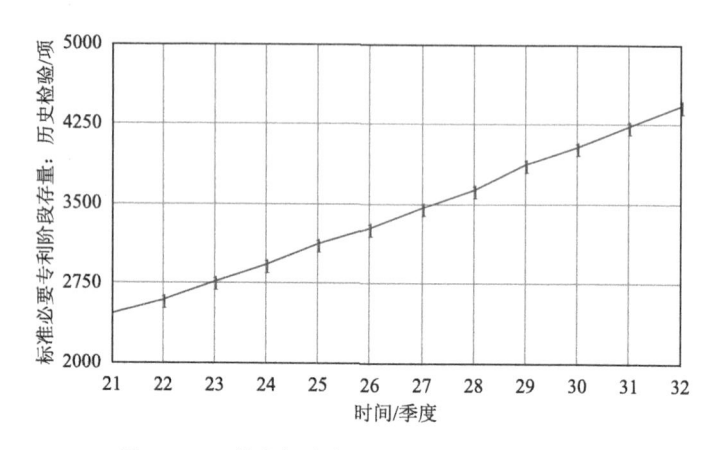

图 8.3　4G 技术标准生命周期阶段演化仿真结果

表 8.2　4G 技术标准生命周期阶段演化历史检验结果

时间	标准必要专利历史值/项	标准必要专利仿真值/项	相对误差
2010 年第一季度	2543	2465	−0.03
2010 年第二季度	2631	2593	−0.01
2010 年第三季度	2759	2765	0.00
2010 年第四季度	2905	2926	0.01
2011 年第一季度	2998	3116	0.04
2011 年第二季度	3165	3226	0.02
2011 年第三季度	3299	3459	0.05
2011 年第四季度	3453	3637	0.05
2012 年第一季度	3620	3877	0.07
2012 年第二季度	3811	4036	0.06
2012 年第三季度	4014	4227	0.05
2012 年第四季度	4229	4418	0.04
平均相对误差（绝对值）			0.04

系统动力学认为，任何模型都无法与实际系统完全一致，要求模型及其行为完全或几乎等同于实际系统的结构和行为是不恰当且不必要的（王其藩，1988）。

因此，本书借助系统动力学的 Vensim DSS 软件构建的技术标准生命周期阶段演化模型不可能是现实情况的精准再现，得到的仿真结果只能是合乎逻辑、近似实际的满意解（程华等，2015）。从表 8.2 可以看出，标准必要专利存量的仿真值与历史值非常接近，相对误差范围大部分保持在±0.05，平均相对误差（绝对值）为 0.04。因此，从整体来说，模型与实际系统之间基本吻合，即能够满足研究需要，表明该模型通过了历史检验（王宁，2011）。

敏感性检验是指在一定范围内调整系统内某一变量的参数值，通过观察模型的输出结果变动，识别模型的敏感程度（钟永光等，2013）。一般而言，模型中变量的参数值改变将会在一定程度上导致输出结果的变化，但模拟得出的行为趋势应大致相同，即输出结果的图形状态不会发生较大的改变。如果变动模型中的某些变量会造成结果的大幅度、颠覆性改变，那么说明模型对于该变量是敏感的，存在实际应用的局限性（王展昭等，2015）。本书以改变潜在标准必要专利增长趋势为例测试模型的敏感性，考察标准必要专利季增长量、标准必要专利阶段存量的变动情况，2005~2012 年的相关结果如图 8.4 和图 8.5 所示。图中，A、B、C、D 分别表示将标准必要专利增长趋势的参数值调整至基本值的 0.5 倍、0.75 倍、1.25 倍和 1.5 倍时，标准必要专利季增长量、标准必要专利阶段存量的输出结果曲线。

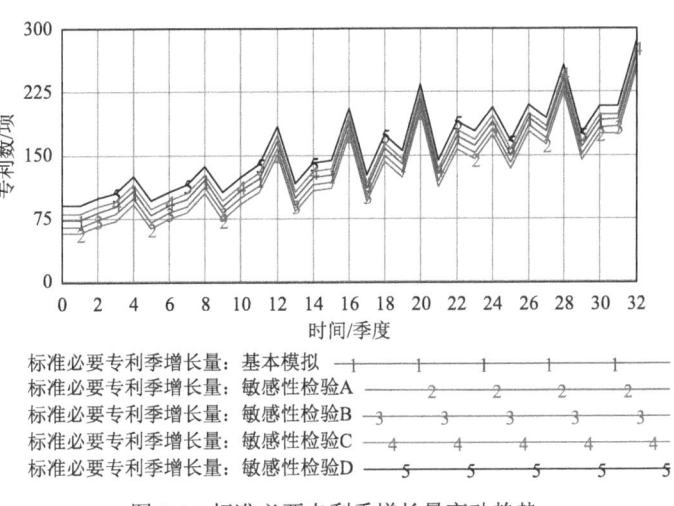

图 8.4 标准必要专利季增长量变动趋势

由图 8.4 和图 8.5 可以看出，改变标准必要专利增长趋势的参数值后，标准必要专利季增长量和标准必要专利阶段存量的输出结果曲线仅在振幅上存在不同程度的差异，而模型的行为变动趋势并无较大波动，表明模型对于参数的反应不敏感，说明本书构建的社会技术地景-技术标准生命周期阶段演化系统动力学模型对参数的要求不苛刻，有利于模型的实际应用。

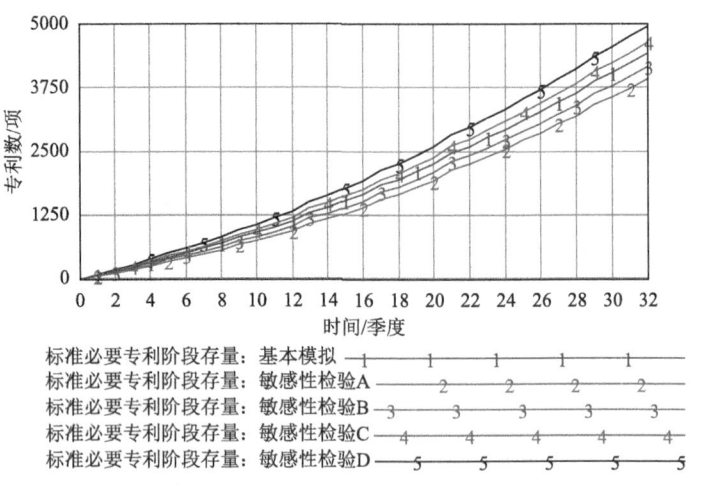

图 8.5　标准必要专利阶段存量变动趋势

8.2.3　模拟方案的确定

作为实际系统的实验室，系统动力学模型能够通过反复模拟运行，一方面有助于预测主要指标变量的发展趋势；另一方面通过考察各种假设条件的变更对系统行为的影响，有利于进行不同政策方案的比较分析（程华等，2015）。本章旨在探究技术标准生命周期阶段演化与地景层面影响因素的动态关系，借助仿真模型进行模拟以考察不同维度的社会技术地景因素和研发投入变动对知识密集型产业技术标准生命周期阶段演化的影响，从而基于不同模拟方案的输出结果对比，为促进知识密集型产业技术标准演化的决策提供科学依据。

因此，根据变量调整的现实意义和输出结果的显著性，本书选取市场规模、经济环境、基础设施建设、政府支持和研发投入作为可调节的输入变量，标准必要专利阶段存量作为输出变量来考察知识密集型产业技术标准生命周期阶段演化效果。结合技术标准演化的地景层面影响因素研究，得到模拟方案如下。

方案 1：假定不同的社会技术地景因素单独发生变动，具体设计内容如下。

P1a：保持其他条件不变，将市场规模增加 5%；

P1b：保持其他条件不变，将经济环境增加 5%；

P1c：保持其他条件不变，将基础设施建设增加 5%；

P1d：保持其他条件不变，将政府支持增加 5%。

方案 2：假定研发投入单独发生变动，具体设计内容如下。

P2a：保持其他条件不变，将显性研发投入减少 5%；

P2b：保持其他条件不变，将显性研发投入增加 5%。

需要说明的是，前面已述及，技术标准演化的研发投入包括显性研发投入与隐性研发投入两部分。根据第 7 章的研究，显性研发投入由研发人员、机构及经费直接构成，而隐性研发投入则主要受到经济环境、基础设施建设和政府支持的影响。在模型仿真中，为了避免社会技术地景因素通过影响隐性研发投入进而干扰研发投入单独变动的输出结果，本章选择以显性研发投入来代表研发投入的变化情况。

方案 3：假定社会技术地景因素与研发投入同时发生变动，具体设计内容如下。

P3a：保持其他条件不变，将市场规模、经济环境、基础设施建设、政府支持、显性研发投入同时减少 5%；

P3b：保持其他条件不变，将市场规模、经济环境、基础设施建设、政府支持同时减少 5%，将显性研发投入增加 5%；

P3c：保持其他条件不变，将市场规模、经济环境、基础设施建设、政府支持同时增加 5%，将显性研发投入减少 5%；

P3d：保持其他条件不变，将市场规模、经济环境、基础设施建设、政府支持、显性研发投入同时增加 5%。

方案 3 的设计目的在于：分别考察在社会技术地景与研发投入发生同步变动（P3a 和 P3d）、社会技术地景与研发投入发生非同步变动（P3b 和 P3c）的条件下，模型仿真的输出结果有何不同，从而进一步阐释社会技术地景与研发投入在知识密集型产业技术标准生命周期阶段演化过程中的协同交互。

8.3　系统动力学仿真的结果分析

8.3.1　地景因素对知识密集型产业技术标准阶段演化的影响

如前面所述，作为地景层面的影响因素，社会技术地景对知识密集型产业的技术标准演化具有促进作用，但具体而言，不同维度的社会技术地景因素对知识密集型产业技术标准演化的作用程度如何、能否加快知识密集型产业技术标准生命周期阶段的演化进程，仍是前面实证研究的不明之处，有待深入探讨。因此，为了进一步剖析技术标准生命周期阶段演化与社会技术地景因素的动态关系，本书按照模拟方案 1 进行模型仿真。其仿真结果如图 8.6 所示，模拟数据如表 8.3 所示。

观察方案 1 的不同设定所产生的模型输出结果的变化，初步分析如下。

（1）将表 8.3 中的基本模拟值与仿真值进行对照，不难发现，当不同维度的社会技术地景因素分别提高 5%后，标准必要专利阶段存量均有所增长，即社会技术地景与技术标准演化正相关，印证了本书第 7 章的研究结论。

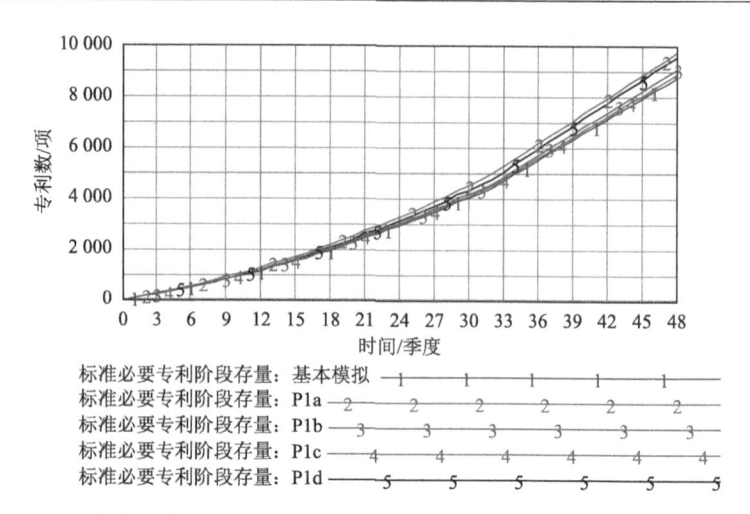

图 8.6　不同维度社会技术地景因素对技术标准生命周期阶段演化的仿真结果对比

表 8.3　基本模拟与方案 1 模拟的标准必要专利阶段存量对照

阶段	特征值	时点	基本模拟值	P1a	P1b	P1c	P1d
形成阶段	10%饱和值	8.9	815	831	817	817	820
	反曲点	17.7	1951	1988	1956	1955	1969
实现阶段	90%饱和值	40.9	6844	6976	6862	6856	6946
扩散阶段	饱和值	43.7	7653	7802	7673	7667	7770

（2）通过比较不同设定所产生的标准必要专利阶段存量的增长幅度（即不同设定所产生的各阶段仿真值之和相对于各阶段基本模拟值之和的增长率），可以得知，不同维度的社会技术地景因素对技术标准演化的作用程度存在差异。由 P1a、P1d 的仿真结果可知，市场规模、政府支持的数值提高 5%将使标准必要专利阶段存量分别增长 1.93%、1.40%；而 P1b、P1c 的仿真结果则显示，经济环境、基础设施建设的数值提高 5%仅能使标准必要专利阶段存量分别增长 0.26%、0.18%。上述结果表明，市场规模与政府支持对技术标准演化具有较为明显的促进作用，而经济环境与基础设施建设对技术标准演化的正向影响则相对微弱。

（3）根据第 3 章的研究成果，以 S 曲线模型的特征值为分界点，技术标准演化的生命周期可以分为技术标准的形成、实现和扩散三个阶段。由表 8.3 可知，市场规模与政府支持的提高能够增加技术标准演化过程的标准必要专利存量，使之提前达到各阶段分界点的特征值，从而有助于加快技术标准生命周期阶段演化进程。

基于上述分析，本书进一步对比了市场规模、政府支持与技术标准生命周期阶段演化的动态关系。虽然市场规模与政府支持的提升会加快技术标准生命周期阶段的演化进程，但二者对于技术标准生命周期阶段演化的影响又有所区别。具体表现为：保持模型的其他变量及其参数值不变，当市场规模提高 5%时，处于技术标准形成阶段的标准必要专利存量增长幅度为 1.90%，处于技术标准实现阶段的标准必要专利存量增长幅度为 1.93%，处于技术标准扩散阶段的标准必要专利存量增长幅度为 1.95%，表明市场规模在技术标准实现阶段和扩散阶段的促进作用略强于技术标准形成阶段；当政府支持提高 5%时，标准必要专利存量在技术标准形成阶段的涨幅为 0.92%，在技术标准实现阶段的涨幅为 1.49%，在技术标准扩散阶段的涨幅为 1.53%，表明政府支持在技术标准实现阶段和扩散阶段的促进作用明显强于技术标准形成阶段。由此可见，从绝对数值的比较而言，市场规模在技术标准形成阶段的影响效果远高于政府支持，是技术标准生命周期阶段演化的前期关键变量；而从相对数值的变化来看，政府支持对于技术标准实现阶段和扩散阶段的促进作用相对更为明显，是技术标准生命周期阶段演化的后期动力来源。

通过梳理第 3 章和第 7 章的研究内容，本书在此一并探究以上结果产生的原因。具体如下：首先，经济环境和基础设施建设以研发投入为媒介，维持着二者对知识密集型产业技术标准演化的贡献，并为其提供标准必要专利研发的相应资源，强化企业加入标准必要专利研发的动机。然而，在技术标准演化的整个过程中，无论研发的资源需求还是企业的参与意图均存在上限，因此，即使经济环境和基础设施建设是技术标准生命周期阶段演化的重要基础，依赖二者的提高所产生的标准必要专利存量的增量也是相当有限的。其次，市场规模之所以能够提升技术标准在形成阶段的演化速率，缘于市场规模是产业创建技术标准的先决条件。庞大的市场规模可以激发相关企业推动技术标准演化的初始意愿，使企业认识到越早围绕标准必要专利进行技术创新，就越容易在未来的市场竞争中占据优势地位，由此可见，市场规模对于技术标准演化过程的形成阶段最为关键。最后，政府支持对技术标准生命周期阶段演化的促进作用主要表现在实现阶段和扩散阶段的原因可归结为：一方面，政府支持保障了技术标准生命周期阶段演化的研发资金投入，加快了技术标准的产业化进程；另一方面，政府支持能够为技术标准生命周期阶段演化提供政策便利，从而在一定程度上削弱了技术标准的推行阻力。

8.3.2 研发投入对知识密集型产业技术标准阶段演化的影响

前面已述及，研发投入与技术标准演化高度相关，涉及知识密集型产业技术标准从形成、实现到扩散的演化过程，对于标准必要专利的累积具有直接影响。因此，为了更加清晰地刻画出研发投入与技术标准生命周期阶段演化的动态关系，本书基于方案 2 的模型仿真结果（图 8.7）和模拟数据（表 8.4）对其进行了分析。

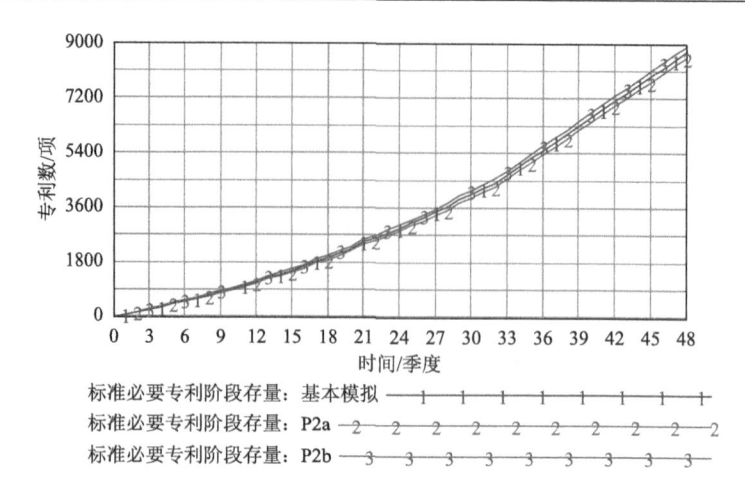

图 8.7 不同程度研发投入对技术标准生命周期阶段演化的仿真结果对比

表 8.4 基本模拟与方案 2 模拟的标准必要专利阶段存量对照

阶段	特征值	时点	基本模拟值	P2a	P2b
形成阶段	10%饱和值	8.9	815	812	819
	反曲点	17.7	1951	1944	1958
实现阶段	90%饱和值	40.9	6844	6828	6860
扩散阶段	饱和值	43.7	7653	7636	7670

从图 8.7 可以看出，研发投入发生变动对于标准必要专利阶段存量的影响幅度较小。由表 8.4 可知，当研发投入降低或提高 5%时，标准必要专利阶段存量将会随之平均减少或增加将近 0.3%。其中，在技术标准的形成阶段，研发投入的变化为标准必要专利存量带来了 0.36%的浮动；而在技术标准的实现阶段与扩散阶段，这一浮动贡献仅为 0.23%和 0.22%。也就是说，虽然加大研发投入的力度难以推动技术标准生命周期阶段演化进程，但是相较于技术标准演化的后期阶段，研发投入在技术标准的形成阶段所产生的作用效果要更为明显。

针对上述结论，本章探讨了其产生的原因：知识密集型产业技术标准演化是社会技术地景与研发投入相互协调、共同作用的结果。简单来说，在技术标准演化的过程中，来自社会技术地景与研发投入的力量并非越大越好，而是各自存在发挥作用的合理区间，分别在技术标准演化的不同阶段扮演重要角色。对于研发投入而言，它在技术标准演化过程中的作用区间必然存在一个最低阈值和最高阈值，最低阈值是研发投入能够影响技术标准演化的基本突破点，最高阈值则意味着研发投入对于技术标准演化的最大可能结果，这一结果不仅取决于研发投入的力度，也需要社会技术地景的支持和配合。在技术标准的形成阶段，围绕着技标准展开的技术创新活动高度活跃，正是研发投入充分发挥作用、支撑标准必要专利的开发取得关键性突破的重要时期。当然，如果缺乏社会技术地景的同步支持，即使研发投入的力度再大，也无法加快技术标准生命周期阶段演化的进程。

此外，本书还对比了方案1与方案2的仿真结果，得到另一个结论：相较于市场规模与政府支持，研发投入对于技术标准生命周期阶段演化的作用更小。其中的可能原因是，市场规模强调技术标准生命周期阶段演化的目标导向，借助市场需求直接拉动技术标准生命周期阶段演化；同样，政府支持对技术标准生命周期阶段演化的贡献集中表现为强有力的资金、政策扶持举措，其促进作用尤为明显；而研发投入主要用于围绕技术标准开展的技术创新活动，通过转化为标准必要专利实现对技术标准生命周期阶段演化的推动，这一转化过程产生的滞后效应导致了在技术标准生命周期阶段演化过程中研发投入的影响弱于市场规模和政府支持。

8.3.3 社会技术地景、研发投入对技术标准阶段演化的动态作用

在8.3.1节和8.3.2节中，本书分别讨论了社会技术地景因素与研发投入的单独变动对于技术标准生命周期阶段演化的影响，通过分析不同方案的仿真结果，关于社会技术地景因素、研发投入在技术标准演化的不同阶段的作用机理已逐渐明晰。然而，正如前面所述，社会技术地景与研发投入的同步与协调是推动技术标准演化的关键，但二者如何保持步调一致且互相配合，又将在技术标准演化的不同阶段产生怎样的动态作用却仍未可知。围绕着这两个问题，本书继续进行探究。根据方案3对模型进行的设定，得到仿真结果、模拟数据如图8.8和表8.5所示。

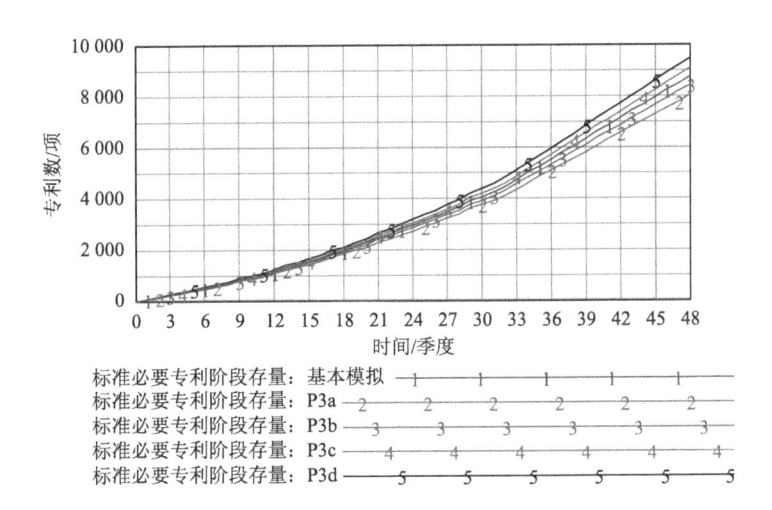

图8.8 不同程度社会技术地景因素与研发投入对技术标准阶段演化的仿真结果对比

表 8.5 基本模拟与方案 3 模拟的标准必要专利阶段存量对照

阶段	特征值	时点	基本模拟值	P3a	P3b	P3c	P3d
形成阶段	10%饱和值	8.9	815	789	795	835	842
	反曲点	17.7	1951	1882	1896	2007	2021
实现阶段	90%饱和值	40.9	6844	6566	6597	7091	7123
扩散阶段	饱和值	43.7	7653	7338	7372	7933	7967

根据 P3a 与 P3b 的仿真结果可知，将社会技术地景因素降低 5%，无论研发投入如何变化，标准必要专利阶段存量都将随之减少。但是，其减少的幅度取决于研发投入的变化：若此时研发投入提高 5%，则标准必要专利阶段存量减少的幅度较小；同理，由 P3c 与 P3d 的仿真结果不难发现，当社会技术地景因素提高 5%时，不管研发投入怎样变动，标准必要专利阶段存量都将随之增加，但其增长幅度会依据研发投入的减少或增加而偏小或偏大。由此推断，降低或提高社会技术地景因素的数值，将会明显减缓或加速技术标准生命周期阶段的演化进程，而研发投入则倾向于在一定阶段内为标准必要专利阶段存量的累积做出贡献，使之趋近于技术标准演化各阶段分界点的特征值，但并不能使之直接突破该临界点。这一结论表明，研发投入是基础，保障了以技术标准为核心的技术创新活动的稳定开展；社会技术地景是导向，侧重于调控过程的循序渐进，二者协同交互、相辅相成，共同促进了技术标准的生命周期阶段演化。

随后，为观察社会技术地景与研发投入的协同对技术标准生命周期阶段演化的影响，本节通过进一步对比 P3b 与 P3c 的仿真结果发现，如果将社会技术地景与研发投入的变化设置为非同步状态，即使二者先后降低和提高的比例完全一致，处于技术标准演化不同阶段的标准必要专利阶段存量的变动幅度也不尽相同，具体表现为：在技术标准的形成阶段，标准必要专利阶段存量在 P3b 与 P3c 两种模拟方案中的浮动分别为 2.82%、2.87%，在技术标准的实现阶段，两种模拟方案引起的标准必要专利阶段存量浮动均为 3.61%，在技术标准的扩散阶段，两种模拟方案引起的浮动则分别为 3.67%、3.66%。显然，社会技术地景与研发投入的非同步变化将会导致技术标准形成阶段的标准必要专利存量浮动出现明显差异；而对于技术标准的实现阶段与扩散阶段而言，社会技术地景与研发投入的非同步变动所带来的标准必要专利存量浮动并无显著区别；由此可见，社会技术地景与研发投入的协同交互，对于技术标准的形成阶段更为关键。

另外，以上述结论为基础，本书还探讨了社会技术地景与研发投入在技术标准演化的不同阶段所产生的动态作用。通过比较 P3c 与 P3d 的仿真结果发现，以社会技术地景因素同时提高 5%为前提，在技术标准形成阶段，若研发投入降低 5%，标准必要专利存量的增长幅度为 2.87%；若研发投入提高 5%，标准必要专利存量的增长幅度为 3.59%，即当研发投入自降低 5%至增加 5%变化时，将为处于技术标准形成阶段的标准必要专利存量带来 0.72%的浮动；同理，在技术标准实现阶段，若研发投入降低 5%，标准必要专利存量的增长幅度为 3.61%；若研发投入提高 5%，标准必要专利存量的增长幅度为 4.08%，也就是说，处于技术标准实现阶段，研发投入从减少 5%到增加 5%所能导致的标准必要专利存量涨幅为 0.47%；而在技术标准扩散阶段，若研发投入降低或提高 5%，则标准必要专利存量的增长幅度分别为 3.66%和 4.10%，简而言之，处于技术标准扩散阶段，研发投入由减少 5%到增加 5%所引发的标准必要专利存量涨幅仅为 0.44%。由此可以认为，研发投入是知识密集型产业技术标准形成阶段的核心动力。而对比 P3b 与 P3d 的仿真结果可知，以研发投入同时提高 5%为先决条件，在技术标准形成阶段，若社会技术地景因素降低 5%，标准必要专利存量将随之减少 2.82%，若社会技术地景因素提高 5%，则标准必要专利存量将随之增长 3.59%，即当社会技术地景因素由降低 5%转为提高 5%时，将为处于技术标准形成阶段的标准必要专利存量带来 6.41%的浮动；同样，在技术标准实现阶段，若社会技术地景因素降低 5%，标准必要专利存量将减少 3.61%，若社会技术地景因素提高 5%，则标准必要专利存量将增长 4.08%，换言之，处于技术标准实现阶段，当社会技术地景因素从减少 5%到增加 5%时，其所引发的标准必要专利存量变化幅度为 7.69%；另外，对于技术标准扩散阶段而言，若社会技术地景因素降低 5%，标准必要专利存量将减少 3.67%，若社会技术地景因素提高 5%，则标准必要专利存量将增长 4.10%，即处于技术标准扩散阶段，社会技术地景因素由减少 5%至增加 5%的变动所引致的标准必要专利存量变化幅度为 7.77%。因此，本书认为，在知识密集型产业技术标准演化的后期阶段，社会技术地景是推动其实现、扩散的主要动力来源。

至此，结合方案 1、2、3 的全部仿真结果，本章所研究的知识密集型产业技术标准生命周期阶段演化与地景层面影响因素的动态关系已基本明晰。

8.3.4 关于技术标准演化机理的进一步阐释

通过重新整理及归纳上述仿真分析的结论，本书从以下三个方面进一步解释知识密集型产业技术标准演化的机理。

（1）知识密集型产业技术标准演化具有阶段性，整个过程可划分为技术标准的形成、实现和扩散三个阶段。技术标准的形成体现为围绕标准进行的技术创新、标准必要专利的发展和标准体系的酝酿；实现阶段以标准体系的具体方案落地和商用为标志；而标准的配套产品面市及用户的大规模采用则意味着技术标准成熟，进入扩散阶段。

（2）知识密集型产业技术标准演化的动力来自社会技术地景与研发投入两个

方面，主要包括市场规模的需求拉动、经济环境的资源支持、基础设施建设的补充配合、政府支持的持续推动和研发投入的要素支撑。上述影响因素构成技术标准演化的动力链，通过不同阶段的协同交互，推动了整个技术标准演化进程。

（3）知识密集型产业技术标准演化是一个复杂的、动态的过程，不同的影响因素对于技术标准演化不同阶段的作用存在差异。在技术标准的形成阶段，研发投入是技术创新的基础，技术创新的突破开拓出下一代的标准必要专利技术，诱发全新的技术标准创建需求；同时，市场规模所表现出的用户基础和潜在需求通过网络效应为技术标准提供了导向，促进了技术标准体系的发展和完善；另外，良好的经济环境能够为研发投入源源不断地供给资金、人力资源，避免了技术标准更新所需的研发投入不足；三者的相对同步和彼此协调，保障了本阶段最为关键的标准必要专利开发工作的稳定开展，并最终使其顺利到达了技术标准形成的"终点"。当技术标准处于实现阶段时，一方面，研发投入将继续为技术标准体系的应用研究和试验发展输入专利技术；另一方面，由基础设施建设锁定的技术标准产业链则引导着更多的配套专利技术企业加入技术创新体系，通过构建技术标准合作网络，借助研发投入对标准必要专利的中介和强化作用，保证企业围绕共同的技术标准发展过程，加快技术标准体系落地。技术标准进入扩散阶段后，主要任务是市场推广和用户规模化。此时，研发投入的技术支撑重要性相对降低，政府支持的持续推动作用显著，积极的政府支持强调了政府对于技术标准推广的扶持态度，既能有效协调产业内利益相关企业的竞合关系，又能关注和满足市场中用户的需求，可见，政府支持对于技术标准演化具有不可替代的作用。

8.4 本章小结

本章重点考察了知识密集型产业技术标准生命周期阶段演化与地景层面影响因素的动态关系。首先，通过因果关系分析和系统流图构建，对社会技术地景-技术标准生命周期阶段演化系统进行建模；其次，检验社会技术地景-技术标准生命周期阶段演化系统动力学模型的有效性，并为其设计了仿真模拟方案；最后，对仿真结果进行讨论，分析地景层面影响因素对知识密集型产业技术标准演化不同阶段的动态作用，由此进一步阐释了知识密集型产业技术标准的演化机理。

第9章 知识密集型产业主导技术的识别研究

本章将基于前面阐述的技术标准演化生命周期阶段（尤其是扩散阶段）和知识密集型产业主导技术的特点，结合国内外学者的研究成果，选择主导技术的识别指标，并根据专利引用与网页链接关系的同构性，使用 PageRank 算法构建知识密集型产业主导技术的识别模型，进而应用该模型进行实例分析。

9.1 知识密集型产业主导技术的识别指标

目前已有部分学者对主导技术识别方法进行了多方面、多角度的探索，尤其是使用专利数据进行分析。从不同类型的识别方法来看，单一指标识别方法操作简便，能够快速识别出相对重要的技术，从而判断出主导技术。但是，该方法衡量准则单一，缺乏多角度的考量，容易出现漏判和误判，导致在识别出的专利中查全率和查准率较低，仅适用于复杂度较小的技术领域；相比之下，组合指标识别方法能够更科学、全面地对每项专利进行考核，可对指标的价值进行综合评价，从而能在复杂的技术领域识别出更具核心价值的技术。所以本书将采用组合指标方法识别知识密集型产业的主导技术。

参考国内外学者的研究成果，本书选择专利被引次数、同族专利国家数、专利覆盖范围、权利要求数、专利诉讼数 5 个指标作为主导技术的识别指标。现对各项指标具体说明如下。

（1）专利被引次数（citation number，CN）。在目前的主导技术表征指标中，专利被引次数是认同度最高的指标。一般来说，一项专利的被引次数越多，说明其在技术领域处于越重要的地位，同时对后续技术发展也会产生越大的影响。该指标可衡量主导技术的引导性，专利被引次数越多，说明主导技术对其他技术的引导性越强。Albert 等（1991）认为，专利被引次数可以较好地反映专利的重要性，原因在于，主导技术可为后续技术提供重要支持，后续专利会大量引用主导技术进行发明创造，所以专利被引次数可表明其是否为主导专利。Carpenter 等（1981）的研究指出，专利被引次数多可以证明该专利技术更为重要。需要说明的是，本书的研究目的是识别某一领域的主导技术，虽然该领域的专利有可能被其他领域的专利引用，但本书在此只分析同一领域内的专利引用情况。

（2）同族专利国家数（family countries，FC）。同族专利国家数是指一个专利向不同国家递交保护申请的数量。Schettino 等（2008）通过研究欧洲专利数据得出结论，专利族大小可以反映发明技术的重要性。现有研究表明，同族专利国家数越多，专利投入成本越大，该专利的商业战略意义与市场价值越大。由此可见，该指标可体现主导技术的外部性，同族专利国家数越多，说明主导技术的外部性越强。因此，借鉴 Schettino 等（2008）的做法，本书将统计同一专利不同出版号的数量，用于同族专利国家数的测量。

（3）专利覆盖范围（patent coverage，PC）。通常来说，专利覆盖范围是指某项专利包含的技术以及覆盖的技术范围。该指标可衡量主导技术的复杂性，专利覆盖范围越广，说明主导技术的复杂性越强。Petruzzelli 等（2015）在研究中发现，专利的覆盖范围越大，后续专利的引文次数越高，专利的主导作用越明显。Lerner（1994）用一项专利拥有不同的前 4 位 IPC 分类号的数量来表示一项专利的技术范围，结果表明专利的技术范围越广、创新性越强，该专利技术的主导地位越突出。因此，参考 Lerner 的做法，本书中的专利覆盖范围取每个专利的 IPC 分类号的前 4 位，将统计每个专利拥有不同 IPC 分类号的数量。

（4）权利要求数（patent claim number，PN）。该项指标代表着一项专利的技术含量与技术水平。权利要求数越多，表明技术的保护范围越广、专利质量越高，也越能说明该技术为主导技术。该指标同样可衡量技术的复杂性，权利要求数越多，说明技术的复杂性越高。Markus 等（2007）在对技术创造力和权利要求数之间的关系进行研究后，指出权利要求数对创新能力有重要影响。Tong 和 Davidson（1994）随机选取美国专利商标局专利数据库的 7531 条专利数据进行分析发现，专利文献的权利要求数越多，则该专利的主导作用越显著。本书将借鉴 Tong 和 Davidson 的研究，在专利文献中查找要求信息以统计权利要求数。

（5）专利诉讼数（patent litigation，PL）。专利诉讼是指所有关于专利权争议的诉讼。通常涉及专利权纠纷案件的专利具有很高的法律效力与市场价值。该指标可用来衡量主导技术的外部性。专利诉讼数越多，说明主导技术的外部性越强。Cremers（2009）认为，越是占据主导地位的专利，遭遇诉讼的可能性越大。Elettra 和 Rossella（2011）在专利价值评估过程中引入专利诉讼指标，并采用模糊数学法识别了主导技术。因此，本书将统计专利所卷入的诉讼纠纷案件数量用于表示专利诉讼数。

综上可知，选取以上五个指标识别主导技术具有科学性和可行性。首先，这五个指标涵盖了专利质量影响力、区域保护范围、技术保护范围和技术水准四个方面，较为全面地概括了主导技术的三个主要特征；其次，在多个机构如 OECD、CHI Research 公司和国家知识产权局的指标体系中，这五个指标也是判定主导技术使用最频繁的指标；最后，全球专利统计（world wide patent statistical，PATSTAT）

数据库可提供全球专利的引文索引数据,其中也包含了书中所选取的五个指标,故采用这些指标识别主导技术具有可操作性和可行性。

9.2 知识密集型产业主导技术的识别方法

在主导技术的识别方法研究中,国内外学者进行了积极探索。Noh 等(2016)构建了一个基于专利的主导技术识别框架,以获取 5G 电信技术领域主要企业机构发表的主导专利,并应用文献耦合与文本挖掘确定了其形成轨迹。Yang 等(2015)基于关系代数对包括间接引文、直接引文、耦合引文与共引引文的四种专利引文网络进行组合、过滤和重组,提出了一种基于综合性专利引文网络的技术价值评估方法以识别主导技术,并对光盘技术相关专利进行了实证研究。Liu 等(2017)以新能源产业为例,采用投入产出分析方法、使用 Python 编程语言建立专利引文矩阵来计算主导技术领域和尖端技术领域的感应系数和影响力系数。Manuel(2018)基于 1926~2010 年美国的专利数据,通过引文网络分析,从专家选择的重要专利列表中识别出主导技术。本书在总结和比较相关研究与方法的基础上,考虑专利引用与网页链接的相似性与同构性,采用 PageRank 算法构建知识密集型产业主导技术识别模型。

PageRank 算法最早是由 Brin 和 Page(1998)在《大规模超文本网络搜索引擎的剖析》"The anatomy of a large-scale hypertextual web search engine"一文中提出的 Google 的一种算法。PageRank 算法的基本思想来自文献计量学中的文献引文分析方法,起源于文献间的互引,发展于网页的互相链接。Brin 和 Page(1998)、Lukach R 和 Lukach M(2007)、Bedau 等(2011)、Shaffer(2011)、Dechezlepretre 等(2014)和 Bruck 等(2016)经研究发现,PageRank 算法在识别重要专利的应用方面相较于网页过程的分析方面更具有优势。原因在于,专利的引用不会涉及循环,即不会出现 A、B 两个专利互引的现象。若 A 专利引用了 B 专利,则说明 A 专利的发表时间晚于 B 专利,而 B 专利不会反过来引用 A 专利。基于该方法在理论与实践上的优点,本书将网页链入的数量与专利被引用的次数相对应,将网页链出的数量与专利引用其他专利的次数相对应,由此使用 PageRank 算法进行主导技术识别模型的构建。

PageRank 算法的计算过程可以概述为:假设一个小团体是由 A、B、C、D 这 4 个网页组成的。每个网页的 PageRank 值(以下简称 PR 值)为其他网页链入该网页的 PR 值的总和。以 A 为例,若 B、C、D 均链入且仅链入 A,如图 9.1(a)所示,则 A 的 PR 值就是 B、C、D 的 PR 值相加的总和,即 $PR(A) = PR(B) + PR(C) + PR(D)$。

如果 B 链接到 A 的同时链接到 C，且 D 同时链接到 A、B、C 三个网页，如图 9.1（b）所示，此时，B 有 1/2 的 PR 值分给 A，D 有 1/3 的 PR 值分给 A，则 A 的 PR 值为 PR(A) = PR(B)/2 + PR(C)/1 + PR(D)/3。

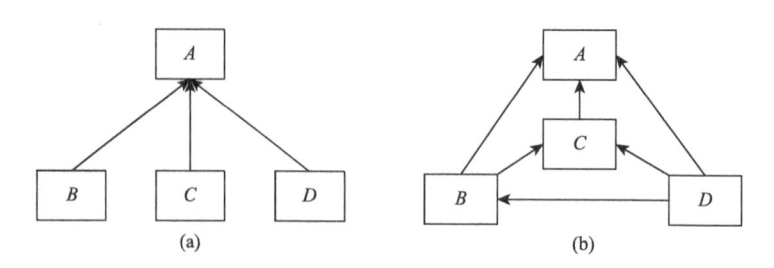

图 9.1 PageRank 算法图例

由此可以推算出一般情况下 A 的 PR 值：
$$PR(A) = PR(B)/L(B) + PR(C)/L(C) + PR(D)/L(D) + \cdots + PR(X)/L(X)$$

式中，$L(X)$ 表示从 X 链出网页的数量。该过程也可简要地理解为，每个网页持有选票的 PR 总值均为 1，若其仅投票给一个网页，对方可获得的 PR 值为 1；若其投票给两个网页，这两个网页可获得的 PR 值各为 1/2；若其投票给三个网页，这三个网页可获得的 PR 值各为 1/3，以此类推。若一个网页没有任何链接网页，则其 PR 值将是 0。

为了公平对待所有的链出网页，本书规定阻尼因数（damping factor）$q = 0.85$，即为用户点击某个网页而且继续浏览的概率。PageRank 算法将 $q = 0.85$ 运用到所有网页中，用来体现网页可以被用户放入书签的概率。因此，每个网页的 PR 初始值的计算方法如下：

$$PR(p_i) = \frac{1-q}{N} + q \sum_{p_j} \frac{PR(p_i)}{L(p_i)} \tag{9.1}$$

式中，$p_1, p_2, \cdots, p_N$ 是被研究的网页；N 是所有网页的数量；$L(p_j)$ 是 p_j 链出网页的数量。

因此，一个网页的 PR 值是由其他网页的 PR 值计算得到的。如果给每个网页一个随机的 PR 值（非 0），那么经过 PageRank 算法不断重复计算每个网页的 PR 值，这些网页的 PR 值会趋于稳定。本书中的 PageRank 算法将采用 Gephi 软件来实现。

9.3　知识密集型产业主导技术识别的实例及验证

为了验证前面提出的知识密集型产业主导技术识别方法的可行性与准确性，

本节选取1900～2017年新能源产业太阳能领域的专利数据进行实例验证。主要步骤如下：首先，依据专利评价指标对专利数据进行初筛；其次，将数据导入Gephi软件中形成专利分布图，得出处于中心位置的专利，通过PageRank值排名进行交叉比对后得出主导技术识别结果；最后，根据《2019年中国光伏太阳能行业分析报告》的相关内容整理出主导技术集，以验证识别结果的准确性。

9.3.1 专利数据收集

1. 数据获取

本书通过PATSTAT数据库下载专利数据。PATSTAT数据库是由欧洲专利局创建的以欧洲专利局专利文献主数据库（EPO master documentation database，DOCDB）为主要数据来源的数据库。PATSTAT收录了全球100多个国家或企业的专利信息，其内容涵盖专利题录数据、引文数据以及专利家族链接，旨在为研究者提供可完全运行于个人计算机的面向统计分析的专利数据库。由于PATSTAT具有面向统计分析、数据遵循统一规范、数据开放等特点，该数据库自从2007年向公众发布以来，得到了学术界的广泛应用。

新能源产业是典型的知识密集型产业。该产业太阳能领域的技术经过几十年的发展，经历了快速发展期、瓶颈期、突破期等阶段，现已成为较具代表性的成熟技术，因此本书选择新能源产业的太阳能领域专利数据作为研究对象。在PATSTAT中，利用检索表达式"TS=((Solar-power technologies) or (Solar energy) or (Solar technology) or (Solar energy technology))"，检索时间设定为1900年1月1日～2017年12月31日。因此，本书下载了1900～2017年太阳能领域的专利数据，经去重处理后，共得到37 607项专利。将这些专利按年份统计，得到太阳能领域各年专利申请总数折线图，如图9.2所示。

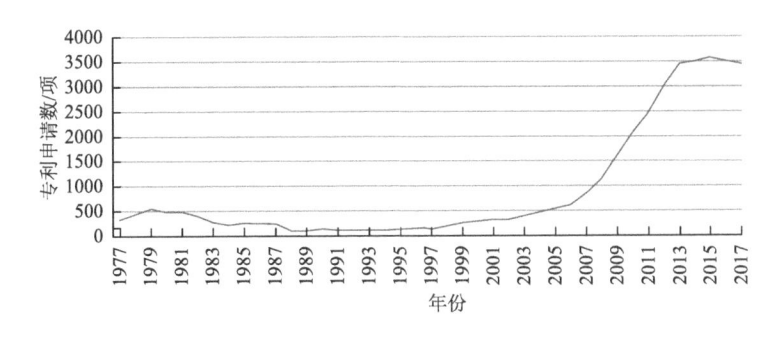

图9.2 太阳能领域各年专利申请总数

由图 9.2 可见，太阳能技术的研发始于 1977 年，专利申请数量在随后的两年有小幅度的增长；但在 1989 年后太阳能领域的技术发展遇到瓶颈，专利申请数量表现出持续的低迷状态，直至 1997 年太阳能技术的发展才突破瓶颈，重现回暖趋势；从 2006 年起专利申请数量开始出现井喷式增长，直到 2013 年太阳能技术的发展转入平稳阶段。

2. 数据初筛

本书统计了 37 607 项专利在总被引次数、同族专利国家数、专利覆盖范围、权利要求数以及专利诉讼数这五个识别指标上的数值。经整理后发现，部分专利的多个指标数值为 0。考虑到主导技术具有复杂性、引导性和外部性的特征，所以这些专利技术成为主导技术的可能性很小。为了更加准确地识别主导技术，本书将五个指标中三个及以上指标为 0 的专利数据清除，获得有效专利 32 918 项，占下载专利总数的比例为 87.53%。至此，本书运用主导技术的五个识别指标完成了对太阳能领域主导技术的初步筛选。

9.3.2　新能源产业主导技术识别过程与结果验证

在 Gephi 环境下调用 PageRank 得到"网络排名设置"窗口，设置"概率（p）= 0.85""误差 Epsilon = 0.001"，以较好地保证后续计算的准确性。图 9.3 为 PageRank 算法得分结果分布，由于共有 32 918 项有效专利，网络节点数量众多，PageRank 得分与 0 较为接近。

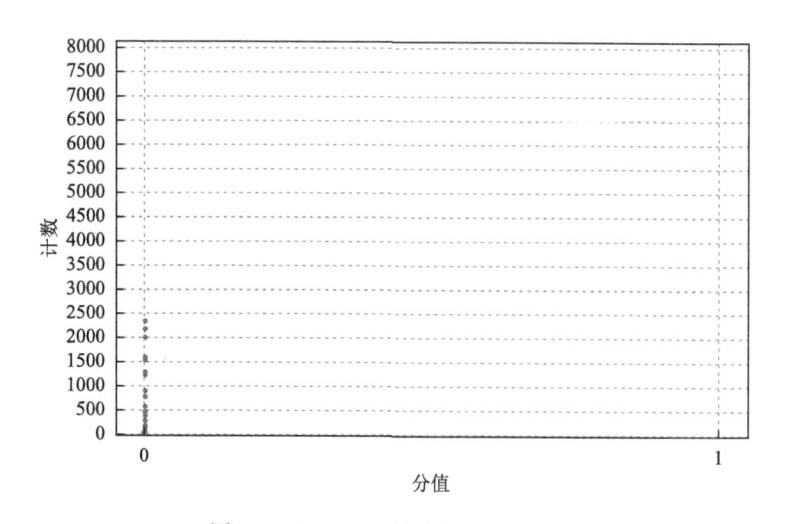

图 9.3　PageRank 算法得分结果分布

进一步分析初筛后的专利数据，笔者发现，一些专利被广泛引用，但也有一些专利仅在小范围内得到认可。而主导技术的引导性、外部性特点决定了其专利将会被广泛引用。因此，本书以专利为节点，应用 Gephi 软件来展示不同专利之间的引用关系。考虑到圆形布局可将与其他专利相关性更高的专利放置于相对中心的位置，形成分层结构的网络图。因此，本书选择圆形布局对专利数据进行可视化处理，如图 9.4 所示。

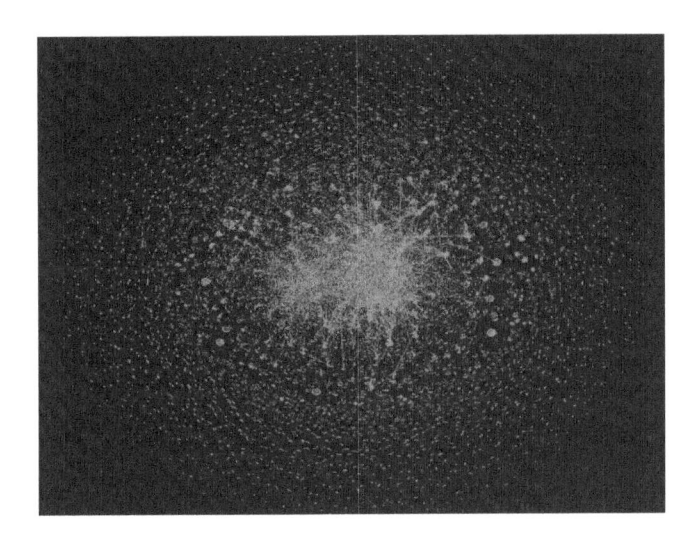

图 9.4 圆形专利分布图

图 9.4 显示，处于分布图外围位置的专利节点与其他节点的连接较少；相反，处于中心位置的专利节点与其他节点的连接较多。可见，处于中心位置的专利包含更多的引用关系，具有更大的研究价值和扩散意义。鉴于马瑞敏和尉心渊（2017）在其研究中按照 0.5%的比例选取综合排名靠前的 22 项专利作为核心技术进行识别模型的构建，本书为了得到准确的识别结果，同样按照 0.5%的比例选取排名靠前的 25 项专利进行分析。本书将图 9.4 的中心位置扩大显示，以获得处于核心位置的 25 项专利及其一级被引专利，如图 9.5 所示。

通过将 PageRank 计算结果得分排名靠前的 25 项专利与可视化圆形布局后得出的 25 项处于中心位置的专利进行交叉比较，本书得到 20 项主导专利，如表 9.1 所示。

本书根据《2019 年中国光伏太阳能行业分析报告》（以下简称《报告》）标定的太阳能领域主要产品，整理出主要产品所涉及的专利形成主导技术专利集，如表 9.2 所示。为与本书识别模型得出的主导技术数量相匹配，共标记出 20 个主导技术。比对后的结果表明，通过《报告》标记出的主导技术中，有 17 项技术在本

图 9.5　处于引文分布图中心位置的 25 项专利

表 9.1　主导技术识别结果

序号	专利号	中心地位排名	PageRank 值	PageRank 排名
1	US3982527（A）	6	0.000 17	1
2	US4069812（A）	1	0.000 152	2
3	US3227153（A）	5	0.000 147	3
4	US1951403（A）	2	0.000 143	4
5	JPS5385716	3	0.000 141	5
6	US1683266（A）	4	0.000 134	6
7	US3859980（A）	15	0.000 13	7
8	US3924604（A）	13	0.000 129	8
9	US3866285（A）	19	0.000 125	9
10	US3868823（A）	16	0.000 122	10
11	CN101618930	7	0.000 116	11
12	US3102532（A）	9	0.000 113	12
13	US2920710（A）	21	0.000 112	13
14	US3990914（A）	18	0.000 101	14
15	US3076450（A）	22	0.000 098 1	15
16	US2872915（A）	20	0.000 098	19
17	US3822692（A）	14	0.000 097 1	20
18	US3125091（A）	8	0.000 097	22
19	US3513828（A）	10	0.000 095	23
20	US2907318（A）	23	0.000 091	25

书的模型识别结果中,即本书中主导技术识别的准确率为 85%。所以,从总体上来看,本书提出的识别模型对于知识密集型产业主导技术的识别具有较高的准确度。

表 9.2 《报告》标记与识别模型的结果比较

序号	专利号	被引频次	《报告》标记排名	Gephi 识别结果
1	US1951403（A）	95	2	√
2	US3982527（A）	93	3	√
3	US3227153（A）	93	1	√
4	US4069812（A）	88	5	√
5	US3859980（A）	87	7	√
6	CN101618930	62	4	√
7	US3866285（A）	61	6	√
8	US3102532（A）	55	8	√
9	JPS5385716	53	9	√
10	US3981294（A）	48	12	
11	US2907318（A）	46	11	√
12	US3905352（A）	44	13	
13	US2920710（A）	43	10	√
14	US3513828（A）	41	14	√
15	US2872915（A）	39	18	
16	US3875925（A）	39	16	√
17	US3076450（A）	35	15	√
18	US3822692（A）	34	17	√
19	US3868823（A）	31	19	√
20	US3125091（A）	30	20	√

从表 9.2 中可以看到,该模型取得了可以接受的识别效果,能够识别出 17 个主导技术。马瑞敏和尉心渊(2017)构建的识别模型具有 77.27%的准确率,而本书提出的主导技术识别模型可得到准确率为 85%的识别结果,由此可判断该识别模型具有科学性和有效性。

在识别出的主导技术中,本书以表 9.2 中前三项技术为例进行主导性说明,以进一步证明所构建的新能源产业主导技术识别模型的准确性。

第一项专利 US1951403（A）的主要内容为太阳能吸热装置。在太阳能的应用过程中,吸热为第一道工序,太阳能吸热装置是一种吸收太阳辐射能并向传热介质传递热量的部件。吸热装置对建造材料的要求极高,不仅需要较好的热传递性能，还需要一定的承压能力，这说明该技术具有较高的复杂性。US1951403（A）技术的研发对太阳能系统的结构优化起到了重要作用，同时太阳能吸热装置对材料的要求推动了集热器和管板结构中材料的匹配，这体现了该技术具有一定的主导性和外部性。

第二项专利 US3982527（A）的主要内容为太阳能的浓缩、收集、储存的方法和装置。该发明包括两项装置，一项是具有无数微型抛物面镜和导电集热器的反射式散热板，另一项是将太阳光线聚焦到它们各自的焦点区域的扁平聚焦镜。这两项装置凝聚了抛物面镜、导电集热器与扁平聚焦镜中的多项子技术，所以 US1951403（A）技术是一项复杂度极高的技术。该技术的研发解决了太阳能有效收集和存储的问题，在提高太阳能收集和存储效率的同时推动了扁平聚焦镜在光学领域的发展，也说明这项技术具有一定的引导性与外部性。

第三项专利 US3227153（A）的主要内容为太阳能集热器。该装置是一种将太阳的辐射能转换为热能的设备，太阳能集热器是太阳能热利用系统的动力或者核心部件，包含了涂层材料技术与盖板材料技术，具有较高的复杂度。集热器的关键构成材料包括选择性吸收涂层材料和高透过率盖板材料，这两项材料的发展可减小集热器的散热损失，保证结构的严密性。此外，太阳能集热器所采用的回流排空技术不仅可以有效提高能源转化效率，而且可以解决与其他热能相关装置的防冻和防过热等技术难点，体现了该技术的引导性与外部性。

综上所述，本章构建的知识密集型产业识别模型确定的主导技术具有复杂性、引导性、外部性的特点，符合主导技术的特征。

9.4 本章小结

本章基于知识密集型产业与主导技术的特征构建了知识密集型产业主导技术识别模型。首先，本章探究了现有的主导技术识别方法，依据主导技术的特征甄选适宜的指标和方法，构建了知识密集型产业主导技术识别模型。其次，选取新能源产业中极具代表性的技术——太阳能技术进行实例分析，检验了该主导技术识别模型的科学性。

第10章 知识密集型产业主导技术扩散的影响因素及类型划分

知识密集型产业主导技术扩散受到诸多因素的影响，本章将根据李煜华等（2012）、王珊珊等（2014）、赵春华和魏晓平（2008）对技术扩散影响因素的研究成果，从技术本身和外部环境的视角分析与验证知识密集型产业主导技术扩散的影响因素，并进一步据此划分知识密集型产业主导技术扩散的类型。

10.1 知识密集型产业主导技术扩散的内部影响因素分析

在知识密集型产业主导技术扩散内部影响因素的研究中，学者大多以新能源汽车产业为例，使用技术接受模型（technology acceptance model，TAM）展开讨论。王月辉和王青（2013）结合 TAM 和计划行为理论（theory of planned behavior，TPB），并考虑新能源汽车购买行为的特点，构建了居民购买新能源汽车意向内部影响因素理论模型。唐月（2014）基于 TAM，综合了创新扩散理论和感知风险理论，以新能源汽车产业为例提出了小型纯电动汽车公众使用内部影响因素的综合理论模型。何瑞（2016）提出了消费者个体内部因素的维度假设，从个体-产品-接口三个层面分别提出相应的理论假设，构建了新能源汽车消费者采用意向影响因素模型。由此可见，知识密集型产业技术扩散内部影响因素的上述研究主要使用 TAM，部分学者在此基础上还结合扩散理论增添了感知风险等因素。

TAM 是由 Davis 基于信息技术背景提出的，主要用于解释和预测用户对信息技术的接受与使用行为的理论模型，在信息系统和电子商务领域受到广泛关注。在 TAM 中，Davis 认为感知易用性（perceived ease of use）和感知有用性（perceived usefulness）是影响计算机系统使用行为的最重要的两个信念因素，其中感知有用性反映一个人认为使用一个具体的系统对其工作业绩提高的程度，感知易用性反映一个人认为使用一个具体系统的容易程度。随后，Davis（1989）通过一项纵向研究检验了最初的 TAM，并且发现所得结果支持该模型。在这项长达 14 周的纵向研究中，Davis 和他的同事对 107 名工商管理硕士对打字程序的信念、态度、意向以及最终的使用行为进行了调研和统计分析，发现有别于理性行为理论中的完全中介作用，使用态度在感知有用性和采纳意向的关系中只起了部分中介作用，而且感知有用性和使用态度之间的直接关系也很弱，相反感知有用性和使用意向之间的直接关系很强（何瑞，2016）。基于实证分析的结果以及简化模型的考虑，Davis（1993）对最初的模型进行了修改，删除了原模型中的使用态度。最终，原始模型被修正和重构，精简后的模型如图 10.1 所示。

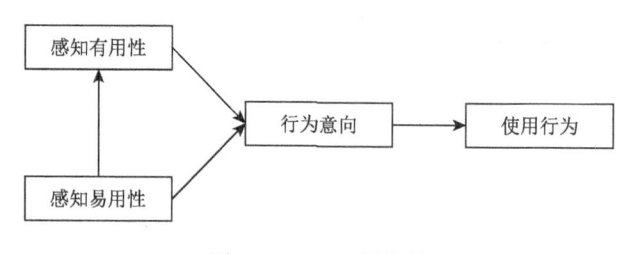

图 10.1　TAM 精简版

在有关新技术采纳行为的现有研究中，越来越多的学者关注技术准备度对使用行为的影响。很多学者指出顾客对于新技术或服务的喜好程度，即顾客对技术产生正面感觉的强烈程度为技术准备度。Parasuraman（2000）将技术准备度（technology readiness，TR）定义为人们欣然接受并使用新技术以完成日常生活或工作目标的习性，并认为此概念是一种整体的心理状态。Liljander 等（2006）以自助值机服务为例考察技术准备度对顾客使用技术规范子系统（sub-system technical specification，SST）办理登记的态度、采纳行为的影响效应，结果表明技术准备度在其中具有重要作用。Lin 和 Hsieh（2006）通过实证研究强调了技术准备度对 SST 服务质量、顾客满意度及采纳意向的重要影响。由此可见，技术准备度在技术采纳行为中的作用不容忽视，本书将考虑技术准备度在技术采纳行为中的调节效应。

通过上述的文献回顾，本书发现，TAM 是研究知识密集型产业主导技术采纳意愿和行为的有效理论模型。虽然在现有的研究中众多学者将 TAM 应用于个人的技术采纳行为中，但是个人与企业的技术采纳行为之间存在不同点的同时也存在着相同点。例如，当个人在进行技术采纳行为前，尤其是做出对自身有重大影响的决策时，会对自身接受程度、接受成本、产品效用等做出评估，这一过程与企业做出采纳决策的评估过程类似。许炳和朱海龙（2015）在其研究中使用 TAM 探索建筑信息模型（building information model，BIM）在建筑业内的接受路径和接受模型，阐释了 BIM 在建筑业的扩散机理。Thong 等（2011）指出，虽然 TAM 主要适用于消费者使用情境（consumer user context），但所提出的主要变量同样适用于企业情境（organizational context）。在此基础上，Lin 和 Jin（2019）使用 TAM 研究了企业采用商业智能系统的决策效率。Hernández 等（2008）应用 TAM 分析了新竞争环境下企业对管理软件的接受情况。鉴于此，本书尝试将 TAM 应用于知识密集型产业主导技术扩散的研究中。由于 TAM 的研究范式较为固定，现有研究中较少在 TAM 中考虑控制变量对因变量的影响，所以本书在知识密集型产业主导技术扩散内部影响因素的研究模型中未引入控制变量。

10.1.1　假设的提出

在 TAM 中，采纳意向反映的是企业对采纳技术所表现出来的意愿，它是实际行动前的一个必要条件。本书中，采纳意向即为企业使用知识密集型产业主导技术进行研究、生产或改进的行为反应倾向。在过去的研究中，学者已经证明采纳意向是一个可靠的观测变量，采纳意向与实际采用行为之间存在着直接的相关关系，采纳意向能够很好地预测企业的采纳行为（Kleijnen et al.，2004）。因此，基于精简的 TAM，本节主要研究感知有用性、感知易用性、技术准备度与采纳意向之间的关系。

在 TAM 中，感知有用性是该模型构成中两个重要的内在变量之一。Davis（1989）将感知有用性定义为：个体认为其在使用某一特定系统完成某一任务或达到某一目的时，该系统所能达到的提高其工作绩效的程度。本书中，感知有用性反映了企业是否相信采纳知识密集型产业主导技术会显著地改善其工作效率或成果质量。采纳意向是指企业采用新技术进行后续研究、生产或改进的行为反应倾向（何雯，2015）。Davis（1989）的研究指出，新技术或新产品之所以不被企业接纳和采用，一个主要的原因就是未能有效地向潜在使用者传达出技术创新能为其带来的益处（Scitovski and Meler，2002），即低感知有用性阻止了新技术的扩散。李君君和孙建军（2011）通过电子商务网站的实证研究得出，高感知有用性可促进用户采纳行为的发生。王军和程文婷（2017）通过构建教育类移动应用的 TAM 得出，感知有用性可正向影响用户对教育类移动应用的态度及行为。雷晶和李霞（2014）基于扩展技术接受模型研究了用户的移动支付使用意愿，结果表明：感知有用性越高，用户的使用意愿越强烈。所以，感知有用性正向影响了企业的技术使用态度和使用意图。因此，本书认为，如果企业判断知识密集型产业主导技术对企业提高生产效率和降低成本是有用的，则该企业对使用知识密集型产业主导技术会持有较强的正面和积极的态度，并且更愿意采纳和使用。因此，本书提出如下假设。

假设 H10-1：感知有用性对知识密集型产业主导技术的采纳意向有显著的正向影响。

感知易用性在 TAM 中是另一个较为重要的内在变量。Davis（1989）将感知易用性定义为个体为使用技术或系统完成特定任务或目的的难易程度。本书认为，感知易用性是企业认为采用知识密集型产业主导技术并将其投入生产的难易程度。学者通过研究证实了感知易用性对感知有用性的正向影响。Trevor 等（2007）通过调查医生对医疗信息技术的采用情况发现，医生会优先了解结构较为简单的技术的相关信息，并认为易用性较高的技术具有更高的使用频率，证明了感知易用性对医疗信息技术的感知有用性会产生显著的正向影响。Palvia（2009）在研究用户对因特网交易的信任程度时，通过实证研究表明用户更愿意使用操作过程较为简单明了的网络交易平台，并认为简单的网络交易平台具有较高的有用性，证明了感知易用性对感知有用性具有强烈的正向影响。与之同理，在知识密集型产业中，如果企业认为使用产业主导技术是容易的，那么该企业会觉得采纳产业主导技术会改善其工作效率，因而有利于企业自身的发展。因此，本书提出如下假设。

假设 H10-2：感知易用性对知识密集型产业主导技术的感知有用性有显著的正向影响。

一般来说，知识密集型产业主导技术越容易被使用，该项技术被企业采纳的可能性就越大。感知易用性通常能够较为直观地影响企业对于技术使用的态度，从而影响企业的使用意图。在技术扩散的相关研究中，有学者指出，如果企业感觉到某种技术容易使用，这个技术则更有可能被接受。Hong 等（2006）在研究移动互联网持续信息技术使用行为时，指出感知易用性对互联网信息技术采纳行为有正向影响。Hong 和 Holmquist（2011）在研究用户接受灵敏信息系统的问题时，同样得出感知易用性会对用户采纳意向产生正向影响的结论。与之相似，在知识密集型产业中，企业会更倾向于采纳时间较短、学习成本较低，即感知易用性较高的技术。如果一项产业主导技术的构成较为简单，能够在短时间内让更多的人掌握并快速投入生产，那么企业对该技术的采纳意向则会加强。因此，本书提出如下假设。

假设 H10-3：感知易用性对知识密集型产业主导技术的采纳意向有显著的正向影响。

有关技术扩散的研究表明，技术准备度是技术采纳行为的重要调节因素。Lin 和 Chang（2011）分析了技术准备度对技术采纳行为的影响，发现技术准备度负向调节了感知有用性与用户采纳意向之间的关系。具体为，对于技术准备度高的企业，其采纳行为受到感知有用性的影响较弱。原因在于，具有较高的技术准备度的采纳者，其学习能力和创新能力的水平普遍较高，对采用新技术保持相对开放的态度，因而其技术采纳内在动机较强，往往对新技术或以新技术为基础的产品或服务持有较为乐观的态度，不再借助感知有用性影响采纳意向，而是主动寻找并积极地尝试使用新的方式处理老问题（Kleijnen et al., 2004）。同时，技术准备度高的企业通常会有较高的市场敏感度，能够快速获取市场中的新技术信息并以较大概率做出采纳主导技术的决定，弱化了感知有用性对采纳意向的影响。因此，企业的技术准备度越高，感知有用性对采纳意向的影响越弱。反之，若企业的技术准备度越低，则感知有用性对其采纳主导技术意向的正向影响就会越强。本书提出如下假设。

假设 H10-4：技术准备度对感知有用性和知识密集型产业主导技术采纳意向

的关系具有负向调节作用。即企业的技术准备度越高,感知有用性和采纳意向之间的正向关系越弱。

Dabholkar 和 Bagozzi(2002)认为,技术准备度较高的用户会更乐观,对自身使用新技术的能力更加自信。在这种情境下,感知易用性对那些对自己的能力充满自信的用户不是那么重要。基于 TAM,Kleijnen 等(2004)分析了用户特征在无线金融服务采纳行为中起到的调节作用,结果显示技术准备度越弱,用户越在意产品的易用程度。Kleijnen 等同时提出,技术准备度较高的用户会更加急切地尝试新技术,以至于不太关注技术的易用性。因此,在技术准备度较低的企业中,感知易用性对企业采纳知识密集型产业主导技术意向的作用较强,反之,在较高的技术准备度下,感知易用性和企业采纳意向之间的关系会较弱。本书提出如下假设。

假设 H10-5:技术准备度对感知易用性和知识密集型产业主导技术采纳意向的关系具有负向调节作用。即企业的技术准备度越高,感知易用性和采纳意向之间的正向关系越弱。

依据上面的相关假设,本书构建了如图 10.2 所示的概念模型。该模型由 4 个变量组成,分别为感知有用性、感知易用性、技术准备度以及采纳意向,图中的箭头表示变量之间的作用方向。

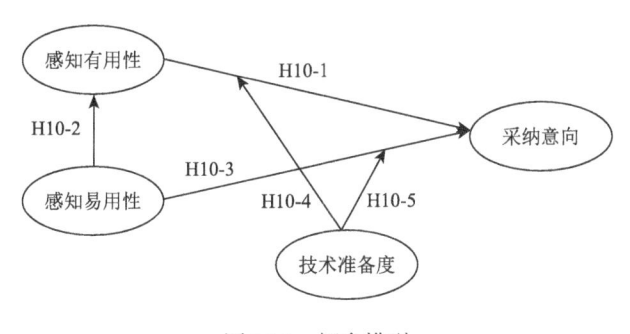

图 10.2 概念模型

10.1.2 内部影响因素的实证检验

1)测度量表与调查问卷的设计

基于不同的任务环境以及技术背景,众多学者围绕采纳者的感知有用性、感知易用性、采纳意向和技术准备度进行了相关研究,其文献中的相关测度量表为本书的研究提供了极大的便利。本书借鉴这些测度量表,依据知识密集型产业主导技术的特征,结合研究对象和研究内容进行了一些具体的调整和修正。最终使用的量表如表 10.1 所示。

表 10.1　研究变量表

变量	题项	来源
感知有用性	U1. 知识密集型产业主导技术可以优化企业的产品质量 U2. 知识密集型产业主导技术可以降低企业的生产成本 U3. 知识密集型产业主导技术可以解决企业遇到的技术难题 U4. 知识密集型产业主导技术可以提高企业的生产效率 U5. 知识密集型产业主导技术可以提升企业的产品研发效率	Davis（1989）
感知易用性	E1. 掌握知识密集型产业主导技术的时间成本较低 E2. 掌握知识密集型产业主导技术的学习成本较低 E3. 知识密集型产业主导技术能够较快地投入企业生产中 E4. 知识密集型产业主导技术所需的技术管理费用较低	
技术准备度	T1. 本企业时常关注知识密集型产业内的技术动态与发展方向 T2. 本企业通常是产业内较早获知新技术的企业 T3. 本企业能够自行理解新技术的相关知识与用途 T4. 本企业时常组织员工进行技术讨论，并能够自行解决技术难题 T5. 其他企业曾向本企业请教关于新技术的相关问题	Venkatesh 和 Davis（1996）
采纳意向	Y1. 本企业愿意了解并采纳知识密集型产业主导技术 Y2. 本企业愿意请专业人员为员工进行关于该主导技术的培训 Y3. 本企业愿意为采纳知识密集型产业主导技术投入资金 Y4. 本企业愿意尝试采纳知识密集型产业主导技术 Y5. 本企业在了解和尝试采纳知识密集型产业主导技术后，会采纳该项技术 Y6. 如果同类企业有需要，本企业愿意向其推荐该项技术并提供相关支持	Parasuraman（2000）

本次的调研问卷采用封闭式的自填问卷，所有的问题均采用客观选择题形式，以便于调研对象理解和回答，同时易于编码和记录。本次调研在线上、线下同时进行。线上问卷发布通过向知识密集型产业从业技术人员发送网络链接的方式邀请他们参与调查，然后请求他们转发该链接给自己的朋友和同事，从而邀请更多的人参与调查，以方便被调查者自主地选择空闲时间，在没有干扰的情况下作答，从而提高所收集数据的质量。这样的滚雪球抽样能够提高网络问卷的响应率，并可显著提高数据质量。线下问卷发布通过参加会议、实地走访的方式向知识密集型产业相关研究人员现场发放和回收调查问卷。本次问卷一共发放 400 份，收回 312 份，其中答题时间小于 1min 的问卷包含 32 份，所有问题答案相同的问卷包含 14 份。剔除以上 46 份问卷后，剩余有效问卷 266 份，有效率约为 85%。

2）信度和效度检验

在实证研究中，测量工具的可靠性和有效性，即信度和效度十分重要，这是开展后一步研究的前提和基础。因此，本书在进行相关分析之前先检测了样本数据的信度和效度。

本书采用 SPSS 18.0 软件来计算每个研究变量相应题项的 Cronbach's α 系数，即内部一致性系数，用于检验量表的可靠性。各个研究变量的分析结果如表 10.2 所示。

表 10.2　各研究变量的信度分析

研究变量	对应题项	Cronbach's α
感知有用性	U1~U5	0.836
感知易用性	E1~E4	0.814
技术准备度	T1~T5	0.829
采纳意向	Y1~Y6	0.885

一般情况下，Cronbach's α 系数越大，说明构成量表的项目体系的内部一致性就越高，量表的信度也就越高。统计学上指出，若 Cronbach's α 系数大于 0.7，则表明数据的可靠性较高。从表 10.2 中可以看出，所有研究变量的 Cronbach's α 系数均大于 0.7，表明研究变量可靠性较高，因此，该问卷具有较好的信度。

效度是指观察值之间的差异所反映的物体之间被测特性的真实差异的程度，而不是系统误差或者随机误差（Gilbert et al.，2007）。一般要求检验量表的内容效度和建构效度。内容效度是对量表内容表现特定测量任务的优劣程度的主观、系统的评价，旨在检测量表是否充分覆盖了被测构念的全部范围。本书研究所借鉴的量表经过了许多学者的实证检验，其测度指标已经比较成熟。同时，笔者咨询了相关学者以及知识密集型产业技术研发人员的意见，保证了量表的内容效度。

建构效度是指量表能够测量理论上的概念或特质的程度。建构效度的主要重点在于理论上的假设和对理论假设的考验。一般情况下，当 KMO（Kaiser-Meyer-Olkin）值小于 0.5 时，就不再适合进行因子分析。从表 10.3 可以看出，所有研究变量的 KMO 值均大于 0.6，而且 Bartlett 球形检验显著性概率均为 0.000，符合因子分析的标准，可以进行因子分析。同时，各个题项的因子载荷都达到 0.6 以上，题项指标对研究变量总的解释程度全部位于 50%以上，可见变量的度量指标全部在合理的范围之内，表明量表具有良好的建构效度。

表 10.3　量表的效度分析

研究变量	对应题项	因子载荷量	变量解释程度/%	KMO 值	Bartlett 球形检验 近似卡方	df	Sig
感知有用性	U1	0.898	72.325	0.655	690.375	6	0.000
	U2	0.876					
	U3	0.965					
	U4	0.830					
	U5	0.881					

续表

研究变量	对应题项	因子载荷量	变量解释程度/%	KMO值	Bartlett球形检验 近似卡方	df	Sig
感知易用性	E1	0.748	70.286	0.709	593.884	6	0.000
	E2	0.714					
	E3	0.905					
	E4	0.780					
技术准备度	T1	0.859	80.967	0.621	356.962	2	0.000
	T2	0.866					
	T3	0.727					
	T4	0.636					
	T5	0.698					
采纳意向	Y1	0.761	71.506	0.742	1285.367	39	0.000
	Y2	0.823					
	Y3	0.874					
	Y4	0.902					
	Y5	0.826					
	Y6	0.793					

10.1.3 相关分析及其结果讨论

本书分两个步骤检验图10.2所示的概念模型中的假设。即先检验主效应，后检验调节效应。

1. 主效应的检验

首先，分析感知有用性、感知易用性与采纳意向的关系。SPSS统计分析结果如表10.4所示。

表10.4 感知易用性、感知有用性与采纳意向的SPSS回归分析结果

模型	非标准化系数 回归系数	标准误差	标准化系数 标准回归系数	t	Sig	R^2
1（常数项）	0.185	0.313		0.492	0.003	0.518
感知易用性	0.829	0.046	0.680	19.723	0.000	
2（常数项）	−0.349	0.365			0.002	0.569
感知易用性	0.763	0.092	0.516	5.081	0.000	
感知有用性	0.224	0.024	0.317	3.501	0.000	

本书将采纳意向作为因变量，首先加入自变量感知易用性得到回归模型 1，然后加入自变量感知有用性得到回归模型 2，模型的 R^2 值由 0.518 上升到 0.569，表明加入感知有用性后，模型的拟合优度有所提升。从表 10.4 中的参数可以看出，因变量采纳意向以及自变量感知有用性的回归关系可以由感知有用性的 t 值为 3.501>2、Sig 值为 0.000<0.05 得到验证，感知有用性对采纳意向有显著的正向影响可以由标准化系数为 0.317 得以体现，所以假设 H10-1 成立；因变量采纳意向和自变量感知易用性的回归关系可以由感知易用性的 t 值为 5.081>2、Sig 值为 0.000<0.05 得到验证，感知易用性对采纳意向有显著的正向影响可以由标准化系数为 0.516 来体现，所以假设 H10-3 成立。

其次，分析感知易用性与感知有用性之间的关系。本书以感知易用性为自变量，感知有用性为因变量进行回归分析，结果如表 10.5 所示。

表 10.5　感知易用性与感知有用性的 SPSS 回归分析结果

模型	非标准化系数		标准化系数	t	Sig
	回归系数	标准误差	标准回归系数		
1（常数项）	2.554	0.249		5.948	0.000
感知易用性	0.738	0.108	0.641	21.023	0.000

从表 10.5 的结果可以得出，因变量感知有用性和自变量感知易用性的回归关系可以由感知易用性的 t 值为 21.023>2、Sig 值为 0.000<0.05 得到验证；感知易用性对感知有用性有显著的正向影响可以由标准化系数为 0.641 来体现，所以，假设 H10-2 成立。

2. 调节效应的检验

在进行调节效应分析时，通常要将自变量和调节变量进行中心化变换（即变量减去其均值）。考虑最常用的调节模型，即假设 Y 与 X 有如下关系：

$$Y = aX + bM + cXM + e \qquad (10.1)$$

式中，X 为自变量；Y 为因变量；M 为调节变量；a、b、c 为系数；e 为误差项。

式（10.1）可以重新写成

$$Y = bM + (a + cM)X + e \qquad (10.2)$$

在式（10.2）中，Y 对 X 的回归系数为 $a+cM$，它是调节变量 M 的线性函数，c 衡量了调节效应（moderating effect）的大小。对于固定的 M，这是 Y 对 X 的直线回归。

本章中调节效应的检验采用了温忠麟等（2005）所提出的 SPSS 层次回归分

析：首先做 Y 对 X 和 M 的回归，得到测定系数 R_1^2；然后做 Y 对 X、M 和 XM 的回归得到 R_2^2，如果 R_2^2 显著高于 R_1^2，则调节效应显著。

笔者采用 Excel 表格分别对感知有用性、感知易用性、技术准备度进行中心化处理，然后分别验证技术准备度对假设关系的调节作用。令感知有用性为自变量，采纳意向为因变量，技术准备度为调节变量，层次回归分析的结果如表10.6所示。

表10.6 技术准备度在感知有用性和采纳意向中的调节效应

模型	非标准化系数		标准化系数	t	Sig	R^2
	回归系数	标准误差	标准回归系数			
1（常数项）	5.249	0.063		82.169	0.000	
感知易用性	0.807	0.040	0.648	16.987	0.000	0.481
技术准备度	0.104	0.057	0.074	2.373	0.035	
2（常数项）	5.268	0.059		83.657	0.000	
感知易用性	0.785	0.045	0.830	15.11	0.000	
感知有用性	0.203	0.081	0.073	2.007	0.000	0.503
乘积项	−0.058	0.039	−0.376	−1.050	0.041	

通过比较可知，表10.6中第二次回归的 R^2 值（0.503）明显大于第一次回归中的 R^2 值（0.481），且两个回归模型中所有变量的 Sig 值均小于 0.05，表明所有的回归系数都是显著的。因此，技术准备度对感知有用性和采纳意向间的调节作用显著。本书进一步考察乘积项，其标准回归系数为 −0.376＜0，说明企业的技术准备度越高，感知有用性和采纳意向之间的正向关系越弱。

简单斜率检验（simple slope test，SST）的结果如图10.3所示。从图中可以看出，对于具有低技术准备度的企业来说，感知有用性会对采纳意向产生较强的

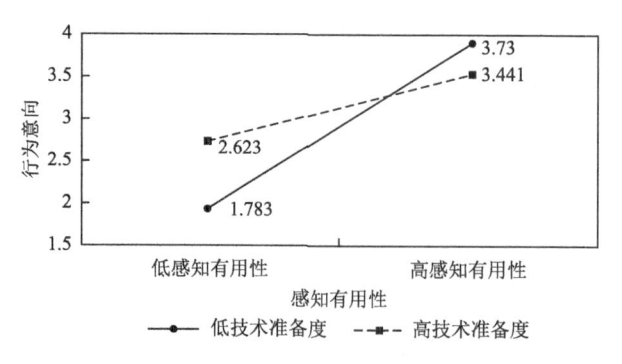

图10.3 技术准备度在感知有用性和采纳意向关系中的调节作用

正向影响；而对于具有高技术准备度的企业而言，感知有用性对采纳意向的影响相对较弱，也就是说感知有用性和使用意向之间的正向关系会由于用户的技术准备度变高而减弱。因此假设 H10-4 成立。

接下来检验技术准备度对感知易用性和采纳意向间作用关系的调节作用。同样地，令感知易用性为自变量，采纳意向为因变量，技术准备度为调节变量，层次回归分析的两次结果如表 10.7 所示。

表 10.7 技术准备度在感知易用性和采纳意向中的调节效应

模型	非标准化系数 回归系数	非标准化系数 标准误差	标准化系数 标准回归系数	t	Sig	R^2
1（常数项）	5.214	0.074		79.346	0.000	
感知易用性	0.835	0.061	0.566	18.732	0.000	0.502
技术准备度	0.140	0.024	0.079	2.793	0.027	
2（常数项）	5.280	0.085		81.807	0.000	
感知易用性	0.870	0.077	0.547	15.516	0.000	
感知有用性	0.153	0.039	0.213	2.372	0.016	0.502
乘积项	−0.105	0.052	−0.258	−1.250	0.401	

本书对表 10.7 的结果进行分析比较，发现表 10.7 中的两个 R^2 值均为 0.502，没有升高，同时感知易用性和技术准备度乘积项的 Sig = 0.401 > 0.05，表明技术准备度对感知易用性和采纳意向间作用关系的调节作用不显著，因此研究假设 H10-5 不成立。其原因在于，技术准备度低的企业在决策是否采纳新技术时，主要考虑到技术的实用性。正如 Lin 和 Change（2011）在其研究中指出的，新技术的实用性是低技术准备度企业在进行采纳决策时考虑的首要因素。并且对于技术准备度低的企业来说，技术易用性对采纳意向的作用会有所下降，因为这意味着企业仍需为采用新技术付出较高的时间成本与学习成本，这与郭跃等（2012）的研究结果类似。至此，已完成全部的实证检验，大部分研究假设得到数据验证。

10.2 知识密集型产业主导技术扩散的外部影响因素分析

10.2.1 知识密集型产业主导技术扩散的外部影响因素分类

知识密集型产业主导技术扩散的外部影响因素指的是影响主导技术扩散的政策、经济、文化等外部环境因素。知识密集型产业主导技术扩散的时间和空间不同，其所处环境也会有所不同。例如，我国知识密集型产业与美国知识密集型产业所面临的客观环境存在较大的差距,这些差距主要体现在市场、人文因素和方针政策等方面;又如,目前中国知识密集型产业所面临的客观环境与20世纪50年代相比差别也很大,这些差别主要体现在基础设施、政策方针、社会技术条件等方面。目前,研究人员基本认可影响技术扩散的外部重要因素包括制度、市场条件、基础设施和政府制定的法规等环境要素,还有一些学者认为外部影响因素涵盖了心理、社会资源、劳动者素质、社会人文、创业条件、企业网络、金融政策支持、产业结构升级和自然条件等要素。同时,现有学者的研究对技术扩散外部影响因素的分类极为繁杂,存在不同的分类依据,如翁媛媛和高汝熹(2009)提出金融相关环境、市场化科技、中介服务和产业化科技成果是市场环境的四个方面,而吴玉鸣(2010)把制度和市场整合为单一要素,此外又增加了金融创业环境这一要素。本书以新能源产业为例,依据新能源产业的特点与新能源产业主导技术扩散的特征,考虑到市场因素与政策因素会对新能源产业产生不同程度的影响,将市场环境因素与制度环境因素作为新能源产业主导技术扩散的外部影响因素。同时,根据现有文献,本书同样将基础设施环境要素、社会人文环境因素与技术环境因素作为新能源产业主导技术扩散的外部影响因素。基于以上分析,本书将新能源产业主导技术扩散的外部影响因素归纳为基础设施环境要素、社会人文环境要素、市场环境要素、政策制度环境要素和科技环境要素五类要素,并进一步依据现有文献将五类要素分解为有代表性的24个指标,如表10.8所示。

表10.8 新能源产业主导技术扩散外部影响因素指标

外部影响因素类别	指标	名称	单位	来源
基础设施	A1	移动设备普及程度	个/百人	王珊珊等(2013)
	A2	每百户城市群众具有民用计算机的数量	台	
	A3	全中国客车运输量	万人	
	A4	游客的周转量	万人·km	
	A5	货品物资的周转量	10^4t·km	
	A6	邮费电费的业务量	亿元	
社会人文	A7	研发部的人员	万人	徐雷(2004)
	A8	中国普通高校毕业生的人数	万人	
	A9	具有研究生学历的人数	人	
	A10	中国科学院和中国工程院院士	人	
	A11	每万人中科学家及工程师人数	人	
	A12	研发部门科技人员占总人员比例	%	

续表

外部影响因素类别	指标	名称	单位	来源
市场	A13	城镇居民家庭恩格尔系数	%	翁媛媛和高汝熹（2009）
	A14	科技经费中金融部门贷款所占比例	%	
	A15	出口额占GDP的百分比	%	
	A16	进口与出口的差额	亿美元	
政策制度	A17	国家重点基础研究发展计划拨款	万元	李煜华等（2012）
	A18	单项创造在火炬计划的工业产值	万元/项	
	A19	科技活动经费筹集中政府资金比例	%	
科技	A20	研发部经费内部支出占GDP的比例	%	赵春华和魏晓平（2008）
	A21	研发部经费内部支出占主营收的比例	%	
	A22	专利申请受理数	件	
	A23	授权发明专利数	件	
	A24	单项技术市场交易契约金额	万元/项	

10.2.2 外部因素影响知识密集型产业主导技术扩散假设的提出

与前文一致，本节仍以新能源产业为例展开研究。基础设施是新能源产业主导技术得以扩散的基本外部保障，也是新能源产业中知识流动的载体，是技术扩散的支撑条件和新能源技术产业化的基础保障（吴玉鸣，2010）。基础设施环境要素主要包括移动设备普及程度、每百户城市群众具有民用计算机的数量、全中国客车运输量、游客的周转量、货品物资的周转量和邮费电费的业务量等指标，见表10.8。主导技术具有复杂性，其扩散过程需要更多技术设施的支持才能有效发生。基础设施环境要素能够为新能源产业主导技术扩散提供公共服务支撑，是保障国家或区域新能源产业活动正常进行的公共服务系统要素，也是新能源产业主导技术得以扩散的一般物质条件。在目前的知识经济条件下，基础设施环境要素能够影响新能源产业主导技术的聚集和空间分布，基础设施环境要素的升级不仅可以保证技术的发展，也能够为技术的扩散提供保障。由于具有引导性特征，主导技术的扩散需要较完整的产业链，基础设施环境要素的发展刚好可以为产业链的延伸提供基石，从而能够促进新能源产业主导技术的有效扩散。例如，我国西藏自治区由于基础设施条件不足，长年生活水平较低，各产业新技术的采用也受到了限制。近年来，我国加大了对西藏地区基础设施的建设，并在基础设施的保障下实施了沼气建设项目、"金太阳示范工程"等新能源项目，这些项目的开展促进了西藏地区新能源产业与主导技术相关的技术应用。可见，基础设施环境要素的提升可有效促进新能源产业主导技术的扩散。因此根据已有文献的研究成果，本书提出以下假设。

假设 H10-6：基础设施环境要素与新能源产业主导技术扩散呈正相关关系。

社会人文环境要素是社会本体中隐藏的而非自然形成的无形环境要素，也是一种社会性的环境要素。社会人文环境要素主要包括研发部的人员、中国普通高校毕业生的人数、具有研究生学历的人数、中国科学院和中国工程院院士、每万人中科学家及工程师人数、研发部门科技人员占总人员比例等指标，见表 10.8。根据张宗益和张湄（2007）的研究，社会人文环境要素分为创新氛围和创新人才，既包括社会中营造的与"人"有关的乐于接受新事物的观念，又包括技术扩散实践中的劳动者素质（樊浩，1991）。在以绿色经济为标志的时代背景下，各个产业的发展逐渐以清洁环保为主要特征。在这种情况下，新能源产业主导技术的有效扩散决定于创新氛围和创新人才（Feng and Wang，2011）。正因如此，学者的此类研究也更加强调对社会人文环境的塑造。从知识管理能力的角度分析，社会人文环境要素与技术扩散之间存在积极的作用关系（Crossan et al.，1999）。一方面主导技术的复杂性要求技术人员具备高度的专业知识才能完成技术的吸收与应用，所以社会人文环境要素的提升可有效促进主导技术的扩散。Houben 等（1999）的研究证实了技术的扩散与社会人文环境要素息息相关。作为技术扩散的潜在环境要素，社会人文环境要素可以看作以知识为基础的技术扩散发生和发展的深层动因，其构成将直接影响技术的接受、选择及变革过程（Lumpkin and Dess，1996）。另一方面，主导技术的外部性特征，使其较易被多个产业共用。鼓励创新的社会氛围有利于提高不同产业对主导技术的采纳意向，由不同产业的高素质专业人员构成的交流圈使主导技术相关信息得到准确和快速的传递，从而促进了新能源产业主导技术的扩散。可见，新能源产业主导技术的复杂性和外部性特征使其有效扩散依赖于知识传递的效率，由此对知识载体的素质和社会文化氛围提出了较高的要求，所以以高素质创新人才及其观念为核心的社会人文环境要素能够积极影响新能源产业主导技术的扩散。因此本书提出以下假设。

假设 H10-7：社会人文环境要素与新能源产业主导技术扩散呈正相关关系。

市场环境是某项技术或产品所面向的市场需求和经济背景，是技术扩散的基本环境（李婷和董慧芹，2005）。市场环境要素主要包括城镇居民家庭恩格尔系数、科技经费中金融部门贷款所占比例、出口额占 GDP 的百分比与进口与出口的差额等指标，见表 10.8。高汝熹和许强（2007）在其研究中指出金融环境要素反映了经济对于主导技术扩散活动的支持作用。张宗益和张莹（2008）指出，市场结构、规模经济、沉没成本、利基市场等要素均能够对技术扩散产生拉动作用，可有效促进技术扩散的发生。潘金刚（2009）在其研究中提出，市场潜在需求以循序渐进的诱导方式间接作用于技术扩散活动，潜在需求越大，技术扩散活动越频繁；市场结构中模仿企业的数量直接影响技术扩散的速度，模仿企业数量越多，技术扩散速度越快；市场竞争对技术扩散的直接作用体现在生产要素价格等对企业技术扩散产生的挤压作用上，市场竞争越激烈，技术扩散越易发生（潘金刚，2009）。由于具有外部性特征，主导技术可能会被产业链内的多个企业共用。良好的市场环境氛围能够增加企业间的合作频率，从而有利于新能源产业主导技术的扩散。由于技术的复杂性特征，主导技术交易的过程往往涉及多学科、多领域的信息，较好的市场环境条件可以保障技术交易的顺利完成，从而促进新能源产业主导技术的扩散。可见，新能源产业主导技术的扩散离不开市场结构、规模经济、沉没成本、市场潜在需求等市场环境要素的推动作用，所以市场环境要素可以对新能源产业主导技术的扩散产生积极影响。由此本书提出以下假设。

假设 H10-8：市场环境要素与新能源产业主导技术扩散呈正相关关系。

政策制度环境是指国家或区域制定的各项政策、法律、条例和制度等措施。政策制度环境要素主要包括国家重点基础研究发展计划拨款、单项创造在火炬计划的工业产值与科技活动经费筹集中政府资金比例等指标，见表 10.8。政策制度环境要素是政府从宏观上调节和干预产业技术扩散的一种手段，是主导技术扩散的外部支撑要素。政策制度环境要素对技术扩散的积极影响已被学者普遍认同。在政策制度环境要素中，财政拨款、重大项目计划、技术奖励等都能够在一定程度上对技术扩散起到支撑作用。近年来，各国政府对新能源产业加大了政策制度的支持，如美国的新能源汽车产业制定了以促进产业集群为核心、面向中小企业发展的政策体系，极为有效地推动了新能源产业主导技术的扩散；我国在 2013 年 2 月公布的《产业结构调整指导目录》中增加了海上风电机组等新能源技术开发的规定，这一规定有效促进了新能源产业主导技术的发展与扩散。由于具有引导性与外部性特征，政府的相关政策，如能源补贴等的出台可为产业淘汰不具优势的技术并使产业向健康的方向发展，在此情境下主导技术较易溢出到多个产业，从而加快主导技术的扩散进程。同时，政策制度的推行可使上下游企业较快采纳新技术，带动产业升级，故此政策制度环境要素的改善可促进新能源产业主导技术的发展与有效扩散。由此本书提出以下假设。

假设 H10-9：政策制度环境要素与新能源产业主导技术扩散呈正相关关系。

科技环境是指技术面临的"社会-技术"支持条件，不仅包括社会整体在技术研发方面的投入和产出情况，也包含技术市场的发展情况。科技环境要素主要包括研发部经费内部支出占 GDP 的比例、研发部经费内部支出占主营收的比例、专利申请受理数、授权发明专利数与单项技术市场交易契约金额等指标，见表 10.8。不可否认，新能源产业的主导技术扩散会受到产业所处的科技环境要素的影响。原因在于，社会整体的研发投入和产出水平影响着主导技术的产生和发展，技术市场的发展状况决定着主导技术的扩散效率，因此科技环境要素的发展水平关系到主导技术的复杂性、引导性特点能否充分地发挥，从而会影响主导技术的扩散。例如，20 世纪 70 年代的世界性能源危机为整体"社会-技术"带来了变革，传统能源遭到了严重的打击，在大量研发投入的支持下，新能源主导技术随之产生，一些新能源产业在 40 年的时间内孕育和发展，在此期间技术市场蓬勃发展，新能源主导技术的扩散活动也随之大量发生。黄梦璇等（2011）通过研究我国 3G 技术扩散指出，在不同的技术市场成长阶段，技术有着不同的扩散趋势，技术市场越完善，技术扩散越易发生。新能源产业主导技术扩散是以知识投入为特点的技术经济活动，完善的科技环境本身既是产业中技术扩散产生的前提，又是推动技术扩散的重要力量。由于科技环境要素在一定程度上代表了产业中进行技术扩散所需的一切科学技术条件，因此科技环境要素的改善对新能源产业主导技术扩散而言具有更加积极的影响。因此，本书提出以下假设。

假设 H10-10：科技环境要素与新能源产业主导技术扩散呈正相关关系。

10.2.3 数据的收集与缺失数据的补全

数据的真实性是研究结果准确性的重要基础和保障。本书借助《中国统计年鉴》和《中国科技统计年鉴》，综合收集了 1995～2017 年共 23 年的统计数据。但由于统计工作本身的问题，部分数据缺失，仅有少部分指标在 23 年中数据统计较为全面。数据缺失来源如下。

（1）统计指标的不连续。一部分指标在统计年鉴中出现较晚，而另有一部分指标在某时间点后停止使用。例如，"研发部经费内部支出占主营收的比例"这一指标在 1999 年的统计年鉴中才首次出现，导致 1995～1997 年三年数据的缺失；"中国科学院和中国工程院院士"指标在 2001 年之前也并未进行统计；而"研发机构科技人员占总人员比例"这一指标从 2010 年开始在统计年鉴中不再出现。

（2）统计事项的不连续。某些统计事项出现的时间晚于 1995 年，导致事项发生之前的统计数据缺失。例如，我国"973 计划"于 1997 年开始，所以"国家重点基础研究发展计划拨款"指标在 1998 年才开始统计；另外，由于我国家用计算机普及较晚，大多出现于 20 世纪 90 年代后期，"每百户城市群众具有民用计算机的数量"指标在 1998 年的统计年鉴中才开始出现，导致 1995 年、1996 年数据缺失。

针对以上原因导致的数据缺失，本书选用了灰色预测中的 GM（1,1）模型，运用仿真软件对指标的若干个时间序列进行拟合：首先，根据拟合所得的时间序列的白化方程得出时间序列的初始预测函数；其次，根据初始预测函数计算各实际数据的模拟值；再次，比较模拟值和实际值的差距，计算预测误差，考察函数精度是否符合要求；当精度不符合预测要求时，将建立残差的 GM（1,1）修正模型对原模型进行修正，形成最终的综合预测函数；最后，在综合预测函数基础上对缺失的数据进行补全。

10.2.4 假设检验及其结果讨论

基于 Jaffe 等（1993）使用专利引证信息进行技术扩散的分析，本书对新能源产业进行分类（陈浙鲁，2017），以验证基础设施环境要素、社会人文环境要素、市场环境要素、政策制度环境要素和科技环境要素对新能源产业主导技术扩散的正向作用。本书从欧洲专利局官方网站提取了我国新能源产业中的太阳能、地热能、水能、风能、生物能、海洋能及核能 7 个子产业 1995~2017 年共 23 年的专利引用量作为技术扩散的衡量指标，与前面计算的新能源产业主导技术扩散外部影响要素得分进行相关分析。其中，为得到新能源产业主导技术扩散的指标数值，本书根据第 2 章的主导技术识别模型，在每个产业中分别使用新能源产业主导技术识别模型得到主导技术，并进一步获得了主导技术的专利引用量。

相关分析中常用的相关系数为 Pearson 相关系数（代表两个变量之间的线性相关程度），另外还有 Kendall 偏秩相关系数（适用于度量等级变量或秩变量相关性的非参数度量方法）和 Spearman 秩相关系数（Pearman 相关系数的非参数版本）。为了多角度地观测环境要素和新能源产业主导技术扩散之间的关系，本书运用 SPSS 软件对三个系数进行了综合计算，结果如表 10.9 所示。其中，K1~K7 为我国新能源产业的 7 个子产业，分别代表太阳能、地热能、水能、风能、生物能、海洋能及核能。

表 10.9 环境要素和新能源产业 7 个子产业主导技术扩散之间的相关关系

环境要素	关联方法	K1	K2	K3	K4	K5	K6	K7
基础设施环境要素	Pearson	0.942	0.875	0.923	0.946	0.853	0.821	0.907
	Kendall	0.819	0.902	0.941	0.925	0.854	0.938	0.969
	Spearman	0.961	0.952	0.943	0.918	0.767	0.755	0.820
社会人文环境要素	Pearson	0.940	0.897	0.901	0.953	0.886	0.904	0.902
	Kendall	0.843	0.906	0.823	0.849	0.761	0.873	0.854
	Spearman	0.936	0.917	0.904	0.980	0.925	0.932	0.971
市场环境要素	Pearson	0.973	0.985	0.964	0.987	0.929	0.853	0.914
	Kendall	0.946	0.873	0.952	0.938	0.924	0.810	0.907
	Spearman	0.937	0.971	0.950	0.984	0.923	0.914	0.902
政策制度环境要素	Pearson	0.761	0.839	0.792	0.726	0.636	0.753	0.810
	Kendall	0.705	0.793	0.863	0.671	0.636	0.722	0.817
	Spearman	0.81	0.792	0.809	0.824	0.853	0.834	0.847
科技环境要素	Pearson	0.734	0.752	0.671	0.830	0.746	0.825	0.618
	Kendall	0.836	0.927	0.802	0.733	0.915	0.841	0.820
	Spearman	0.945	0.903	0.927	0.918	0.972	0.860	0.912

表10.9为五种环境要素和我国新能源产业的7个子产业主导技术扩散之间的相关关系。从表10.9可以看出，五种环境要素和我国新能源产业的7个子产业主导技术的技术扩散结果之间均呈正相关关系。其中，市场环境要素、社会人文环境要素和基础设施环境要素对新能源产业主导技术扩散的促进作用更为明显，说明我国的新能源产业能够对市场环境要素、社会人文环境要素和基础设施环境要素进行及时反应和调整，这三个要素是新能源产业主导技术扩散的关键影响因素。同时，由于流量指标较存量指标更多，政策制度环境要素、科技环境要素的相关系数不如前三个要素的相关系数高，一方面反映了环境要素和新能源产业主导技术扩散之间存在时滞的客观问题；另一方面也说明了政策制度环境要素和科技环境要素对新能源产业主导技术扩散的影响相对较小。

鉴于此，本书认为，假设H10-6～假设H10-10成立，即基础设施环境要素、社会人文环境要素、市场环境要素、政策制度环境要素、科技环境要素与新能源产业主导技术扩散之间呈正相关关系。

10.3 基于影响因素的知识密集型产业主导技术扩散类型划分

布朗运动（Brownian movement）为微小粒子表现出的无规则运动。1827年，英国植物学家布朗在花粉颗粒的水溶液中观察到花粉在不停顿地无规则运动。其后，进一步的实验证实，不仅是花粉颗粒，其他悬浮在流体中的微粒（如悬浮在空气中的尘埃等）也表现出这种无规则的多向运动，后人就把这种微粒的运动称为布朗运动。起初人们不了解布朗运动的起因，直到1877年德耳索首先指出布朗运动是微粒受到液体分子碰撞的不平衡力作用而引起的。1904年法国科学家潘卡雷基于布朗运动进一步对较大粒子可在溶液中保持平衡状态的现象做出解释：较大粒子（如线度为0.1mm）从各个方面受到运动原子的冲击，打击非常频繁，由于概率定律使所有的冲击力互相抵消，因此大粒子保持平衡而不发生移动，微小的粒子则由于表面积过小，相对于较大粒子受到的打击力少，以至于无法互相抵消而无法保持平衡，所以发生不停歇的运动。较大粒子与较小粒子的判别依据在于，粒子与溶液分子的相对尺寸。这就是说，布朗运动是液体分子处于不停顿无规则热运动的宏观层面表现。1905～1906年，爱因斯坦和斯莫卢霍夫斯基分别发表了理论上分析布朗运动的文章。1908年，皮兰用实验验证了爱因斯坦的理论，从而使分子运动理论的物理图像被人们广泛接受。布朗运动作为具有连续时间参数和连续状态的一个随机过程，在其他许多领域有着十分重要的应用，如经济、通信、生物、管理科学和数理统计等。

由布朗运动的原理可知，技术扩散过程与布朗运动类似，因此本书将知识密集型产业主导技术比作布朗运动中的颗粒，感知有用性、感知易用性与技术准备度共同决定了需求主体对技术的接受程度,这一过程类似于溶液对溶剂(颗粒)的接受程度,接受程度的高低则类似于溶剂分子相对于溶液分子的大小;将技术扩散的环境类比于布朗运动中的温度,即五种外部环境要素决定了温度的高低。颗粒的大小与温度的高低决定了布朗运动的速度,相应地,内部与外部的影响因素决定了主导技术的扩散程度。故本书结合前面对知识密集型产业主导技术扩散的内外影响因素分析,将知识密集型产业主导技术扩散分为"技术-环境"不完备情境下的扩散和"技术-环境"完备情境下的扩散。进一步地,对于"技术-环境"不完备情境下的扩散,本书主要分别考虑两种情况:"环境"不完备情境下的扩散和"技术"不完备情境下的扩散。而在"技术"与"环境"均不完备的情况下,需求主体对技术的接受度与准备度较低,也不具备技术扩散所需的环境,导致主导技术扩散难以发生,所以本书不予考虑。因此,知识密集型产业主导技术扩散机理的类比研究思路如图 10.4 所示。

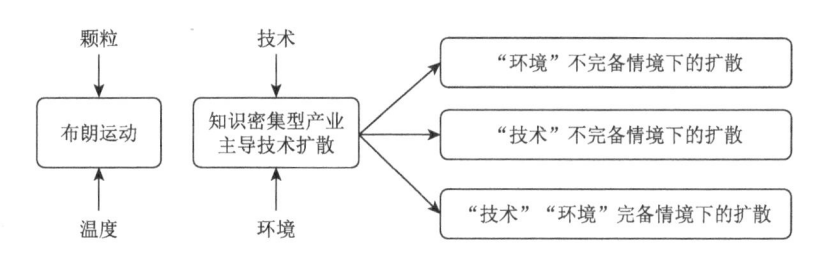

图 10.4 知识密集型产业主导技术扩散与布朗运动的类比

Rogers(2010)提出了创新扩散时间形态 S 形曲线(S-shaped curve)理论,该理论认为累计创新采纳者数量或比例随时间变化呈现出相对规则的 S 形曲线特征,即刚开始增长较慢,然后迅速增加,最后缓慢结束,这一形态成为技术扩散领域的基本规则。所以本书基于 S 形曲线绘制"技术"发展曲线。孙冰和姚洪涛(2014)在其研究中绘制了环境变化曲线并指出,在技术扩散过程中,企业对不确定环境的复杂性维度和动态性维度的认识程度会由高转低。说明随着时间的推移,环境的复杂性和动态性逐渐降低,趋于稳定,所以本书据此绘制"环境"发展曲线,如图 10.5 所示。图 10.5 中,横轴表示时间维度,纵轴表示技术/环境完备程度,实线代表主导技术的发展曲线,虚线代表环境的发展曲线。当技术的发展优先于环境的发展时,知识密集型产业主导技术扩散处于"环境"不完备的情境;当环境的发展优先于技术的发展时,知识密集型产业主导技术扩散处于"技术"不完备的情境;当技术的发展和环境的发展保持同步时,知识密集型产业主导技术扩散处于"技术-环境"完备的情境。由此,本书构建出知识密集型产业主导技术扩散机理的研究框架,进而研究不同情境下的主导技术扩散机理。

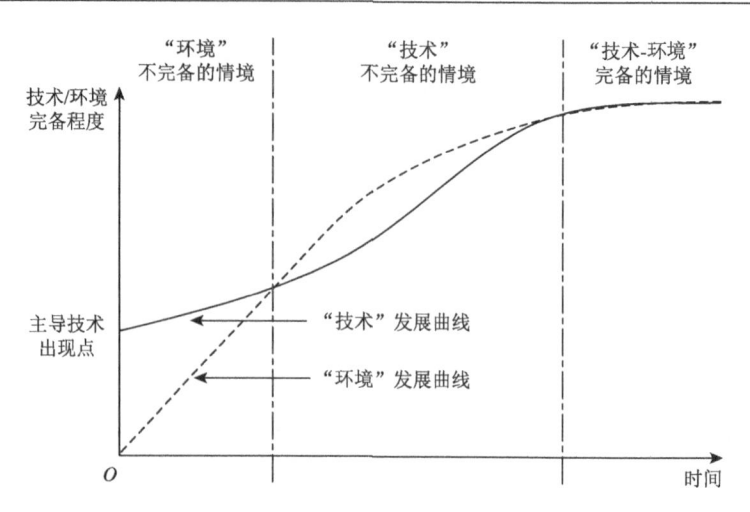

图 10.5 知识密集型产业主导技术扩散机理的研究框架

根据前面的研究，知识密集型产业主导技术扩散的外部影响因素包括基础设施环境要素、社会人文环境要素、市场环境要素、政策制度环境要素和科技环境要素五类要素，所以，"环境"不完备的情境主要表现为社会基础设施处于建设时期，无法为知识密集型产业主导技术扩散提供外部保障力，相关的技术研发人员和研发氛围相对匮乏，而基础建设的不完善与人才的缺失导致无法形成良好的市场环境与科技环境，政策制度无法跟进。例如，20世纪50年代，中国以恢复国民经济为主要任务，经济以农业为主，工业以重工业为主，知识密集型产业占比极小，此时知识密集型产业主导技术的扩散受到外部环境的极大影响。在这个时代背景下发生的知识密集型产业主导技术扩散过程类似于Bass扩散模型中新产品的采用过程。考虑到Bass扩散模型的应用简易明了，仅需引入三个参量便可完成技术扩散的探究，适用于我国整体经济结构较为简单的20世纪50年代，所以本书将使用Bass扩散模型研究知识密集型产业主导技术在"环境"不完备情境下的扩散。

根据前面的分析，知识密集型产业主导技术扩散的内部影响因素包括感知易用性、感知有用性与技术准备度。"技术"不完备情境主要表现为技术接受度和技术准备度较低。具体表现为，主导技术出现时企业感知到的新技术优势相较于原有技术不明显，无法吸引企业主动提高自身的技术准备度；并且由于技术的复杂性，企业需要学习大量知识才可能掌握新技术，在学习成本增加的同时也增加了感知风险。以潮汐能主导技术为例，我国潮汐能技术的发展始于1972年，但至今仍处于萌芽阶段。纵观国际潮汐能技术的发展，虽然美国、法国、挪威、爱尔兰等海洋资源丰富的国家的潮汐能利用技术水平相对较高，但发展速度也相对缓慢。由于主导技术的高复杂性，潮汐能技术出现后并未引起大规模的模仿，一些新能源从业者持观望态度，只有少量新能源从业者支持采纳潮汐能技术，另一些新能源从业者持反对态度。本书认为，潮汐能技术的扩散过程与传染病模型的病毒传染过程存在一定的同质性。依据上述分析，主导技术的扩散过程中会在一定范围内出现中立者、支持者与反对者，只有通过中立者与支持者、反对者的多次交流和接触，技术扩散才会成功发生。而技术持有者、中立者、反对者与采纳者也可对应类比为传染病模型中的传染源、易感者、免疫者与感染者。所以本书将使用传染病扩散模型研究知识密集型产业主导技术在"技术"不完备情境下的扩散。

"技术-环境"完备的情境主要表现为：技术复杂性较低，技术接受度和技术准备度较高；同时，社会基础设施基本建设完成，可以为知识密集型产业主导技术扩散提供外部保障力，相关的技术研发人员充足并形成积极创新的浓厚氛围，已具备良好的市场环境与科技环境，政策制度也相对完善。知识密集型产业主导技术在"技术"与"环境"均完备的情境下，极易发生扩散。原因在于，外部要素的支持可使采纳行为快速实现，相关企业技术人员可根据现有知识储备对主导技术进行快速评估并做出采纳决策。但是，有些情况下也会由于评估过程的简化导致技术人员忽略其他因素的影响，做出错误的采纳决定。所以"技术-环境"完备情境下的扩散虽然容易发生，但需要经过全面考量后再做出决定。考虑到这一扩散与元胞自动机中的技术扩散模式类似，所以本书将使用元胞自动机模型研究知识密集型产业主导技术在"技术-环境"完备情境下的扩散。

10.4　本章小结

本章以新能源产业为例总结和提炼了知识密集型产业主导技术扩散的内部、外部影响因素，并在此基础上划分了知识密集型产业主导技术扩散的类型。首先，分析得出知识密集型产业主导技术扩散的内部影响因素包括感知有用性、感知易用性和技术准备度，并验证了感知有用性、感知易用性与采纳意向之间的正向相关关系以及技术准备度的部分调节作用。其次，将知识密集型产业主导技术扩散的外部影响因素划分为基础设施环境要素、社会人文环境要素、市场环境要素、政策制度环境要素和科技环境要素五类环境要素，并验证了五种环境要素和知识密集型产业主导技术扩散之间的正向相关关系。最后，根据内、外部影响因素，将知识密集型产业主导技术扩散分为"技术-环境"不完备情境下的扩散与"技术-环境"完备情境下的扩散两种类型，并将"技术-环境"不完备情境下的扩散进一步分为"技术"不完备情境下的扩散与"环境"不完备情境下的扩散。

第 11 章 "技术-环境"不完备情境下知识密集型产业主导技术扩散机理研究

根据前面的研究思路设计，本章将分别基于 Bass 模型和传染病模型研究"环境"不完备情境下和"技术"不完备情境下的主导技术扩散理论模型并对它进行仿真分析，以阐释知识密集型产业主导技术在"技术-环境"不完备情境下的扩散机理。

11.1 基于 Bass 模型的"环境"不完备情境下知识密集型产业主导技术扩散机理

Bass 模型对于技术扩散的研究具有里程碑式的重要意义。它不仅确定了扩散理论的研究方向，同时也为扩散理论提供了研究手段。在 Bass 模型出现后的几十年内，绝大多数的扩散模型均以其为研究基础。

前已述及，"环境"不完备情境的主要表现为，社会基础设施处于建设时期，相关的技术研发人员和研发氛围相对匮乏，无法为知识密集型产业主导技术扩散提供外部保障力。在这种环境支撑不足的情况下，知识密集型产业主导技术的扩散过程类似于 Bass 扩散模型中新产品的采用过程，所以本书选择 Bass 模型研究"环境"不完备情境下的知识密集型产业主导技术扩散机理。

11.1.1 Bass 模型及其扩展模型

Bass 于 1969 年提出了消费品扩散的预测模型，即 Bass 模型。在此之后，学者采用 Bass 模型成功地预测了多种产品和服务领域的扩散趋势。宝洁、国际商业机器公司等多家跨国公司同样使用 Bass 模型对其产品的销售进行了预测。

Bass 模型的假设条件可以总结如下。

（1）假定在 Rogers（2002）的五类采用者中，第一类采用者为创新者，其余的四类采用者均为模仿者。

（2）假定新产品会被社会系统中的所有成员接受，也就是新产品不会被拒绝或者重新发明，产品性能不随时间变化，且产品扩散速度越来越快。

（3）假定新产品的采用企业均为首次购买者，即不会出现重复购买者。

（4）假定市场潜力不随时间的变化而改变。

（5）假定市场不存在供给约束。
（6）假定采用者均质、无差异。
（7）假定采用者在扩散过程中只存在"采用"和"不采用"两种状态。
（8）假定新产品扩散的社会系统均质，即市场条件、社会条件和地域条件不随扩散而改变。
（9）假定新产品的扩散不受市场营销策略影响，于是有

$$R(t) = p + \frac{q}{m}N(t) \tag{11.1}$$

式中，$R(t)$ 为 t 时刻新产品的采用者数量；p 为创新系数；q 为模仿系数；m 为市场最大潜力；$N(t)$ 为 t 时刻新产品的采用者累计数量。当 $t=0$ 时，$N(0)=0$，因而，$R(0)=p$，p 的值反映了新产品的创新者对产品扩散产生的影响，$\frac{q}{m}N(t)$ 则表示已采用者对模仿者产生的影响。

设 $f(t)$ 为新产品的采用者在 t 时刻的比例，且 $F(t)=\int f(t)\mathrm{d}t$，设 $F(0)=0$，则 $F(t)$ 代表 $0\sim t$ 时刻采用者的累计比例，故 $N(t)$ 可以表示为 $N(t)=mF(t)$。由此得出

$$f(t) = [1-F(t)][p+qF(t)] \tag{11.2}$$

变形后的式（11.2）即为 Bass 模型的基础表达式。

设 $n(t)$ 为 t 时刻采用者的数目，Bass 模型可变形为

$$n(t) = p[m-N(t)] + \frac{q}{m}N(t)[m-N(t)] = pm + (q-p)N(t) - \frac{q}{m}[N(t)]^2 \tag{11.3}$$

在关于技术扩散的 Bass 模型扩展方面，Tse（1997）提出的技术创新模型（technology innovation model，TIM）中不仅加入了新技术产品供应者的因素，而且认为对新技术产品的好奇心是促使技术扩散的重要初始动力（Lisa and Charles，1996）。TIM 假设，新技术产品的扩散可归因于两部分效应，一部分是由新技术产品的净效用带来的扩散效应。它取决于新技术产品的净效用（将新技术与已有技术相比较后得出）与新技术采用者规模的乘积作用，二者的乘积作用越大，则新技术产品的净效用带来的扩散效应也越大。另一部分是由好奇心产生的扩散效应。即无论是新技术产品的供应者还是采用者，都会被好奇心所驱动去尝试新技术；当采用者越来越多时，新技术产品的供应者也会越来越有动力改进该技术，从而为采用者提供更好的净效用。TIM 理论认为，在新技术产品刚出现的时候，由于采用者的规模很小，因此新技术产品的净效用无法或很难带来扩散效应。而此时采用者对新技术产品的好奇心比较强，所以由好奇心产生的扩散效应比较明显；当新技术产品逐渐形成一定的采用者规模后，由于好奇心会随着时间

的流逝呈现逐渐下降的趋势，好奇心产生的扩散效应也随之减弱。而此时新技术产品的净效用经过供应者改进后变得更加明显，且已具有一定的采用者规模，于是由新技术产品的净效用带来的扩散效应开始发挥重要作用。TIM 的优点在于，模型中加入了微观过程，能够把供应者和采用者联系起来；其缺点在于，只能构建理论模型，无法计算得出具体解。

陈晓伟（2008）参考 TIM 中基本的供需关系理论，引入更多的微观细节，构建了新的 Bass 扩展模型（包含 X、Y、Z 三个状态变量的微分方程，简称 XYZ 模型）。他认为，技术扩散的实质是技术供应方根据利润、潜在采用方根据效用最大化分别进行决策，特别是技术供应方的决策可能影响扩散的最终效果；并且指出，技术产品的价值表现为已实现的使用效果和潜在价值预期。XYZ 模型假设技术在扩散过程中可能不断地被改良，而改良的技术又将吸引更多的采用者，从而又将促使供应方再次改良技术。可见，XYZ 模型和 TIM 类似，也加入了技术替代效用以及人们对技术效用的判断。该模型的缺点在于，没有将外部的社会、市场因素纳入模型。

11.1.2 "环境"不完备情境下知识密集型产业主导技术扩散的 Bass 模型构建

从前面的总结可以看出，Bass 模型大多用来进行新技术产品预测或者拟合，或对技术扩散过程加以分析，或对模型扩展的效果进行论证。本书将借鉴 Bass 模型的核心思想、参考 Tse（1997）的 TIM 和陈晓伟（2008）的 XYZ 模型，并在此基础上对模型要素进行丰富和完善，以实现对知识密集型产业主导技术扩散机理的分析和阐释。

1. 建立模型的条件

知识密集型产业主导技术的扩散是企业与企业之间的技术扩散过程，即为主导技术从输出方到接收方的传播过程。

本书参照 Bass 模型的假设条件，并结合知识密集型产业主导技术扩散的具体情境加以改进，提出如下假设条件。

（1）假定知识密集型产业主导技术在扩散过程中存在技术接收方和技术输出方。

（2）假定技术接收方的决策受知识密集型产业主导技术的"预期最大效用"和"实际效用"的影响。

（3）假定技术输出方的决策受到知识密集型产业主导技术的"利润"的影响。

（4）假定知识密集型产业主导技术在扩散过程中可能被改良（更新），使知识密集型产业主导技术的"实际效用"能够提高；而知识密集型产业主导技术能否被改良取决于输出方考虑获得的"利润"。

(5)假定技术接收方不会重复采纳知识密集型产业主导技术。
(6)假定扩散环境非均质,扩散会受到社会、市场以及区位等环境因素影响。
(7)假定接收方在采纳主导技术后能够较好地将它投入生产过程中。

本书在模型的假设中考虑了技术输出方的利润和技术接收方的效用,并且利润与效用可影响企业的决策,而扩散的对象即知识密集型产业主导技术在扩散中也许会因为市场反应较好而不断被改良升级,也许会因为不能给输出方带来更多的利润而被中止供应。假定中的环境因素均以函数形式出现,函数中包含各种环境要素,但并未给出具体公式,在这里只将其作为影响因素引入。

2. 知识密集型产业主导技术扩散模型的构建

本书从 Bass 模型的基本表达式出发来考虑外在环境因素对知识密集型产业主导技术扩散的影响。前已述及,"环境"不完备情境下,知识密集型产业主导技术的扩散会受到外部环境的较大影响。因此,本书在知识密集型产业主导技术扩散模型中加入环境类要素。考虑到学者在使用 Bass 模型研究产业内技术扩散时多将市场与政策作为环境要素,所以本书的研究主要考虑市场环境与政策环境对知识密集型产业主导技术扩散的影响。本书在 TIM 中的创新系数 p 和模仿系数 q 的基础上,引入外部影响因素,使之成为带有环境特征的函数表达式,则有

$$p = (v+w)g_p + e_p \tag{11.4}$$

$$q = (v+w)g_q + e_q \tag{11.5}$$

式中,v 为某区域内的市场综合作用系数;w 为同一区域内的政策综合作用系数;g_q 和 g_p 分别为政策综合作用系数和市场综合作用系数对模仿系数 q 和创新系数 p 的影响系数;e 为误差项。

将式(11.4)和式(11.5)代入 Bass 模型的基本表达式即式(11.2),得出式(11.6),整理后得出式(11.7):

$$f(t) = [1-F(t)][(v+w)g_p + (v+w)g_q F(t)] + e_{pq} \tag{11.6}$$

$$f(t) = v[1-F(t)][g_p + g_q F(t)] + w[1-F(t)][g_p + g_q F(t)]e_{pq} \tag{11.7}$$

从式(11.7)可知,当 $v=0$,$w\neq 0$ 时,表示某区域内市场综合作用较小或者没有产生作用,则扩散完全为政府导向型的;当 $v\neq 0$,$w=0$ 时,表示某区域内政策综合作用较小或者没有产生作用,则扩散完全为市场导向型的;当 $v\neq 0$,$w\neq 0$ 时,扩散为混合导向型的。

设 Y 为某新技术的扩散率,E 为非均质扩散政策环境因素,S 为市场预期效用,$p(E;S)$ 表示技术接收方依据非均质扩散政策环境影响做出的预期效用判断函数,q 为技术接收方对市场的敏感系数,X 为某新技术带给技术接收方的效用,δ 为技术替代效用,则 Bass 模型基本形式 $f(t) = [1-F(t)][p+qF(t)]$ 可扩展为

$$dy/dt = (1-Y)[p(E;S)+q\cdot(X-\delta)\cdot Y] \quad (11.8)$$

式（11.8）表示，扩散由作为创新者和模仿者的技术接收方决定，创新者是第一批大胆尝试新技术的企业，其判断依据仅限于技术的市场预期效用，$p(E;S)$越大，表明在没有市场"实际效用"的参照下创新者越愿意采纳知识密集型产业主导技术。模仿者是继创新者之后的技术接收方，他们是否采纳一项知识密集型产业主导技术主要取决于该项主导技术是否为其带来比其他技术更多的效用，即$X-\delta$。q代表模仿者对市场的敏感程度，表示模仿者对市场变化做出反应的敏捷程度，这种对市场的反应是连续不断的，因此，技术扩散的快慢由它决定。

11.1.3 "环境"不完备情境下知识密集型产业主导技术扩散机理

在"环境"不完备情境下，预期效用 S 与实际效用 X 对知识密集型产业主导技术能否实现大规模扩散具有决定性影响。当技术持有企业选择推广新技术时，作为第一批大胆尝试新技术的创新者企业，会依据技术的市场预期效用 S 对主导技术进行采纳决策。由于主导技术的复杂性，一项技术包括多领域的信息，其采纳成本会高于一般性技术。此时，由于市场环境的不完善，与主导技术相关的交易机制尚未构建完成，技术接收方需付出较高的成本，唯有具有较强综合实力的企业凭借较丰厚的资本可以承受技术采纳成本；由于政策环境的不完善，与知识密集型产业主导技术的相关政策尚未颁布，或者仅有相关法规但未出台具体的实施方案，对技术的市场化发展造成了阻碍，创新者企业只有借助内部的专业技术人才来加快技术市场化的进程，并使新技术快速进入赢利状态。与此同时，综合实力较强的企业作为创新者也可以为模仿者展示较高的实际效用 X，从而促进知识密集型产业主导技术的扩散。即在创新者出现之后，主导技术在模仿者企业中的扩散状况取决于它所产生的实际效用 X 与企业自身预期效用 S 的差值。若差值显著，则会加速主导技术扩散，反之则会减慢扩散进程。由于主导技术会因其外部性被多个产业共用，模仿者企业会考虑产业间的差异性，依据不同的标准确定预期效用。在这种情况下，企业内部对新技术的科学评估体系就起到了关键性作用。若企业能够对新技术的效用进行科学、全面的估计，将大大减少采纳新技术的风险，所以科学评估新技术将有利于主导技术在模仿企业中的扩散；反之，轻虑浅谋的采纳将导致技术在企业中应用失败从而中断主导技术的后续扩散。因此，对预期效用 S 进行科学、正确的评估是推动知识密集型产业主导技术扩散的前提条件。

11.1.4 "环境"不完备情境下的知识密集型产业主导技术扩散仿真

本书将对所建立的知识密集型产业主导技术"环境"不完备情境下的扩

散模型进行仿真,力争使知识密集型产业主导技术的扩散过程更加清晰化。

此处的仿真分为两个部分进行。首先,模拟创新者预期效用对创新者企业数量的作用过程;其次,模拟实际效用与预期效用的差值对模仿者企业数量的作用过程。

在第一部分的仿真中,取创新者总数为400。为了探究知识密集型产业主导技术在政府导向、市场导向和混合导向中的扩散,本书分别模拟当 $v=0$,$w=0.5$ 时;当 $v=0.5$,$w=0$ 时和当 $v=0.5$,$w=0.5$ 时的主导技术扩散曲线。同时,为了比较由于创新者预期效用 S 的不同所产生的仿真结果差异,基于郝凡浩等(2019)的研究,本书将创新者预期效用 S 的数值分别设为0.3和0.5。考虑到仿真模拟实验中会存在一定的随机特性,因此,在数值模拟的过程中,本书使用两组参数重复实验10 000次,每次运行50个时间步长,然后取平均值得到每个时间步长内创新者企业的累计数量,从而得到创新者预期效用变化导致的创新者企业数量的变化曲线,如图11.1所示。

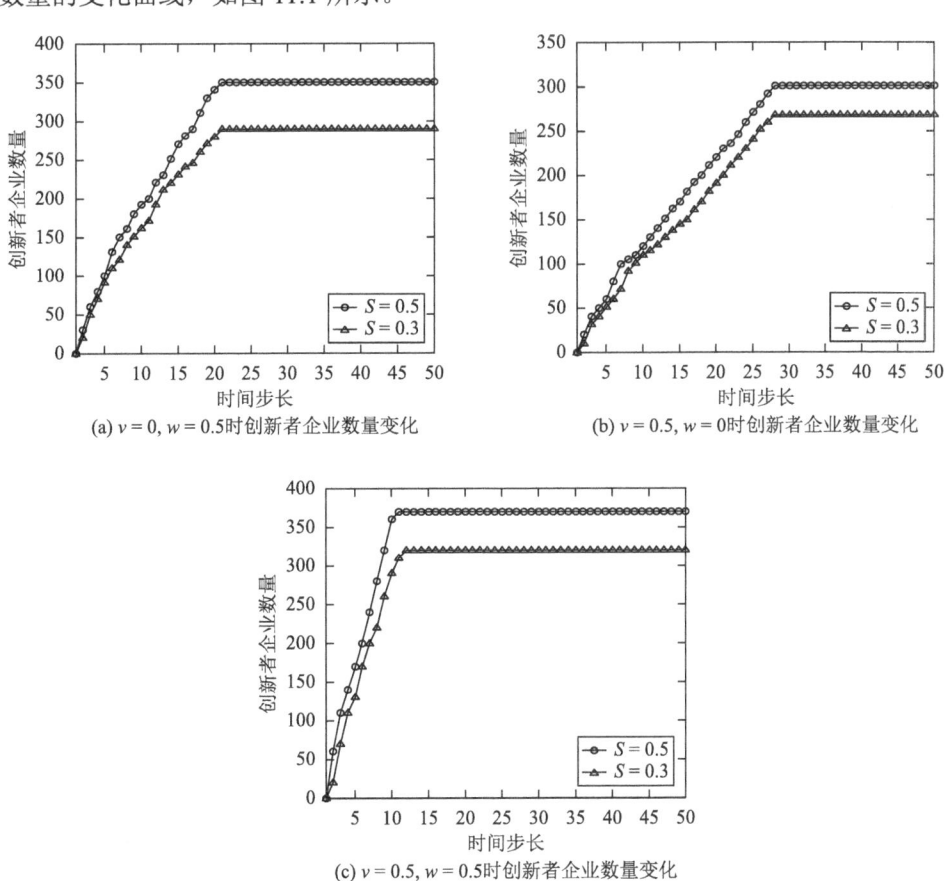

图11.1 创新者企业预期效用 S 对创新者企业数量的影响

从图 11.1 可以得知，创新者预期效用对创新者企业数量的峰值和到达峰值的时间有较为明显的影响。当 $v=0.5$，$w=0$ 时，创新者企业数量的增长速度最慢，并且创新者企业数量的峰值最低。说明政策环境的不完善，如知识密集型产业主导技术的相关政策尚未颁布，或者仅有相关法规但未出台具体的实施方案，对技术的市场化发展造成了阻碍，导致知识密集型产业主导技术的扩散进展缓慢。当 $v=0$，$w=0.5$ 时，创新者企业数量增长的速度居中，并且创新者企业数量的峰值居中。说明由于市场环境的不完善，与主导技术相关的交易机制尚未构建完成，技术接收方需付出较高的成本，只有综合实力较强的企业作为创新者率先进行采纳，才可使知识密集型产业主导技术顺利扩散。当 $v=0.5$，$w=0.5$ 时，创新者企业数量增长的速度最快，并且创新者企业数量的峰值最高。说明当市场环境与政策环境均发展较好，此时综合实力较强的企业在相关政策环境的扶持下，可及时获取知识密集型产业主导技术的相关信息并快速完成交易，在市场条件的支持下，可将知识密集型产业主导技术较快投入生产并不断改进相关产品，从而促进知识密集型产业主导技术的有效扩散。因此，上述仿真结果验证了在不同的外部环境导向下，较高的创新者企业预期效用均能够促进知识密集型主导技术的扩散。

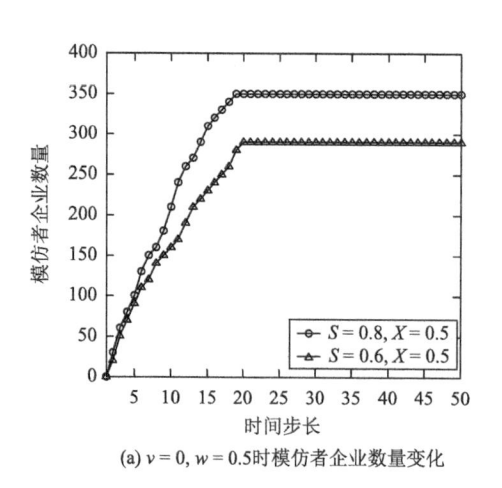

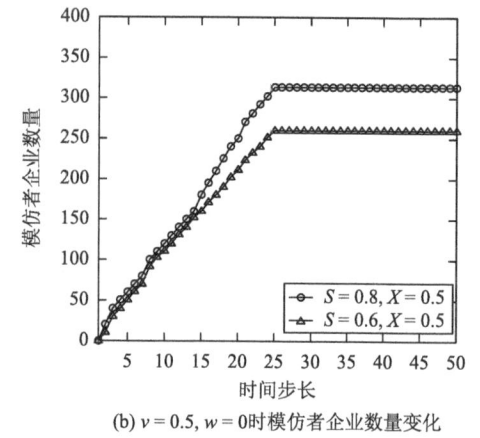

为了研究创新者企业实际效用与模仿者企业预期效用的差值对模仿者企业数量的影响，本书取模仿者总数为 400，模拟当 $v=0$，$w=0.5$ 时；$v=0.5$，$w=0$ 时和 $v=0.5$，$w=0.5$ 时的扩散曲线。本书设定创新者企业实际效用 $X=0.5$，模仿者企业预期效用 S 分别取 0.8 和 0.6。考虑到仿真模拟实验中会存在一定的随机特性，本书使用两组参数重复实验 10 000 次，每次运行 50 个时间步长，取平均值得到每个时间步长内模仿者企业的累计数量，从而得到实际效用与预期效用的差值变化导致模仿者企业数量的变化曲线，如图 11.2 所示。

从图 11.2 可以得知，创新者实际效用与模仿者企业预期效用的差值对模仿者

(a) $v=0$，$w=0.5$ 时模仿者企业数量变化

(b) $v=0.5$，$w=0$ 时模仿者企业数量变化

(c) $v=0.5, w=0.5$ 时模仿者企业数量变化

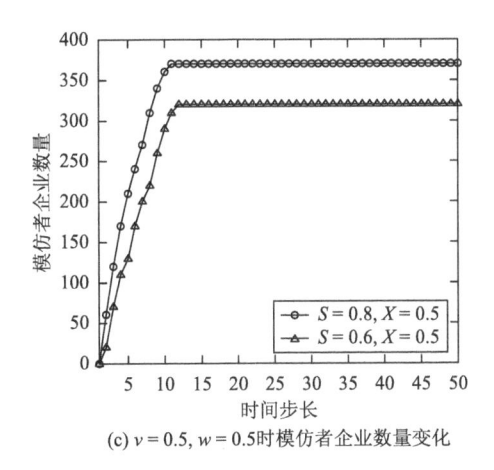

图 11.2 实际效用 X 与预期效用 S 的差值对模仿者企业数量的影响

企业数量的峰值和到达峰值的时间有较为明显的影响。当 $v=0.5$，$w=0$ 时，模仿者企业数量的增长速度最慢，并且模仿者企业数量的峰值最低。说明由于政策环境的不完善，创新者企业的实际效用较低，无法为模仿者企业提供技术采纳的有利信息，所以模仿者企业对主导技术的预期效用也较低，阻碍了知识密集型产业主导技术扩散的继续发生。当 $v=0$，$w=0.5$ 时，模仿者企业数量增长的速度居中，并且模仿者企业数量的峰值居中。说明由于政策环境相对完善，一些创新者企业采用主导技术后获得了较好的收益，但由于市场环境发展相对滞后，企业仅依据市场需求无法对主导技术产生较高的预期效用，所以只能在较低程度上促进知识密集型产业主导技术的扩散。当 $v=0.5$，$w=0.5$ 时，模仿者企业数量的增长速度最快，并且模仿者企业数量的峰值最高。说明较好的市场环境与政策环境使创新者企业普遍获得了较高的实际效用，广阔的市场前景与有力的政策扶持可使模仿者企业产生更高的预期效用，从而加快知识密集型产业主导技术快速、有效地扩散。因此，这一仿真结果验证了在不同的外部环境导向下，创新者企业实际效用与模仿者企业预期效用的较大差值均能够促进主导技术的扩散。

11.2 基于传染病模型的"技术"不完备情境下的主导技术扩散机理

如前所述，"技术"不完备情境的主要表现为：技术接受度和技术准备度较低，即主导技术出现时企业感知到的新技术相较于原有技术的优势不明显，无法吸引企业主动提高自身的技术准备度。在这种情况下，企业的技术采纳决策主要受到相关企业或上下游企业的影响，这一过程与传染病模型的主要思想类似，所

以本节选择传染病模型研究"技术"不完备情境下的知识密集型产业主导技术扩散机理。

从生物学和医学上来讲，传染病的传播是由传染源、传播途径和易感人群三个必要环节组成的，三者缺一不可。根据字面意思可知，传染源是指病原体的携带者，即传染病的源头，病原体能够在传染源体内生存并持续性繁殖；传播途径是指传染源在传播病原体和感染新宿主时所历经的全过程，如母婴传播、空气传播和血液传播等，传染源所携带的病原体需借助传播途径才能感染新宿主；易感人群是指在满足传播途径的条件下，相较于其他人，更容易被病原体传播和感染的人群。前面已述及，学者观察到许多群体性的社会行为和突发事件的传播扩散同样符合与传染病传播类似的规律。因而，随着传染病模型理论和方法逐渐成熟，运用传染病模型解决其他学科的研究问题成了学术界的热门话题。例如，传染病模型常被广泛运用于技术的扩散、网络舆情的传播、知识转移等社会学和管理学等学科的研究（刘红丽等，2016；张发，2011；黄德春等，2013；马颖等，2015；刘源，2008；王秀红等，2008；张生太等，2004；胡绪华等，2015）。从传染病的相关内涵来看，传染病的传播与知识密集型产业主导技术的扩散非常类似。所以，本书使用传染病模型探究在"技术"不完备情境下知识密集型产业主导技术的扩散机理。

11.2.1 传染病模型的发展

传染病模型最初被应用于研究病毒扩散的规律性，是由常微分方程组成的一个数学模型。为研究黑死病病毒和瘟疫扩散规律，Kermack 和 McKendrick（1927）提出了经典的 SIR 舱室模型。该模型被称为传染病模型研究的里程碑。传染病模型发展至今已逐渐成熟，各类情境下的传染病优化模型已在生物医学、系统动力学、心理学等领域得到了科学验证。代表性的传染病模型有 SIR 模型、SIS 模型、SEIR 模型、SIRS 模型。本书将从含义、使用情境、方程等角度简要介绍这四种模型。

1. SIS 模型

从 SIS 模型的命名便可判断出此模型假定研究的全部对象均处于两种状态：S 和 I。其中，S（susceptible）表示易感状态，代表易感人群；I（infected）表示感染状态，代表已经被传染的群体。传染病的整个传播过程可表述为：处于易感状态的个体在与传染源接触后，会以一定的概率感染传染病，即从易感状态 S 转变到感染状态 I；成为感染状态 I 的个体又将继续感染其他易感人群，同时自身会以一定的恢复率被治愈，并从感染状态 I 转换为易感状态 S。但是该模型假定转变为易感状态的人群不能对这种传染病产生免疫。

从 SIS 模型的过程来看，这种传染病模型适合于任何人在接触传染源后都有一定概率被感染的情况，并且感染治愈后不具有这种传染病的免疫能力。在现实生活中，这样的传染病其实有很多，最常见的传染性感冒就符合这种模型。

令 $S(t)$ 代表处于易感状态的人在所有人中所占的比重，$I(t)$ 代表处于感染状态的人在所有人中所占的比重，λ 表示处于易感状态的人被感染的概率，γ 表示处于感染状态的人能够被治愈的恢复率。根据上述模型假设，得到 SIS 模型的传染病传播动力学方程为

$$\begin{cases} \dfrac{\partial S(t)}{\partial t} = -\lambda I(t)S(t) + \gamma I(t) \\ \dfrac{\partial I(t)}{\partial t} = \lambda I(t)S(t) - \gamma I(t) \\ I(t) + S(t) = 1 \end{cases} \quad (11.9)$$

2. SIR 模型

SIR 模型与 SIS 模型较为相似，唯一不同之处是假设所有人处于三种状态，分别是易感状态 S、感染状态 I 和免疫状态 R（recovered）。该模型所描述的传染病传播过程也与 SIS 模型相似，只是假设处于 I 状态的个体被一定概率治愈后会对这种传染病产生永久免疫能力，如天花患者在进行治疗后就会获得永久免疫能力。

令 $S(t)$ 代表处于易感状态的人在所有人中所占的比重，$I(t)$ 代表处于感染状态的人在所有人中所占的比重，$R(t)$ 代表处于免疫状态的人在所有人中所占的比重，λ 表示处于易感状态的人被感染的概率，γ 表示处于感染状态的人被治愈的恢复率，因此得到 SIR 模型的传染病传播动力学方程为

$$\begin{cases} \dfrac{\partial S(t)}{\partial t} = -\lambda I(t)S(t) \\ \dfrac{\partial I(t)}{\partial t} = \lambda I(t)S(t) - \gamma I(t) \\ \dfrac{\partial R(t)}{\partial t} = \lambda I(t) \\ I(t) + S(t) + R(t) = 1 \end{cases} \quad (11.10)$$

3. SIRS 模型

在 SIR 模型的基础上，SIRS（susceptible infected recovered stochastic）模型考虑了免疫期的存在，但是假设人们所处的状态依然是易感状态 S、感染状态 I 和免疫状态 R 三种。在 SIR 模型中，R 状态的人属于永久免疫，但是在 SIRS 模型中，假定免疫能力是暂时的，存在一定的免疫期。在一定的情况下，这种免疫能

力会丧失,即处于免疫状态的人 R 会以概率 β 丧失免疫能力,从而恢复到易感状态 S。例如,常见疾病肺结核就具有这一特点。

令 $S(t)$ 代表处于易感状态的人在所有人中所占的比重,$I(t)$ 代表处于感染状态的人在所有人中所占的比重,$R(t)$ 代表处于免疫状态的人在所有人中所占的比重,λ 代表处于易感状态的人被感染的概率,γ 表示处于感染状态的人被治愈的恢复率,β 表示处于免疫状态的人丧失免疫能力的概率,得到 SIRS 模型的传染病传播动力学方程为

$$\begin{cases} \dfrac{\partial S(t)}{\partial t} = -\lambda I(t)S(t) + \beta R(t) \\ \dfrac{\partial I(t)}{\partial t} = \lambda I(t)S(t) - \gamma I(t) \\ \dfrac{\partial R(t)}{\partial t} = \gamma I(t) - \beta R(t) \\ I(t) + S(t) + R(t) = 1 \end{cases} \quad (11.11)$$

4. SEIR 模型

SEIR 模型是传染病模型中较为复杂的一种,因为这种模型涉及四种不同的状态,除了在前面模型中介绍的易感状态 S、感染状态 I、免疫状态 R 外,还出现了一个新的状态 E(exposed),表示潜伏状态。顾名思义,潜伏状态的个体虽然具有病原体,但是不表现为感染状态,而是表现出健康状态。处于潜伏状态的个体会以一定的概率转化成感染状态 I。例如,常见的狂犬病,人在感染狂犬病毒后,会有一定时间的潜伏期,在潜伏期过后,将以一定的概率发病。

令 $S(t)$ 代表处于易感状态的人在所有人中所占的比重,$I(t)$ 代表处于感染状态的人在所有人中所占的比重,$R(t)$ 代表处于免疫状态的人在所有人中所占的比重,$E(t)$ 代表处于潜伏状态的人在所有人中所占的比重,λ 代表处于易感状态的人被感染的概率,γ 表示处于感染状态的人被治愈的恢复率,α 表示处于潜伏状态的人被感染的概率,得到 SEIR 模型的传染病传播动力学方程为

$$\begin{cases} \dfrac{\partial S(t)}{\partial t} = -\lambda I(t)S(t) \\ \dfrac{\partial E(t)}{\partial t} = \lambda I(t)S(t) - \alpha E(t) \\ \dfrac{\partial I(t)}{\partial t} = \alpha E(t) - \gamma I(t) \\ \dfrac{\partial R(t)}{\partial t} = \gamma I(t) \\ I(t) + S(t) + R(t) + E(t) = 1 \end{cases} \quad (11.12)$$

从以上四种常见的传染病动力学模型中可知，不同的模型适用于研究不同的传染病。而在对其进行分析时可以得出，传染病的传播过程和技术的扩散过程具有较大程度的相似性，因而，众多学者也尝试借助传染病动力学模型对技术的扩散与传播进行更具体的研究。在对以上四种传染病模型进行对比后，本书选择以SEIR模型为基础构建知识密集型产业主导技术扩散模型。

11.2.2 "技术"不完备情境下的知识密集型产业主导技术扩散的SEIR模型构建

本书主要借鉴传染病模型来模拟知识密集型产业主导技术扩散的过程与特点。目前的研究大部分基于SIR模型或者SIS模型，只有少部分学者使用SEIR模型研究技术扩散的相关问题。但是现有的研究模型往往存在以下几个问题：①模型假设的个体都是没有区别的，没有对技术接受个体之间的特殊性进行区分；②没有考虑扩散过程中的个体会结合多种因素做出对技术的理性决策。基于以上存在的问题，本书主要针对SEIR模型中的E状态节点进行重点分析，融合理性行为理论和主导技术所特有的内涵，对SEIR模型进行一定的改进，最终建立知识密集型产业主导技术扩散模型，并基于该技术扩散模型进行仿真实验。

1. 知识密集型产业主导技术扩散的SEIR模型构建

基于对传染病模型的相关分析，本书将技术扩散过程中的节点分为四类：E（潜伏节点）、S（易感节点）、I（感染节点）和R（免疫节点）。

易感节点S表示该节点可能采纳邻居节点扩散的技术。本书选择一个普通节点作为研究对象，同时假定在一个时间段内此节点有可能采取技术采纳行为，即此节点可能会变成技术接受体。

潜伏节点E代表该节点有采纳这项技术的能力，但是暂时不具有传播的能力（类似处于对技术进行评估阶段的个体）。当E节点的评估结束后，可以转换为感染节点或免疫节点。

感染节点I表示该节点已经采纳邻居节点所传播的知识密集型产业主导技术，同时具备以二次扩散的形式向其他节点传播该技术的能力。

免疫节点R表示该节点尽管了解到邻居节点已采用主导技术的信息，但是可能对此项技术缺乏兴趣，或者由于其他原因未采用该技术。

在技术扩散过程中，由一个企业发布的某一主导技术信息常常沿着推广或交流渠道扩散到与其有联系的其他企业处，接收到技术信息的企业就成为S节点，即易感节点。S节点由于采取不同的决策，将分别转化为不同的状态。

（1）企业虽然接收到技术信息，但是处于评估阶段，待评估结束后，再根据自身和外在的影响因素决定是否对这一技术进行采纳。此时这种状态的节点就是上面提到的 E 节点，即潜伏节点。由于这种状态的节点对技术的二次扩散非常重要，因此，本书将对 E 节点进行重点探究。

（2）接收到技术信息后立刻做出采纳的决定，并对技术进行传播的企业为 I 节点，即感染节点。

（3）对技术没有兴趣或者由于其他因素而放弃对技术进行采纳与传播的节点为 R 节点，即免疫节点。同时，成为 I 节点的个体不会永远是感染节点，它会在一定的时间内逐渐成为 R 节点，即在一定的时间内逐渐从感染节点转变为免疫节点。

因此，上述四种状态的互相转换如图 11.3 所示。

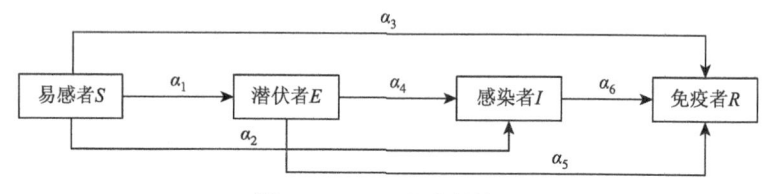

图 11.3　SEIR 状态转换图

基于该模型的主导技术扩散机理可概括如下。

（1）处于 S 状态的节点，即易感者会转化成三种状态，分别为：潜伏者 E，其转化概率为 α_1；感染者 I，其转化概率为 α_2；免疫者 R，其转化概率为 α_3。其中，$\alpha_1+\alpha_2+\alpha_3 \leqslant 1$。

（2）处于 E 状态的节点，即潜伏者会转化为两种状态，分别为：感染者 I，其转化概率为 α_4；免疫者 R，其转化概率为 α_5。其中，$\alpha_4+\alpha_5 \leqslant 1$。

（3）处于 I 状态的节点，即感染者，意味着主导技术在一个企业中的扩散过程结束，企业在技术使用过程中会以概率 α_6 转化为免疫者 R。

值得注意的是，传统的 SEIR 技术扩散模型，展现出的是一个时间延续的传播过程。但是由于本书尝试对易感者、潜伏者、感染者和免疫者进行更加深入的研究，因此，只选取其中一个完整的时间段。假设在开始阶段易感者、潜伏者、感染者和免疫者的数量分别为 $S(t)$、$E(t)$、$I(t)$、$R(t)$。在历经一个完整的时间段后，易感者、潜伏者、感染者和免疫者的数量变为 $S(t+1)$、$E(t+1)$、$I(t+1)$、$R(t+1)$。因此，知识密集型产业主导技术扩散 SEIR 模型可表示为

$$\begin{cases} E(t+1)=S(t)\alpha_1-E(t)\alpha_5-E(t)\alpha_4+E(t) \\ I(t+1)=E(t)\alpha_4+S(t)\alpha_2-I(t)\alpha_6+I(t) \\ R(t+1)=S(t)\alpha_3+I(t)\alpha_6+E(t)\alpha_5+R(t) \\ S(t+1)=S(t)-S(t)\alpha_1-S(t)\alpha_2-S(t)\alpha_3 \\ \alpha_1+\alpha_2+\alpha_3 \leqslant 1 \\ \alpha_4+\alpha_5 \leqslant 1 \end{cases} \quad (11.13)$$

2. 结合理性行为理论的知识密集型产业主导技术扩散 SEIR 模型构建

在知识密集型产业主导技术扩散 SEIR 模型中，E 节点（潜伏节点）对主导技术的扩散过程非常重要。在知识密集型产业主导技术扩散的过程中，企业间的差异及其做出的理性决策决定了技术是否被采纳，所以本书将结合理性行为理论对上述模型进一步进行扩展分析。

理性行为理论（theory of reasoned action，TRA）由美国学者 Ajzen 和 Fishbein 在 1975 年提出。一经提出，就得到了众多心理学家的认可。理性行为理论有三个基本假设：①行为个体是理性的，在做出某项行为之前，行为个体会考虑行为的意义与后果；②行为个体的行为意向完全由自己控制，不受他人主导；③行为个体期望获得有益于自己的结果。同时，该理论提供了一个研究个体行为的理论框架与模型，见图 11.4。

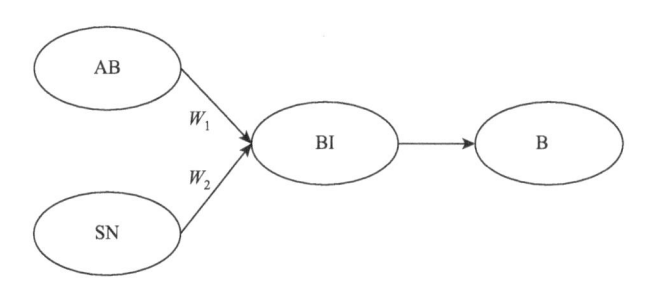

图 11.4 理性行为理论模型

在该模型中，B 代表行为（behavior），指个体的行动；BI 代表行为意愿（behavior intention），指个体要采取某一行为的意向，个体对某一行为的意愿越强烈，代表个体越有可能采取此行为；AB 代表态度（attitude towards the behavior），是指个体对某一行为目标所持有的正面或者负面的情感，影响着行为意愿；SN 代表主观规范（subjective norm），指的是个体对其有重要影响的其他个体或群体希望自己采取特定行为的感知程度，它是个体在采取某一特定行为前对所感受到的社会压力的认知。W_1 和 W_2 分别为 AB 和 SN 的标准化系数，即权重。

基于理性行为理论的基本思想，针对 SEIR 模型对知识密集型产业主导技术扩散存在的不足之处，本书将考虑理性行为理论中的个体态度与个体主观规范这两个要素对主导技术扩散的影响，重点针对潜伏节点 E 的变化分析知识密集型产业主导技术扩散过程中影响因素的作用关系。

定义一个潜伏者 K 采纳主导技术的概率为 α，即潜伏者转化为感染者的概率为 α；则其不采纳主导技术的概率为 $1-\alpha$，即潜伏者转化为免疫者的概率为 $1-\alpha$。α 的大小由个体对主导技术的态度决定。当 α 的值越大，即越接近于 1 时，说明潜伏者转化为感染者的概率越大,做出采纳主导技术的决策的概率越高;反之,α 的值越接近于 0,说明潜伏者转化为免疫者的概率越大,对知识密集型产业主导技术的采纳与传播概率越低。当 α 的数值为 0.5 左右时,意味着潜伏者 K 对是否采纳知识密集型产业主导技术没有显示出明显的倾向性,处于采纳或不采纳主导技术均可的状态,潜伏者 K 此时主要受到个体对知识密集型产业主导技术持有的态度与主观规范的影响。由此可知,当 α 的值较大或者较小时,潜伏者 K 比较容易做出是否采纳知识密集型产业主导技术的决策行为,α 的值越接近中间值,潜伏者越难做出是否采纳知识密集型产业主导技术的决定,此时潜伏者处于技术评估阶段,其行为主要由个体态度和主观规范决定。即当个体对主导技术持积极态度时,个体会搜集有利信息并倾向于采纳主导技术;当个体对主导技术持消极态度时,其周围个体的建议或要求将促使个体做出技术采纳的决策,此时个体的行为主要受到主观规范的影响。

根据上述分析,本书定义 β 为个体的技术态度和主观规范,β 的取值由企业的特点与上下游企业的采纳情况而定;定义 $M(\alpha)$ 为理性行为函数,即企业做出决策的概率,该函数同时应满足以下条件。

(1) $M(\alpha)$ 存在最大值与最小值。依据前面的分析可知,α 越接近于 1,意味着潜伏者转化为感染者的概率越大;α 越接近于 0,意味着潜伏者转化为免疫者的概率越大。因此,$M(\alpha)$ 在 α 取 1 或者取 0 的时候存在最大值,即 $M(\alpha)_{max} = M(0) = M(1) = 1$;当 α 接近中间值时,潜伏者企业处于难以做出决定的状态,此时的理性行为模型 $M(\alpha)$ 处于最小值,即 $M(\alpha)_{min} = M(0.5)$。

(2) $M(\alpha)$ 与 α 存在取值范围。由于潜伏者企业必须在感染状态或免疫状态中选择其一,所以 $M(\alpha)$ 的取值不会存在 0 的情况,且 $M(\alpha)_{min} = M(0.5)$,即完全根据个体对技术的态度与个体从周围环境获取的主观规范来决定行为;结合条件(1)中关于最大值的分析,可以得出 $M(\alpha)$ 的取值范围为(0, 1]。同理,根据条件(1)也可以得出,α 的取值范围为[0, 1]。当 α 取 0.5 时,$M(\alpha)_{min} = \beta$,β 的取值范围为(0, 1]。

根据以上分析,可以得到三个采纳概率与理性行为的关系坐标,分别是(0, $M(\alpha)_{max}$)、(1, $M(\alpha)_{max}$)、(0.5, β)。本书根据这三个坐标的位置绘制出 $M(\alpha)$、α 与 β 在坐标系中的变化关系,以说明理性行为对采纳概率的影响,如图 11.5 所示。

从图 11.5 可以发现,个体的理性行为函数并不是一个简单的线性函数。当 $0 < \alpha < 0.5$ 时,由图 11.5 可知,$M(\alpha)$ 的值是随着 α 的增大而减小的,是一个减函数;当 $0.5 < \alpha < 1$ 时,可以观察到,$M(\alpha)$ 的值是随着 α 的增大而增大的,是一个增函数。同时,因为 β 的值是根据企业特点和从周围环境获取的主观规范变化的,若改变 β 的值,函数图形会发生一些细微的变化。图 11.5 中,在企业难以做出决定的阶段,$M(\alpha)$ 的变化是一条类似反比例函数的曲线,说明此时的采纳

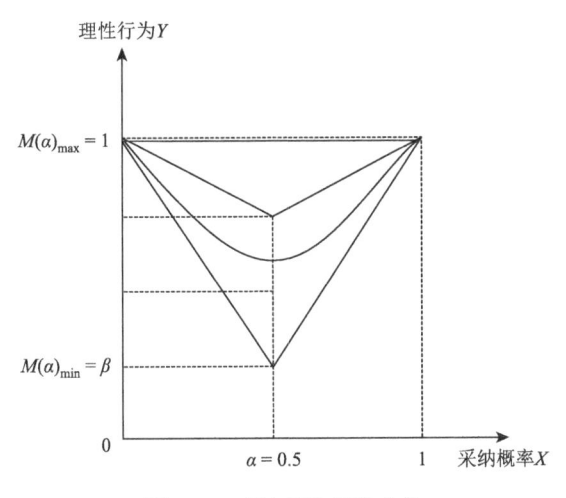

图 11.5 理性行为函数曲线

行为受到了两个因素的影响：在个体态度的影响较强时，主观规范的影响较弱；反之，则主观规范的影响较强。

11.2.3 "技术"不完备情境下知识密集型产业主导技术扩散机理分析

本书将对"技术"不完备情境下知识密集型产业主导技术的扩散模型进行仿真。知识密集型产业主导技术扩散可描述为由一个企业发布的某一主导技术信息沿着合作关系或交流渠道扩散到与其有联系的另一个企业处的过程。随着时代的进步与环境条件的发展，主导技术需要不断被完善以满足生产的需求与产业的优化，这给知识密集型产业主导技术的采纳与产业化进程增加了难度。由于主导技术普遍具有复杂性特征，绝大部分企业在接收到主导技术相关信息后不会立刻做出决策，而是进入评估阶段以考量多方面的信息。待评估结束后，再根据自身和外在的影响因素决定是否对这一技术进行采纳。在这种情况下，企业的个体态度与主观规范 β 对知识密集型产业主导技术是否能够实现大规模扩散具有决定性影响。

当企业对知识密集型主导技术持积极态度时，即个体态度 β 的初始值较大时，企业会主动搜寻该项技术的有用信息，追踪技术的后续优化进程，并保持自身的市场敏感度。由于主导技术具有引导性与外部性，多个产业共用一项技术的情况较为普遍。若不同产业内的其他企业陆续采纳主导技术并取得了较好的收益，或合作企业推荐了该项技术，则企业会缩短评估时间并倾向于采纳主导技术，即 $M(\alpha)$ 接近于 1。此时知识密集型产业主导技术会得到快速、有效的扩散。但当主导技术由于复杂性无法良好地适应一些企业时，即其他企业在技术引进过程中接连出现问题时，企业将延长评估时间或做出拒绝采纳的决定，即知识密集型产业主导技术会中断扩散。与之相反，当企业对知识密集型产业主导技术持消极态度时，即个体态度 β 的初始值较小时，技术的不完备导致无法满足企业的大规模生产需求，企业对技术的感知易用性与感知有用性较低，技术准备度不足，企业将会更加关注技术成本、采纳风险以及该项技术的负面评价信息。此时，知识密集型产业主导技术的扩散将会依赖于产业的发展趋势与合作企业的强烈要求。由于主导技术具有引导性特征，有利于产业内部技术的更新换代，当产业的发展离不开主导技术的支持时，企业会倾向于采纳主导技术，即采纳主导技术的概率 α 较大，$M(\alpha)$ 接近于 1。同样地，若其上下游合作伙伴提出并要求使用该主导技术进行后续的业务开展，企业也会缩短技术评估时间，做出技术采纳的决策。这种情况下，企业的主观规范会在知识密集型产业主导技术的扩散中发挥重要作用。因此，在"技术"不完备情境下，企业的个体态度与主观规范是推动知识密集型产业主导技术扩散的必要条件。

11.2.4 "技术"不完备情境下知识密集型产业主导技术扩散仿真

本书选取 BA（Barabási-Albert）无标度网络建立一个理想的知识密集型产业主导技术扩散模型，目的在于更加清晰地看到潜伏者、易感者、感染者和免疫者数量随着时间变化的规律。本书将网络的节点数设置为 1000，并设定初始状态下易感节点为 1000，潜伏节点、感染节点和免疫节点都为 0。即令 $S(1)=1000$，$E(1)=0$，$I(1)=0$，$R(1)=0$。同时，令 $\alpha_1=0.2$，$\alpha_2=0.3$，$\alpha_3=0.03$，$\alpha_4=0.35$，$\alpha_5=0.25$，$\alpha_6=0.05$，迭代次数 $T=50$。"技术"不完备情境下知识密集型产业主导技术扩散模型的仿真结果如图 11.6 所示。

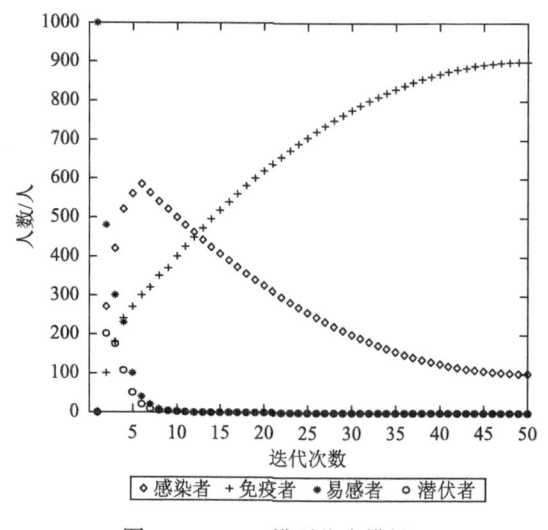

图 11.6　SEIR 模型仿真模拟 1

在图 11.6 中，易感者即潜在技术采纳者（一次传播）的节点数迅速从 1000 减少到 0，说明易感者快速向感染者和潜伏者转化，由于易感者向感染者转化的概率较高，所以感染者节点数在初期增长迅速，说明初期的技术扩散速度是非常快的。从图 11.6 中可知，潜伏者企业的节点数增长存在一个峰值，迅速达到最高点后，又快速变为 0，意味着潜伏者企业数量在技术扩散的初期迅速增大。这一曲线的变化趋势正好与潜伏者的现实情况相吻合，即一些企业获得知识密集型产业主导技术相关信息后，首先会处于评估阶段成为潜伏者，此时的潜伏者暂不会对技术做出采纳或者拒绝的决策。当潜伏者的数量达到峰值后，潜伏者节点数量迅速减少为 0，说明潜伏者通常会在评估阶段结束后做出采纳或拒绝主导技术的决策，逐渐转化为感染者和免疫者。通过比较可以发现，感染者节点数量与潜伏者节点数量均为先逐渐增大，达到峰值后开始减小，这两条曲线的变化过程相似，展示了主导技术在产业内扩散达到饱和状态后逐渐退出市场的过程。图 11.6 中，免疫者节点的数量持续性增大，体现了一项主导技术在发展中逐渐被普及，不断被优化、更新直至取代的过程。

图 11.6 中感染者节点的峰值与潜伏者节点的峰值存在一定的时间差，说明在主导技术扩散过程中，企业的决策行为是理性的。即当潜在采纳企业对知识密集型产业主导技术做出采纳决策前，会根据主导技术在已采纳企业中的发展情况或经济效益等因素进行评估。因此，感染者节点峰值与潜伏者节点峰值的时间差恰好证明了评估阶段的存在。这也从侧面表明了仿真结果的合理性。

为了进一步研究潜伏者转化为感染者和免疫者的特点，本书保持其他变量不变，仅对 α_4 和 α_5 赋新值，并分别观察当 $\alpha_4 > \alpha_5$、$\alpha_4 < \alpha_5$ 和 $\alpha_4 = \alpha_5$ 时潜伏者的转化情况。其中，令 $\alpha_4 = 0.35 > \alpha_5 = 0.25$，仿真结果如图 11.6 所示；令 $\alpha_4 = 0.2 < \alpha_5 = 0.25$，仿真结果如图 11.7 所示；令 $\alpha_4 = \alpha_5 = 0.25$，仿真结果如图 11.8 所示。

从图 11.8 可以看出，潜伏者转化为感染者、免疫者概率的改变对感染者、免疫者的峰值和到达峰值的时间有较为明显的影响。当 $\alpha_4 > \alpha_5$ 时，图 11.6 中潜伏者向感染者和免疫者转化的速度在三种情况中最快，并且感染者节点的增长速度较快，说明当企业对知识密集型产业主导技术持积极态度时会在评估阶段主动搜寻该项技术对企业的有利信息，从而缩短评估时间并做出采纳主导技术的决定，此时知识密集型产业主导技术得到快速、有效的扩散。当 $\alpha_4 < \alpha_5$ 时，图 11.7 中潜伏者向感染者和免疫者转化的速度在三种情况中最慢，并且免疫者节点的增长速度较快，说明企业对知识密集型产业主导技术持消极态度，意味着企业在评估阶段重点考虑了采纳风险，从而增加评估时间并做出拒绝主导技术的决定，此时知识密集型产业主导技术扩散无法进行。当 $\alpha_4 = \alpha_5$ 时，图 11.8 中潜伏者向感染者和免疫者转化的速度在三种情况中居中，并且感染者节点与免疫者节点的增长速度较为平缓，说明在企业对知识密集型产业主导技术态度不明的情况下，产业的

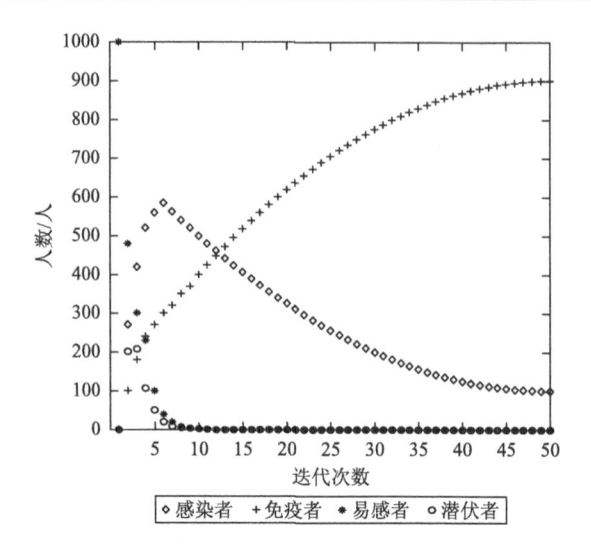

图 11.7　SEIR 模型仿真模拟 2

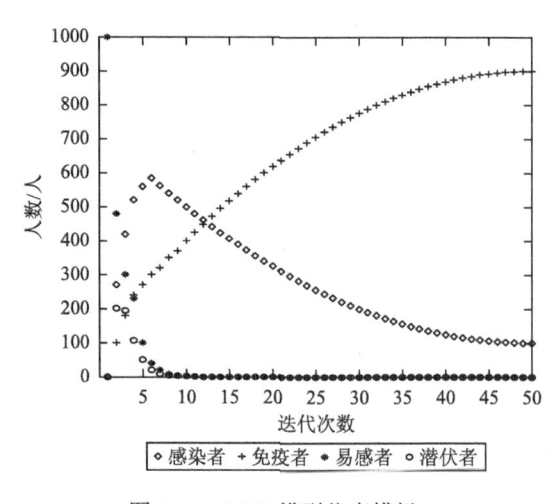

图 11.8　SEIR 模型仿真模拟 3

发展趋势与合作企业的强烈要求会使企业做出技术采纳的决策。此时，主观规范促进了知识密集型产业主导技术的扩散。因此，这一仿真结果验证了企业积极的个体态度能促进知识密集型主导技术的快速扩散，若企业的个体态度不明，则主观规范在知识密集型产业主导技术的扩散过程中会起到主导作用。

11.3　本章小结

本章首先在介绍 Bass 模型及其扩展模型的基础上，构建了知识密集型产业主导技术扩散模型,并分析了"环境"不完备情境下知识密集型产业主导技术的扩散机理,指出在市场环境与政策环境不完善的情况下,知识密集型产业主导技术的扩散主要受到预期效用和实际效用的影响,并采用仿真分析进行了验证。其次,介绍了传染病模型及其发展,并基于 SEIR 模型构建知识密集型产业主导技术扩散模型,分析了"技术"不完备情境下知识密集型产业主导技术的扩散机理,指出知识密集型产业主导技术的扩散受到个体态度和主观规范的影响,并借助仿真分析进行了验证。

第12章 "技术-环境"完备情境下知识密集型产业主导技术扩散机理研究

从 20 世纪 90 年代到现在，已有大量学者进行了基于元胞自动机（cellular automata，CA）模型的技术扩散研究。Bhargava 等（1993）首次将元胞自动机模型引入技术扩散中观领域，建立了随机元胞自动机模型。Goldenberg 等（2000，2001）分析了社会关系中的强、弱关系在技术扩散过程中的作用，得出技术在不同扩散时期的主要影响因素是不同的，发现了技术扩散存在"鞍点"现象，并认为该现象是由不同时期的采用者相互交流所致。Garber 等（2004）分别研究了内部负因素和交叉熵（cross entropy）对技术扩散的影响，使用元胞自动机模型推导出交叉熵可以作为技术扩散早期预测的稳定条件。Moldovan 和 Goldenberg（2004）使用元胞自动机模型研究并分析了内部负因素对技术扩散的影响。可见，元胞自动机模型已被广泛应用于技术扩散及其影响因素的探究中，所以本书使用元胞自动机模型探究"技术-环境"完备情境下的知识密集型产业主导技术扩散机理。

12.1 元胞自动机的框架

12.1.1 元胞自动机的定义

元胞自动机模型是定义在一个由具有离散、有限状态的元胞组成的元胞空间上，按照一定的局部规则在离散的时间维度上演化的动力学系统。约翰·冯·诺依曼在 1948 年首次提出的元胞自动机是由二维方形网格组成的，包含数千个基本元胞，每个元胞有 29 种可能的状态，演化规则依赖于每个元胞的状态及其上、下、左、右四个邻居元胞的状态。这些元胞在"元胞空间"上规则地排列，整个元胞空间在离散的时间维度上分布。

12.1.2 元胞自动机的结构

元胞自动机的结构由以下四个基本部分构成：元胞、元胞空间、邻居及规则。

（1）元胞（cell，C）：元胞是元胞自动机最基本的组成部分。元胞分布在离散空间中，具有离散、有限的状态（state）。元胞的状态可以是$\{0, 1\}$的二进制形式，也可以是$\{s_1, s_2, s_3, \cdots, s_i, \cdots, s_k\}$整数形式的离散集。在技术扩散中，可以用"0"表示企业没有采用该技术，用"1"表示企业已经采用该技术。每个元胞在t时刻只能处于一种状态中。

（2）元胞空间（lattice distribution，Ld）：元胞空间是元胞所分布的空间网点的集合。构成元胞自动机的所有元胞的集合构成了元胞空间。在模型构建中，需要考虑元胞空间的几何划分、元胞空间的边界以及元胞空间的构形。最常见的二维空间通常按三角、四方、六边形三种网络排列，如图12.1所示。

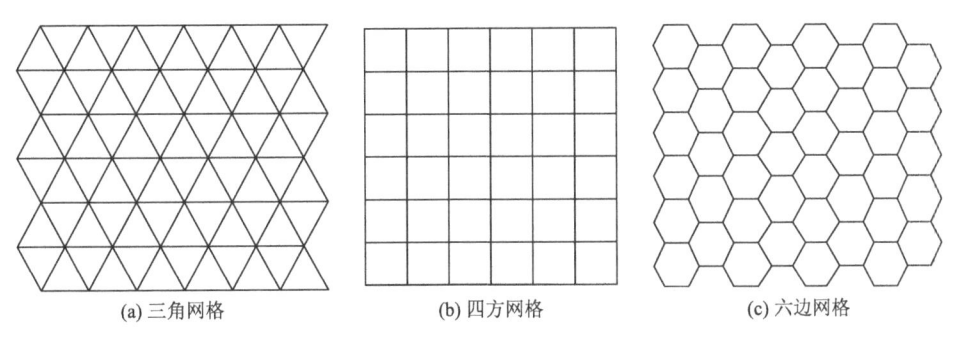

(a) 三角网格　　　　　　(b) 四方网格　　　　　　(c) 六边网格

图12.1　二维元胞自动机的网络结构图

（3）邻居（neighbor，N）：元胞自动机中邻居的概念说明局部作用规则发生的作用范围。一维元胞自动机的邻居用一个半径r描述，二维元胞自动机的邻居按照四方网格分布，通常有von Neumann型、Moore型和扩展的Moore型。不同的二维元胞自动机模型中的邻居数量也是不同的。其中，von Neumann型中包含4个邻居，Moore型中包含8个邻居，扩展的Moore型中包含24个邻居，如图12.2所示。其中，比较常用的是Moore型的邻居结构。

(a) von Neumann型　　　　　(b) Moore型　　　　　(c) 扩展的Moore型

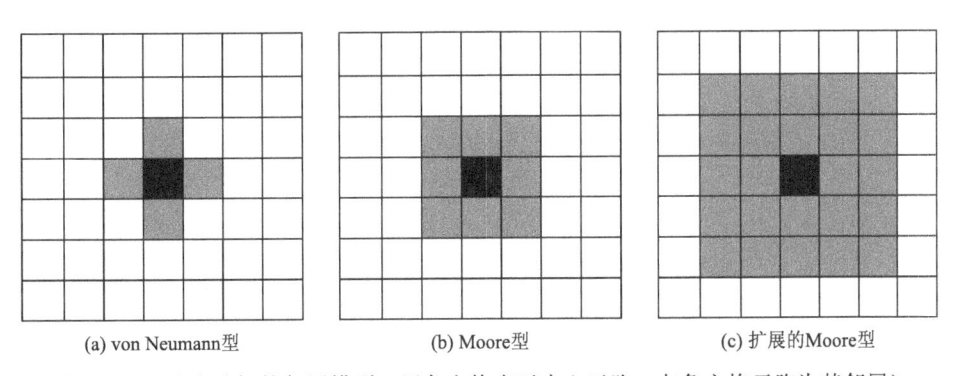

图12.2　元胞自动机的邻居模型（黑色方格表示中心元胞，灰色方格元胞为其邻居）

（4）演化规则（formula，F）：一个元胞自动机的动态演化必须按照规则来实现。规则是元胞自动机的核心，随着时间的变化，每一个元胞在下一个时刻 $t+1$ 的状态取决于该中心元胞在时刻 t 的状态和其周围的邻居在时刻 t 的状态。每个元胞遵循的演化规则都一致，使下一个时刻 $t+1$ 元胞空间中的每个元胞的状态都更新一遍。由于规则具有局部性特征，整个元胞自动机的动态演化过程具有一定的复杂性。

12.1.3 元胞自动机的特征

基于元胞自动机的构成和定义，标准元胞自动机主要有以下六个特征。

（1）同质性、齐性：同质性指的是在元胞空间内每个元胞的变化情况均服从相同的规律，即元胞自动机的规则相同；而齐性指的是元胞的分布方式、大小、形状相同，空间分布规则整齐。

（2）空间离散：元胞分布在按照一定规则划分的离散的元胞空间上。

（3）时间离散：系统的演化是按照等间隔时间分步进行的，时间变量 t 表示为智能等分形成的时刻点，形似整数形式 $t+0$、$t+1$、$t+2$、$\cdots$，而且时刻 t 的状态只对下一个时刻 $t+1$ 的状态产生影响。

（4）状态离散有限：元胞的状态只能取有限（k）个离散值 $\{s_1, s_2, s_3, \cdots, s_k\}$。

（5）并行性：各个元胞在时刻 $t+1$ 的状态变化是独立决策的，相互之间没有任何影响，适合并行计算。

（6）空间局部性：每一个元胞在下一个时刻 $t+1$ 的状态取决于其周围的邻居在当前时刻 t 的状态。如果选择 Moore 型的邻居空间，则 $t+1$ 时刻的状态取决于 8 个邻居在 t 时刻的状态情况。

在以上表述的六个特征中，同质性、空间局部性、并行性是元胞自动机的根本性特征。在现实应用过程中，由于需要考虑比较多的因素，学者扩展了元胞自动机模型的某些特征，如圣何塞州立大学扩展了练习型的元胞自动机模型，指出元胞自动机模型的状态具有连续性的特征。

12.2　基于元胞自动机的技术扩散模型

随着计算机技术的不断进步，学者将视线转向中观层面的技术扩散研究。中观仿真模拟是通过模拟企业的决策和企业间的相互影响，从而将个体的行为加总涌现出宏观现象的过程。元胞自动机就是在中观层面分析技术扩散的一个重要模型，在技术扩散过程中，将一个元胞比作中观层面的一个个体。个体之间的相互影响过程与元胞空间中元胞的复杂演化过程一致。在这个演化过程中，学者可通过观察元胞状态的变化更加直观地展现出个体决策的过程，从而更好地呈现宏观涌现结果。

最初的元胞自动机模型是一个一维的理论模型，仅研究口碑对技术扩散的影响，并没有涉及广告强度、营销策略等外部因素，因而对研究实际问题只是个参考。随着对元胞自动机模型研究的深入，学者细分了元胞的类型和状态，并从中心元胞、邻居元胞类型和模型规则三个方面入手建立了扩展的元胞自动机模型。扩展模型既考虑了企业的异质性，又考虑到广告、价格等具体的市场策略，进而弥补了基本模型中存在的不足。

12.2.1 基本模型

1. Fuks-Boccara 模型

Fuks-Boccara 模型在类别上属于一维元胞自动机模型。该模型中的元胞空间包括 10 个元胞，各个元胞的状态属性为 $S_{ij}^{(t)} = \{0,1\}$，0 表示没有采纳新技术，1 表示采纳新技术。其中，t 表示时刻，ij 表示元胞所处的空间位置。该模型采用了周期性的边界条件，不考虑元胞的其他属性，其邻居类型为图 12.2（b）的 Moore 型。演化规则如下：

$$\begin{cases} P_{0\leftarrow 1}(t+1) = 1 \\ P_{1\leftarrow 0}(t+1) = q\dfrac{n(t)}{m} \end{cases} \quad (12.1)$$

式中，$m = 2R$；$n(t) = \sum_{n=-R}^{R} S^{(t)}(i+n)$；$q \in [0,1]$；$R$ 表示周围邻居的个数；$n(t)$ 代表在 t 时刻邻居的状态是 1 的元胞的个数。R 值不同时，扩散速度也会不同，具体表现为扩散速度会随着 R 值的增加而加快。

2. Goldenberg-Efroni 模型

Goldenberg 和 Efroni 为探究信息扩散的规则建立了二维的元胞自动机模型，相比于一维模型，二维的元胞自动机模型能够更直观地反映现实生活中个体之间的关系网络。该模型设元胞空间中每个元胞的状态属性为 $S_{ij}^{(t)} = \{0,1\}$，0 表示没有采用新技术，1 表示采用新技术。该模型引入了周期性的边界条件，将邻居类型设为图 12.2（b）的 Moore 型，并设定未采纳者会受采纳者的影响以特定概率采纳新技术。其演化规则如下：

$$\begin{cases} P_{0\leftarrow 1}(t+1) = 1 \\ P_{1\leftarrow 0}(t+1) = 1 - (1-p)(1-q)^{n(t)} \end{cases} \quad (12.2)$$

式中，p 表示广告投放强度；q 表示口碑系数；$n(t)$ 表示 t 时刻该元胞的邻居中采用新技术的元胞个数。

12.2.2 元胞自动机模型的扩展模型

在应用元胞自动机模型研究产品扩散与技术扩散的过程中，学者发现积极观念领导者和消极观念领导者在市场中所占的比例、强势链与弱势链、广告效应这三者均对产品与技术的扩散产生了一定程度的影响。因此，学者依据元胞自动机基本模型开发了基于元胞类型的扩展模型、基于元胞邻居的扩展模型与基于局部规则的扩展模型。

1. 基于元胞类型的扩展模型

Moldovan 和 Goldenberg（2004）建立了基于关系网络扩散的二维元胞自动机模型。由于不同的企业具有不同的属性，不同的企业对技术的认识和对外界的影响程度也存在着差异。企业若具有较高的社会影响力并且能够对其他企业的采纳态度和决策产生较为深刻的影响，这类企业个体即为观念主导者（opinion coverage, OC）。其中，对其他企业产生正向影响的企业个体称作积极观念主导者（positive opinion leader, OL），对其他企业产生负向影响的企业个体称作消极观念主导者（resistance leader, RL）。Moldovan 和 Goldenberg 在模型中引入了企业个体的内部系数，反映了企业对一项技术采纳或者拒绝的可能性。其中，正内部系数表示企业个体采纳一项技术的概率，负内部系数表示企业个体拒绝一项技术的概率。模型中元胞状态向量为 $S_{ij}^{(t)} = \{-1, 0, 1\}$，其中，1 代表采纳新技术，0 代表保持中立，–1 代表反对新技术。该模型设定邻居类型为图 12.2（b）的 Moore 型，同时加入了周期性的边界条件，其演化规则如下：

$$\begin{cases} P_{0\leftarrow 1}^{OC}(t+1) = P_{0\leftarrow -1}^{OC}(t+1) = P_{0\leftarrow 1}^{OL}(t+1) = P_{0\leftarrow 1}^{RL}(t+1) = 0 \\ P_{0\leftarrow 1}^{OC}(t+1) = 1 - (1-p)(1-q_{OL})^{n_{OL}(t)}(1-q_p)^{n_a(t)} \\ P_{-1\leftarrow 0}^{OC}(t+1) = 1 - (1-p)(1-q_{RL})^{n_{RL}(t)}(1-q_n)^{n_r(t)} \\ P_{1\leftarrow 0}^{OL}(t+1) = 1 - (1-p)(1-q_{OL})^{n_{OL}(t)}(1-q_p)^{n_{ar}(t)} \\ P_{1\leftarrow 0}^{RL}(t+1) = 1 - (1-p)(1-q_{RL})^{n_{RL}(t)}(1-q_p)^{n_a(t)}(1-q_n)^{n_r(t)} \end{cases} \quad (12.3)$$

式中，p 代表推广强度；q_p 代表企业的正内部系数；q_n 代表企业的负内部系数；q_{OL} 代表积极观念主导者的正内部系数；q_{RL} 代表消极观念主导者的负内部系数；$n_{OL}(t)$ 代表 t 时刻积极观念主导者的数量；$n_{RL}(t)$ 代表 t 时刻消极观念主导者的数量；$n_a(t)$ 代表 t 时刻采纳新技术的企业数量；$n_r(t)$ 代表 t 时刻抵制新技术的企业数量。

2. 基于元胞邻居的扩展模型

Granovetter（1978）对关系网络进行分类以探究人们寻找工作机会的方式，

将个体之间联系的密切程度分为弱势链（偶然因素联系的个体之间构成弱势链）和强势链（关系密切的个体之间构成强势链）。基于元胞邻居的元胞自动机扩展模型的具体表述如图 12.3 所示。模型包括两层元胞空间：L_1 与 L_2。L_1 中的每一个元胞与除自身之外的所有元胞均为邻居，L_2 中与某个元胞产生随机连接的其他所有元胞均为这一元胞的邻居。各个元胞的属性为 $S_{ij}^{(t)}=\{0,1\}$，0 表示未采用新技术，1 表示采用新技术。模型的演化规则如下：

$$\begin{cases} P_{0\leftarrow 1}(t+1) = 0 \\ P_{1\leftarrow 0}(t+1) = 1-(1-p)(1-q_w)^{n_w(t)}(1-q_s)^{n_s(t)} \end{cases} \quad (12.4)$$

式中，p 表示外部影响系数；q_s 代表处于强势链个体之间的内部影响系数；q_w 代表处于弱势链个体之间的内部影响系数；$n_w(t)$ 代表 t 时刻与中心元胞具有弱势链关系的采纳者个数；$n_s(t)$ 代表 t 时刻与中心元胞具有强势链关系的采纳者个数。

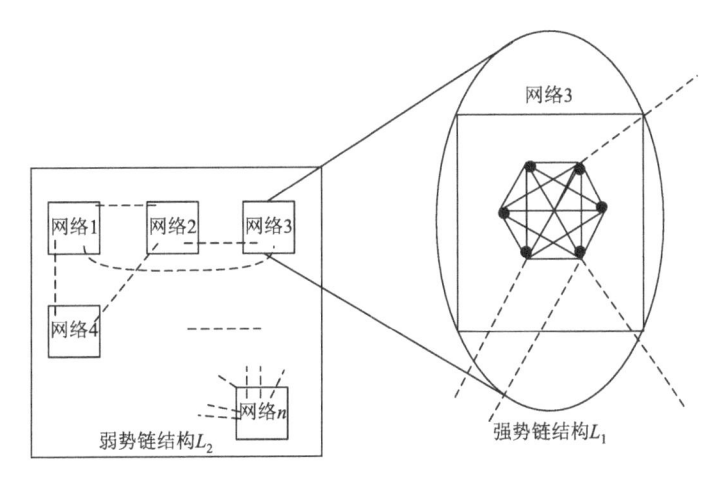

图 12.3 强势链和弱势链的两层网络结构图（实线代表强势链，虚线代表弱势链）

Granovetter（1978）通过改变外部系数、强势链之间的内部系数和弱势链之间的口碑因素进行了多次仿真模拟，研究发现弱势链对技术扩散具有重要的影响。

3. 基于局部规则的扩展模型

随着全球经济的不断发展，市场竞争愈演愈烈，任何企业和技术垄断市场的情况将不复存在，在同类技术和产品之间竞争成为常态。例如，苹果公司的 iPhone 手机和三星集团的三星手机虽然已经占有较大的市场份额，但是都无法做到独占手机市场。Zhang 等（2005）为研究寡头垄断市场中广告因素对市场主导者的影响，建立了一个存在竞争关系的由两个市场主导者构成的元胞自动机模型。该模型说明了主导者 A 如何通过广告策略与主导者 B 竞争，前提条件是主导者 B 几乎独自占据整个市场。模型中元胞"*"[图 12.4（a）]与其相邻的三个元胞（邻居）构成由深灰色方格表示的元胞中心，浅灰色方格代表中心元胞的邻居，模型的局部采纳规则如图 12.4 所示。该模型显示，市场主导者 A 在刚进入市场时的占有率 n_0 较少，因此，需要制定相应的广告策略顺利打开市场并与市场主导者 B 竞争。

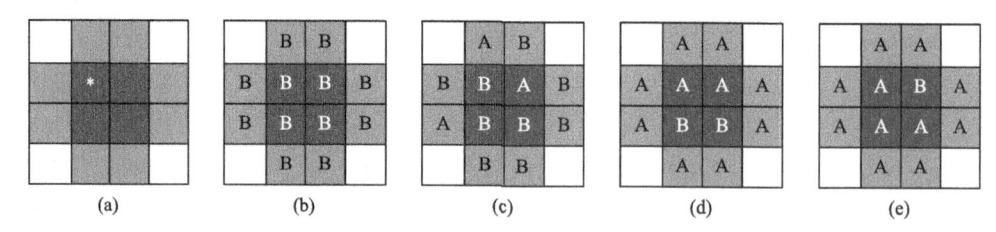

图 12.4　存在两个竞争关系主体的元胞自动机模型的局部规则与邻居类型
深灰色方格代表元胞中心，浅灰色方格代表受中心元胞的影响在下一时刻的邻居采纳情况

12.3　"技术-环境"完备情境下的知识密集型产业主导技术扩散模型的构建

在元胞自动机模型中，学者常引入广告强度研究其对产品或技术扩散的影响。由于广告在技术扩散影响研究中的局限性，一些学者使用推广强度作为研究变量替代广告强度。余德辉（2001）在其研究中论证了加大环保实用技术推广力度可促进环保科技成果产业化。Yanovitzky 和 Stryker（2008）引入推广强度研究一项心理学规范化技术的采纳行为变化过程。Miller 和 Shinn（2005）通过研究社区传播模式证实了推广强度对预防医学科学技术传播的积极作用。因此，本书使用推广强度替代广告强度研究"技术-环境"完备情境下的知识密集型产业主导技术扩散机理。

口碑扩散（word of mouth diffusion，WMD）也称为关系网络扩散，是指企业通过面对面的口头交流的形式进行信息的交换，是技术扩散的一种重要手段。技术扩散中关于口碑扩散的相关研究大多针对有利于扩散的信息。然而，在企业的实践中，对于新技术的负面和抵触性信息同样也会通过口碑传播进行扩散，这些负面的信息不但会阻碍技术的扩散，而且其影响力度比正面信息更高，从而导致了技术扩散的失败。互联网扩散（internet diffusion，ID）是指企业通过虚拟的互联网进行信息的交换，也称为互联网信息扩散。随着互联网技术的发展，企业越来越多地通过互联网平台获取主导技术的相关信息。因此，本书在研究知识密集型产业主导技术的扩散时，会从口碑扩散和互联网扩散这两种信息传播途径入手进行分析。

Granovetter（1973）首次将关系网络分成强势链和弱势链，强势链由关系密切的企业构成；弱势链由偶然因素联系的企业构成。在现实情境中，企业战略联盟中的成员之间或经常有项目合作的企业之间会构成强势链，不同联盟或不同区域内鲜有联系的企业之间会构成弱势链。通常强势链连接的企业个数较少，而弱势链则可能将关系不太密切的企业联系在一起。处于强势链的个体之间的关系较为紧密，常常进行信息的互换，如果其中一个个体不了解某项技术，则意味着其他个体也很难了解该项技术；而通过弱势链建立联系的个体则极有可能掌握着其他个体不了解的一些技术信息。因此，相较于强势链，个体更容易从弱势链中获得所需要的技术信息。Granovetter 将这一现象总结为弱势链优势理论。该理论对于技术扩散的研究具有深远的影响，众多学者的研究也验证了该理论的正确性。相较而言，口碑扩散的前提是不同企业之间需要进行频繁的交流，这些企业极有可能处于同一企业战略联盟中或经常性地合作完成项目，所以口碑扩散符合强势链的特征。互联网扩散一般发生在极少有合作关系的企业之间，这样的企业通常通过互联网的交流获得主导技术的相关信息，所以互联网扩散符合弱势链的特征。因此，本书将口碑扩散的个体联系视作强势链，将互联网扩散的个体联系视为弱势链，并探究这两者在知识密集型产业主导技术扩散中的作用。

在消费者行为理论中，口碑（word of mouth，WOM）是影响消费者判断与行为的有效因素（Herr et al.，1991；Sultan et al.，1990），是消费者期望的重要来源（Zeithaml et al.，1993）。WOM 具有方向性，正口碑是指传播对企业有利信息的口碑，负口碑是指传播对企业不利信息的口碑。根据 Rogers 的理论，观念主导者既可以促进技术的扩散，也可以阻碍技术的扩散，即企业表现出采纳和抵制两种态度，并对邻近的企业有积极或消极的影响。在这种情况下，促进技术扩散的是正口碑；阻碍技术扩散的是负口碑。由于宏观层面上的数学模型很难表述企业的这些态度差异，同时，口碑在数学模型中也无法用参数和变量表示出来，因此，很多学者从中观层面研究这种问题。鉴于此，本书从中观层面入手，将观念主导者分为积极观念主导者和消极观念主导者，并在元胞自动机模型中研究这两者在知识密集型产业主导技术扩散过程中的作用规律。

本书将考虑企业的不同属性，建立基于邻居扩展模型的元胞自动机模型，并围绕推广强度、观念主导者的市场比例以及强势链、弱势链的市场规模三方面因素对知识密集型产业主导技术扩散的影响进行研究。

12.3.1 模型的假设

前面已述及，元胞自动机模型被广泛应用于技术扩散的相关研究中。综合元胞自动机基本模型框架与扩展模型的内容，本书提出知识密集型产业主导技术扩散模型的假设如下。

（1）市场中企业的数量固定，即当一种主导技术刚开始进入市场时，该市场的企业总量就已经确定，并在主导技术的整个生命周期中保持静态不变。

（2）无知状态是企业的初始状态，即对主导技术没有任何了解，只能通过技术推广和从观念主导者的口碑中获取相关信息，并据此对主导技术做出采纳或者不采纳的决定。当企业做出采用或者拒绝该主导技术的决定后，该企业的态度不再改变，并始终坚持自己的立场。

（3）企业一般从口碑扩散和互联网扩散两种途径收集主导技术的信息，并且随机地从互联网中采集信息。

（4）积极观念主导者和消极观念主导者拥有足够的专业知识，并且能够对主导技术产生较为准确的认知。假设积极观念主导者和消极观念主导者在市场上的比例恒定不变，并对未采用技术企业的影响较大。

（5）企业在技术采纳的过程中能够得到市场、政策等环境条件的支持，在采纳主导技术后可以顺利地将技术投入生产过程中。

在上述假设条件下，主导技术扩散的流程如图 12.5 所示。

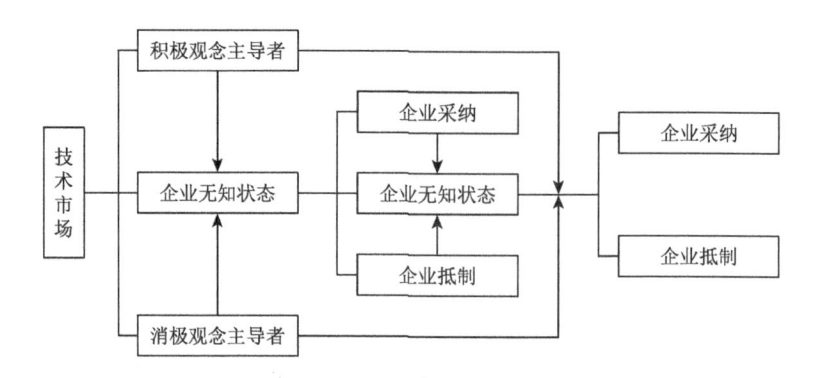

图 12.5　主导技术扩散的流程

12.3.2　模型的建立

前面已述及，一个完整的元胞自动机模型包括元胞、元胞空间、邻居及演化规则四个基本要素，本节对知识密集型产业主导技术扩散 CA 模型的定义如下：

$$CA = (Ld, C, N, F) \tag{12.5}$$

（1）元胞 C：每个元胞的属性向量为 $S_{ij}^{(t)} = \{-2, -1, 0, 1, 2\}$，0 表示处于无知状态的企业，1 表示采纳该主导技术的企业，2 表示积极观念主导者，-1 表示抵制该主导技术的企业，-2 表示消极观念主导者。

（2）元胞空间 Ld：本书使用二层关系网络 $L_1 \times L_2$ 来表示整个市场。L_1 为企业之间的强势链连接结构，如图 12.3 中的网络 3，图中的黑点表示强势链连接结构中的元胞。L_2 表示企业之间的弱势链连接结构，如图 12.3 中的网络 n，虚线部分连接的元胞之间存在弱势链的连接关系，并且这种联系是随机的。

（3）邻居 N：元胞网络中的邻居包括与中心元胞具有强势链连接和弱势链连接的元胞。除元胞自身以外，强势链 L_1 中的所有元胞均为该元胞的邻居。弱连接 L_2 的网络结构中与中心元胞随机联系的所有元胞同样是该元胞的邻居。

（4）演化规则 F：中心元胞依据自身在 t 时刻的状态以及网络内的企业、积极观念主导者和消极观念主导者的口碑以及在 t 时刻的采纳结果来确定自身在 $t+1$ 时刻的状态。本书引入口碑系数以综合地考虑强势链、弱势链、积极观念主导者比例与消极观念主导者比例对主导技术扩散的影响。基于谢光明等（2018）的研究，本书将口碑系数定义为个体对一项技术的综合评价值，可反映企业对一项技术的满意程度。本书构建的元胞自动机模型的局部规则如下：

$$\begin{cases} P_{0\leftarrow 1}(t+1) = P_{0\leftarrow -1}(t+1) = P_{0\leftarrow 2}(t+1) = P_{0\leftarrow -2}(t+1) = 0 \\ P_{0\leftarrow 1}(t+1) = 1-(1-p)(1-q_{sOL})^{n_{sOL}(t)}(1-q_{wOL})^{n_{wOL}(t)}(1-q_{sp})^{n_{sp}(t)}(1-q_{wp})^{n_{wp}(t)} \\ P_{-1\leftarrow 0}(t+1) = 1-(1-p)(1-q_{sRL})^{n_{sRL}(t)}(1-q_{wRL})^{n_{wRL}(t)}(1-q_{sp})^{n_{sp}(t)}(1-q_{wr})^{n_{wr}(t)}(1-q_{sr})^{n_{sr}(t)}(1-q_{wp})^{n_{wp}(t)} \end{cases}$$

（12.6）

式中，p 代表知识密集型产业主导技术的推广强度；q_{sOL} 代表强势链连接中采纳主导技术的积极观念主导者的口碑系数；q_{sRL} 代表强势链连接中抵制主导技术的消极观念主导者的口碑系数；q_{wOL} 代表弱势链连接中采纳主导技术的积极观念主导者的口碑系数；q_{wRL} 代表弱势链连接中抵制主导技术的消极观念主导者的口碑系数；q_{sp} 代表强势链连接中采纳产业主导技术的企业的口碑系数；q_{wp} 代表弱势链连接中采纳主导技术的企业的口碑系数；q_{sr} 代表强势链连接中抵制主导技术的企业口碑系数；q_{wr} 代表弱势链连接中抵制主导技术的企业的口碑系数；$n_{sOL}(t)$ 代表 t 时刻与中心元胞有强势链连接关系的采纳主导技术的积极观念主导者个数；$n_{wOL}(t)$ 代表 t 时刻与中心元胞有弱势链连接关系的采纳主导技术的积极观念主导者个数；$n_{sRL}(t)$ 代表 t 时刻与中心元胞有强势链连接关系的抵制主导技术的消极观念主导者个数；$n_{wRL}(t)$ 代表 t 时刻与中心元胞有弱势链连接关系的抵制主导技术的消极观念主导者个数；$n_{sp}(t)$ 代表 t 时刻与中心元胞具有强势链连接关系的采纳主导技术的企业个数；$n_{wp}(t)$ 代表 t 时刻与中心元胞有弱势链连接关系的采纳主导技术的企业个数；$n_{sr}(t)$ 代表 t 时刻与中心元胞有强势链连接关系的抵制主导技术的企业个数；$n_{wr}(t)$ 代表 t 时刻与中心元胞有弱势链连接关系的抵制主导技术的企业个数。$P_{0\leftarrow 1}(t+1)$ 表示企业在 $t+1$ 时刻从状态 1 转化到状态 0 的概率，其值为 0 时表明观念主导者和已采用主导技术的企业继续保持对该主导技术的态度。$P_{1\leftarrow 0}(t+1)$ 代表在 $t+1$ 时刻企业采纳主导技术的概率，$P_{-1\leftarrow 0}(t+1)$ 代表在 $t+1$ 时刻企业抵制主导技术的概率。

12.4 "技术-环境"完备情境下知识密集型产业主导技术扩散机理

在"技术-环境"完备情境下知识密集型产业主导技术的扩散过程中，较大的推广强度 p 具有积极的推动作用。原因在于，主导技术在进入市场初期并未显现出其主导性特征，只作为一般性技术出现，这时主导技术主要依靠推广宣传增强市场对自身的认可度。随着技术的发展与环境条件的成熟，知识密集型产业主导技术的相关信息日益完善，技术优化与变革逐渐完成，技术发展需要的相关政策条件具备，"技术-环境"完备情境逐渐形成。可见，当知识密集型产业主导技术刚进入市场时，推广是主导技术扩散的主要途径。强势链企业之间关系密切，信息交流频繁，因此，在政策环境完善与技术成熟的基础上，主导技术的相关信息会在具有强势链关系的企业中迅速扩散。即推广强度 p 越大，采纳主导技术的企业数量增长速度越快，即 $P_{1\leftarrow 0}(t+1)$ 增加；与此同时，随着 p 的增大，$P_{-1\leftarrow 0}(t+1)$ 也在增大，说明抵制主导技术的企业数量也呈现快速增长。式（12.6）的第三个公式显示，$P_{-1\leftarrow 0}(t+1)$ 的增大会导致抵制主导技术的消极观念主导者口碑系数 q_{sRL} 与 q_{wRL} 的增大，表明消极观念主导者占市场的比例会随之增加。由于式（12.6）的第三个公式还考虑了抵制主导技术企业的口碑系数 q_{sr} 与 q_{wr}，积极观念主导者对主导技术扩散的影响将远远不及消极观念主导者对主导技术扩散的影响，若技术供给方无法提供有利信息降低消极观念主导者在市场中所占的比例，知识密集型产业主导技术的扩散将减弱或中止。因此，在"技术-环境"完备情境下，较大的推广强度是推动知识密集型产业主导技术扩散的必要条件。

当推广强度 p 增大到一定程度致使主导技术采纳的企业数处于饱和状态时，由式（12.6）可知，消极观念主导者的数量 $n_{sRL}(t)$ 和 $n_{wRL}(t)$、口碑 q_{sRL} 和 q_{wRL} 与弱势链中采纳主导技术企业的数量 $n_{wp}(t)$ 与口碑 q_{wp} 将成为影响知识密集型产业主导技术扩散的主要因素。采纳主导技术企业数饱和意味着，技术供给方提供的有利信息弱化了抵制主导技术企业的口碑系数 q_{sr} 与 q_{wr} 的增长，强势链和弱势链中的企业均已获得主导技术的相关信息并做出是否采纳的决定。然而，相较而言，弱势链在获取技术信息方面更具优势。企业在根据相关信息进行技术评估时，主导技术在市场中的积极或消极影响将会对技术扩散的成功与否起到关键性作用。在此情况下，知识密集型产业主导技术的扩散主要取决于消极观念主导者在市场中所占的比例，即消极观念主导者在市场中的比例越低，企业越倾向于采纳主导技术。因此，在推广强度达到阈值后，知识密集型产业主导技术在"技术-环境"完备情境下实现大规模扩散的前提是：企业能够通过强势链和弱势链获取主导技术的有用信息，消极观念主导者在市场中的比例较低。

12.5 "技术-环境"完备情境下知识密集型产业主导技术扩散仿真

12.5.1 基于推广强度的知识密集型产业主导技术扩散仿真

本节将对"技术-环境"完备情境下的知识密集型产业主导技术扩散模型进行仿真。在本节的仿真中,取网络 $\text{Net}_i(i=1,2,\cdots,100)$,初始状态时,假定市场中企业都处于无知状态"0",以排除观念主导者对主导技术扩散的影响。为消除观念主导者和强势链、弱势链对主导技术扩散的影响,本书基于邓青等(2016)的仿真过程按照比例设置以下参数:$q_{\text{sOL}}=0.008$,$q_{\text{sRL}}=0.008$,$q_{\text{wOL}}=0.004$,$q_{\text{wRL}}=0.004$,$q_{\text{sp}}=0.004$,$q_{\text{sr}}=0.004$,$q_{\text{wp}}=0.002$,$q_{\text{wr}}=0.002$。为了便于比较推广强度对主导技术扩散的影响,本书基于张丽娟等(2015)的研究改变推广强度 p 的数值,分别取 0.01 和 0.04。考虑到模拟实验中会存在一定的随机特性,因此,在数值模拟的过程中,本书使用两组参数重复实验 10 000 次,每次运行 35 个时间步长,取平均值得到每个时间步长采纳和抵制知识密集型产业主导技术的企业累计数量占市场的比例,从而得到推广强度变化导致主导技术采纳者和主导技术抵制者数量变化的曲线,如图 12.6 所示。

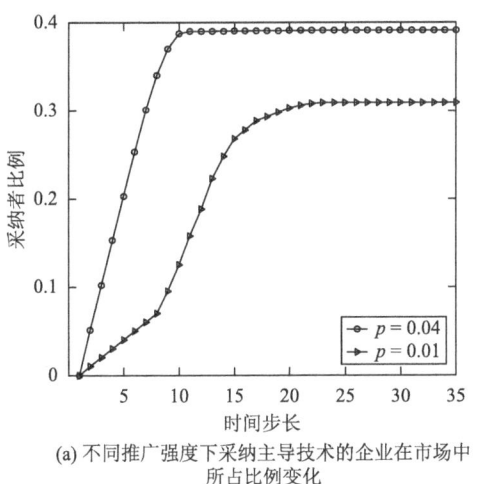

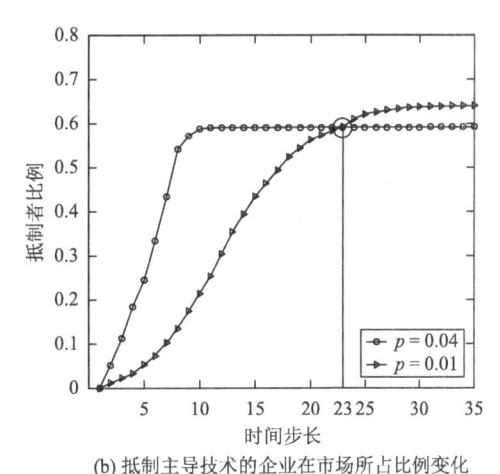

(a) 不同推广强度下采纳主导技术的企业在市场中所占比例变化

(b) 抵制主导技术的企业在市场所占比例变化

图 12.6 推广强度 p 对主导技术扩散的影响

图 12.6 表示当推广强度不同时,采纳和抵制知识密集型产业主导技术的企业

在市场中的数量变化过程。图中,横坐标表示时间步长,纵坐标表示企业数量在市场中所占的比例。分析图 12.6 可以得出以下结论。

(1) 从图 12.6 (a) 可知,在时间步长 t 增长初期, $p=0.04$ 时的采纳主导技术企业的占比的变化曲线明显比 $p=0.01$ 时的曲线更陡峭,说明增大推广强度可以有效促进知识密集型产业主导技术进入市场初期的扩散;当 t 增大到一定程度后, $p=0.04$ 时采纳主导技术企业占比的变化曲线比 $p=0.01$ 时的曲线先到达顶点,并且 $p=0.04$ 时的曲线终点位置明显更高,说明推广强度越大,市场越快接近饱和,主导技术采纳者所占比例越高。这一结果证实了知识密集型产业主导技术刚进入市场时,推广宣传是促进主导技术扩散的主要途径。

(2) 从图 12.6 (b) 可知,主导技术的扩散达到饱和状态时,两条抵制者所占比例曲线在 $t=23$ 时出现一个交点,说明此时在不同的推广强度下抵制者的数量一样;在 $t\in(0,23)$ 的时间步长内,推广强度越大,抵制者占比的增长速率越快;在 $t\in(23,25)$ 的时间步长内,推广强度越大,抵制者占比的增长速率越慢。此结果说明在主导技术推广过程中,相关信息的传播会快速增加抵制者的比例,只有通过技术改进或产品优化使抵制者数量不再增长或达到阈值后,知识密集型产业主导技术才能够有效扩散。因此,有效信息的传播策略可以减少抵制者的出现,最终促进采纳主导技术的企业数量不断增加。

综上所述,本节的仿真模拟一方面证明了推广强度越大,饱和状态时技术采纳者的数量越大;另一方面,也说明推广宣传对主导技术的扩散是有利有弊的,即随着推广强度的增大,主导技术的采纳者数量会增加,同时抵制者的数量也会增加。

12.5.2 基于观念主导者所占比例的知识密集型产业主导技术扩散仿真

在本节的仿真中,取 $\text{Net}_i(i=1,2,\cdots,100)$,初始状态时,设定积极观念主导者占市场的比例为 $P_{iOL}=0.1$,消极观念主导者占市场的比例分别取值 0、0.05 和 0.1,其他元胞都处于无知状态"0",其余系数的取值分别如下: $p=0.2$, $q_{sOL}=0.008$, $q_{sRL}=0.008$, $q_{wOL}=0.004$, $q_{wRL}=0.004$, $q_{sp}=0.004$, $q_{sr}=0.004$, $q_{wp}=0.002$, $q_{wr}=0.002$。在数值模拟过程中,本书使用三组参数重复实验 10 000 次,每次运行 35 个时间步长,并取平均值得到每个时间步长采纳和抵制主导技术的企业累计数量占市场的比例,从而得到积极观念主导者和消极观念主导者占市场比例变化导致主导技术采纳者和主导技术抵制者数量变化的曲线,如图 12.7 所示。

图 12.7 表示当积极观念主导者占市场的比例既定、消极观念主导者占市场的比例不同时,采纳和抵制知识密集型产业主导技术的企业数量占市场比例的变化过程。图中,横坐标表示时间步长,纵坐标表示采纳主导技术企业和抵制主导技术企业占整个市场的比例。本书依据图 12.7 可以得出如下结论:消极观念主导者

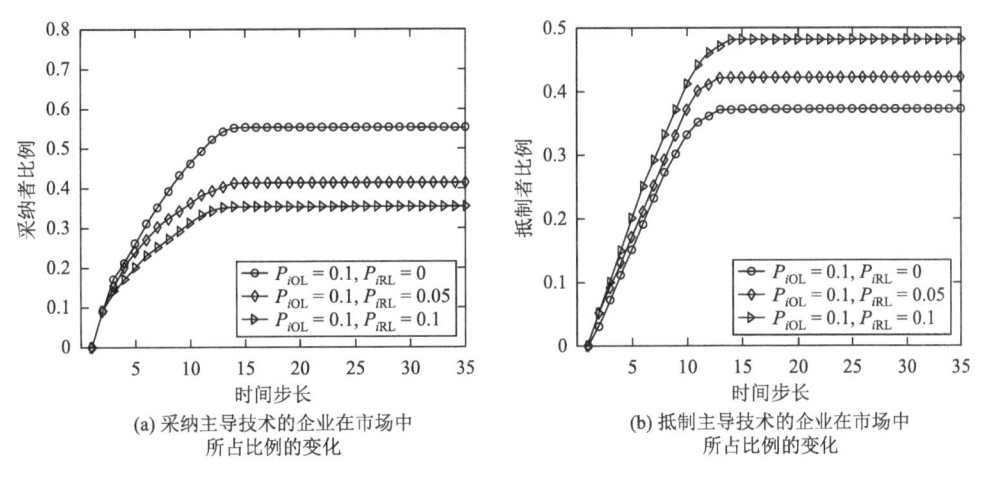

(a) 采纳主导技术的企业在市场中所占比例的变化

(b) 抵制主导技术的企业在市场中所占比例的变化

图 12.7 消极观念主导者占市场比例对主导技术扩散的影响

占市场比例的增加会导致采纳主导技术的企业比例减少[图 12.7(a)]，也会导致抵制主导技术的企业比例增加[图 12.7(b)]。当市场中不存在消极观念主导者时，由于不同的企业具有不同的属性和战略目标，市场中依然会出现抵制主导技术的企业。而伴随着消极观念主导者的出现和数量的增加，市场中抵制知识密集型产业主导技术的企业数量会增加得更快，可见，消极观念主导者降低了主导技术采用者的数量，即消极观念主导者对主导技术的扩散具有阻碍作用。

图 12.8 表示当积极观念主导者的市场比例和消极观念主导者市场比例均为 0.1 时，采纳和抵制知识密集型产业主导技术的企业在市场中的数量变化。图中，横坐标表示时间步长，纵坐标表示采纳主导技术的企业和抵制主导技术的企业占

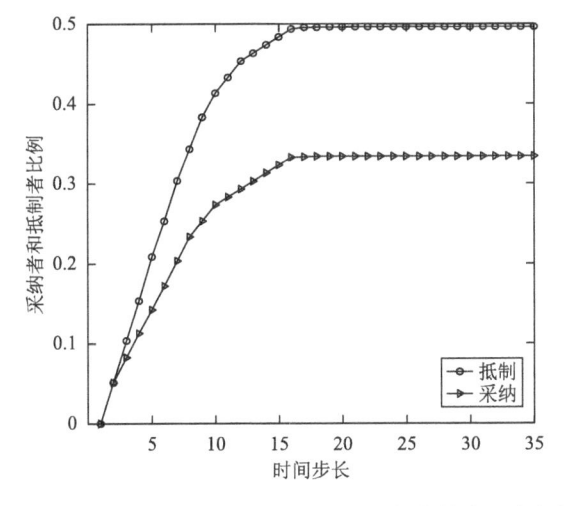

图 12.8 $P_{iOL}=0.1$，$P_{iRL}=0.1$ 时采纳和抵制主导技术的企业占市场比例变化

整个市场的比例。根据图 12.8 可以得出如下结论：当积极观念主导者和消极观念主导者的市场占比相等时，抵制主导技术的企业比例高于采纳主导技术的企业比例，这一结果表明，与积极观念主导者相比，消极观念主导者对主导技术扩散的影响更大。并且，当市场中消极观念主导者出现时，技术扩散速度和最终市场规模的大小受到积极观念主导者的影响较小，即使增加积极观念主导者的数量，对结果也没有太大的影响。究其原因，是由于消极观念主导者不仅对技术扩散产生阻碍作用，而且会部分抵消积极观念主导者对技术扩散的积极作用。由此可见，消极观念主导者对技术采纳决策的影响比积极观念主导者更大。

由此，本节内容验证了当推广强度增大到一定程度使技术采纳企业数处于饱和状态时，消极观念主导者阻碍了知识密集型产业主导技术的扩散，并且进一步发现消极观念主导者对企业采纳技术决策的影响比积极观念主导者更大。

12.5.3 基于强势链和弱势链的知识密集型产业主导技术扩散机理仿真

在本节的实验中，取 $\mathrm{Net}_i(i=1,2,\cdots,100)$，设强势链 Net_i 中的元胞个数分别为 10 和 20，则企业数量规模 M 分别为 10×100 个、20×100 个。另外，取 $\mathrm{Net}_i(i=1,2,\cdots,i,\cdots,\max)$，max 的值分别为 100 和 200；设弱势链 Net_i 中的元胞个数为 10，则企业数量规模 M 分别为 10×100 个、10×200 个。在初始状态时，积极观念主导者数量和消极观念主导者数量占市场的比例均为 0.04，其他元胞都处于无知状态"0"，其余系数的取值如下：$p=0.2$，$q_{sOL}=0.008$，$q_{sRL}=0.008$，$q_{wOL}=0.004$，$q_{wRL}=0.004$，$q_{sp}=0.004$，$q_{sr}=0.004$，$q_{wp}=0.002$，$q_{wr}=0.002$。在数值模拟过程中，本书使用两组参数重复实验 10 000 次，每次运行 35 个时间步长，取平均值得到每个时间步长采纳主导技术的企业累计数量占市场的比例，以绘制强势链和弱势链的企业规模变化导致主导技术采纳者数量变化的曲线，如图 12.9 所示。

图 12.9 表示在不同的企业数量规模下，采纳主导技术的企业在市场中的数量变化。图中，横坐标表示时间步长，纵坐标表示采纳主导技术的企业在市场中所占的比例。从图 12.9 可知，强势链的企业数量规模越大，主导技术采纳者比例增长越快［图 12.9（a）］；弱势链的企业数量规模越大，采纳者比例的增长同样越快［图 12.9（b）］，说明强势链与弱势链都对主导技术扩散起着至关重要的作用。对比图 12.9（a）和图 12.9（b）的图例可知，强势链与弱势链的企业数量规模均增加两倍；与此同时，图 12.9（b）中两条曲线的增长幅度大于图 12.9（a）中两条曲线的增长幅度，说明相比于强势链企业数量规模的增长，弱势链企业数量规模的增长会增加更多的技术采纳者。这一仿真结果证明强势链与弱势链的企业数

(a) 强势链规模不同时采纳主导技术的企业
在市场中所占比例的变化

(b) 弱势链规模不同时采纳主导技术的企业
在市场中所占比例的变化

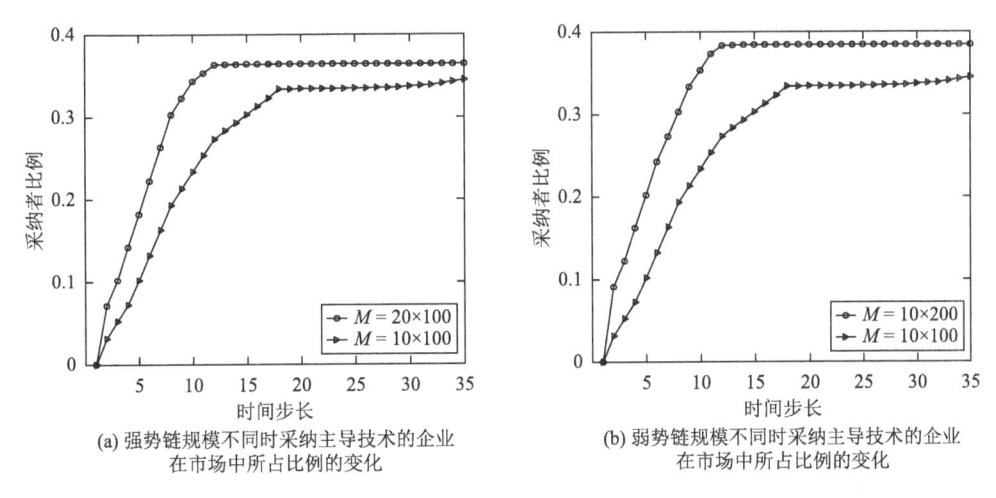

图 12.9 强势/弱势链规模不同时采纳主导技术的企业在市场中所占比例变化

量规模增长均可以促进知识密集型产业主导技术的扩散，但弱势链企业数量规模的增大可以更有效地增加知识密集型产业主导技术扩散的范围和广度。

12.6 本章小结

本章首先介绍了元胞自动机的框架，包括元胞自动机的定义、结构和特征。其次，简单阐述了元胞自动机的基本模型及其扩展模型，并基于元胞自动机的扩展模型构建了"技术-环境"完备情境下的知识密集型产业主导技术扩散模型，分析了知识密集型产业主导技术扩散机理。最后，通过仿真分析验证了推广强度、积极观念主导者和消极观念主导者占市场比例、强势链与弱势链的企业数量规模对"技术-环境"完备情境下知识密集型产业主导技术扩散的影响。

第 13 章　知识密集型产业主导技术扩散机理的整体性分析

第 11 章分别基于 Bass 模型、传染病模型研究了"环境"不完备情境下、"技术"不完备情境下知识密集型产业主导技术扩散机理。第 12 章基于元胞自动机模型分析了"技术-环境"完备情境下知识密集型产业主导技术扩散机理。本章将结合上述两章的研究内容，基于布朗运动的研究框架进行知识密集型产业主导技术扩散机理的整体性研究，并对其进行案例验证。

13.1　基于布朗运动的知识密集型产业主导技术扩散机理的整体性分析

前面已述及，主导技术扩散的过程与布朗运动类似，主导技术类似于布朗运动中的颗粒，主导技术扩散的环境类似于布朗运动中的温度。当一项主导技术最初进入市场时，技术构成相对简单，但配套设施的严重不足构成了"环境"不完备的情境。随着时代的进步与环境的发展，与主导技术相关的产业链逐渐形成，主导技术需要不断被完善以满足生产的需求，这种情况下形成了"技术"不完备的情境。在市场需求与产业内规模效应的影响下，不断提升的研发水平使主导技术不断完善与更新换代，"技术-环境"完备的情境也随之逐渐形成。可见，按照主导技术的上述发展历程，知识密集型产业主导技术扩散会依次经历从"环境"不完备情境下的扩散到"技术"不完备情境下的扩散，再到"技术-环境"完备情境下的扩散的这一演化过程，具体如图 13.1 所示。

13.1.1　"环境"不完备情境下知识密集型产业主导技术的扩散

在"环境"不完备的情境下，知识密集型产业主导技术处于发展运用的初期阶段，在此背景下，掌握此项新技术的企业少之又少。一些企业通过学习新的技术知识，并依靠自身的科研储备能力，开始面向市场开发或者采用新工艺，以完成商业化产品技术转型。由于新型产品和工艺的利润率很高，少量企业发现了这一新的市场机会，开始效仿成功企业的做法。但在这一阶段中，由于采纳主

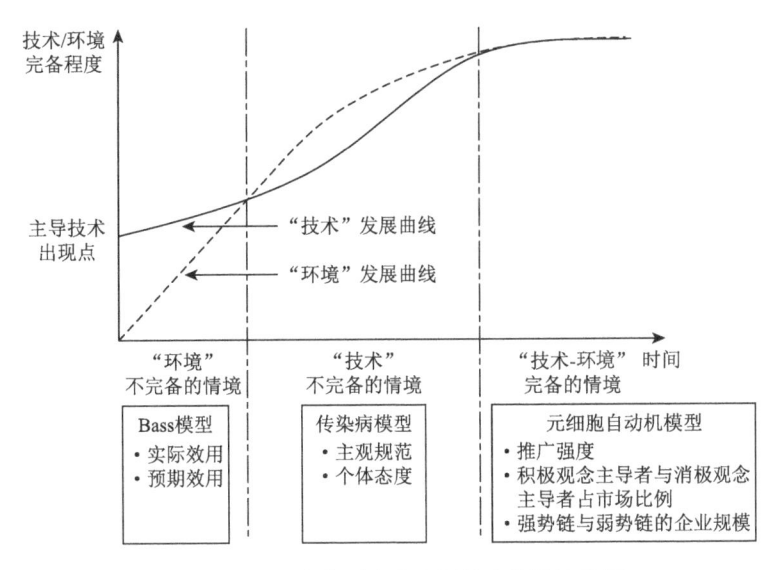

图 13.1 知识密集型产业主导技术扩散演化图

导技术的企业数量很少、市场规模有限、配套设施不足等原因,产生了企业间专业化分工模糊等问题,企业之间没有形成相互配套的产业链。此时的主导技术扩散速度缓慢,扩散效益也是有限的。在这种情况下,第一批大胆尝试新技术的创新者企业依据技术的预期效用做出了主导技术的采纳决策。这些综合实力较强的企业一方面可以承受技术采纳成本、有能力加快技术市场化的进程;另一方面可以使新技术快速进入赢利状态,为模仿者提供较高的实际效用,从而促进知识密集型产业主导技术的扩散。继创新者之后的模仿者企业依据创新者企业的实际效用与企业自身的预期效用的差值做出是否采纳主导技术的决定。若效用差值越大,主导技术在模仿者中的扩散速度越快。在此过程中,企业内部对一项新技术的科学评估体系起到了关键性作用。若企业能够对新技术进行科学、全面的考量,将大大降低采纳主导技术的风险。所以,对新技术的科学评估将有利于主导技术在模仿者企业中的扩散,反之,轻虑浅谋的采纳将导致主导技术在企业中应用失败,从而中断主导技术的后续扩散。

13.1.2 "技术"不完备情境下知识密集型产业主导技术的扩散

随着市场化进程的推进,知识密集型产业主导技术扩散所需的环境条件逐渐具备和优化,市场的需求与产业的升级要求主导技术进一步完善与更新,"环境"不完备情境也随之逐渐转化为"技术"不完备情境。在"技术"不完备情境下,采纳知识密集型产业主导技术的企业数量急剧增加,规模不断扩大,使主导技术相关产品销量迅速增长,知名度逐渐提升,新技术带来的高利润吸引了更多企业采纳。伴随着同类型产品生产企业、纵向一体化联合企业和相关支持机构的大量出现,企业之间通过正式与非正式途径建立起的联系,使产业链开始初步形成并且逐渐完善。在技术转型的产业关联、竞争与合作关系交互作用下形成的核心社会网络中,借助中介组织、各大行业协会和高等学校科研机构等辅助网络的协助,主导技术的扩散速度加快,逐渐处于快速增长阶段。具体来说,在此过程中,绝大部分企业不会在接收到技术信息后立刻做出决策而是进入评估阶段,即企业将根据自身和外在的影响因素决定是否对这一技术进行采纳。在这种情况下,企业的个体态度与主观规范对知识密集型产业主导技术是否能够实现大规模扩散具有决定性影响。当企业对主导技术持积极态度时,会主动搜寻该项技术对企业的有用信息,并追踪技术的后续优化进程,保持自身的市场敏感度。若产业内的其他企业陆续进行技术引进并取得较好的收益,或合作企业推荐了该项技术,则企业会倾向于采纳主导技术并缩短评估时间。此时知识密集型产业主导技术得到快速、有效的扩散,反之,若其他企业在技术引进过程中接连出现问题,如技术出现严重缺陷或合作企业对该技术持有消极态度,企业将增加评估时间或做出拒绝采纳的决定,即知识密集型产业主导技术的扩散将会中断。当企业对主导技术持消极态度时,意味着企业更加关注技术成本、采纳风险以及该项技术对企业的无用甚至有害信息,此时知识密集型产业主导技术的扩散依赖于产业的发展趋势与合作企业的强烈要求。因此,若知识密集型产业的发展离不开该项主导技术的支持,企业会倾向于技术采纳;若其上下游合作伙伴提出并要求使用该技术进行后续的业务开展,则企业会缩短技术评估时间,做出技术采纳的决策,从而促进知识密集型产业主导技术的扩散。

13.1.3 "技术-环境"完备情境下知识密集型产业主导技术的扩散

随着产业内规模效应的逐渐增强与技术研发水平的不断提升,知识密集型产业主导技术完成了更新与优化。与此同时,产业内与知识密集型产业主导技术相关的各种基础设施和政策条件齐备,企业间各类信息和基础资源得以迅速流动传播,产业规模效应扩大。此时主导技术扩散网络环境不断完善,技术扩散不断增强,所以"技术"不完备情境逐渐转化为"技术-环境"完备情境。在此情境下,各大产业内信息交流、物流交易和技术配套等非核心性网络体系得到完善,与主导技术相关的科研机构和培训单位涌现并迅速发展,专业性行业协会协助作用明显,社会资本得以聚集,区域金融业蓬勃发展,核心的交通运输公共基础设施和相关法规得以完善,满足了主导技术扩散的需求。

在"技术-环境"完备情境下知识密集型产业主导技术的扩散过程中,较大的推广力度具有积极的推动作用。由于强势链企业之间的关系密切，信息交流频繁，所以主导技术的相关信息会通过推广宣传在具有强势链的企业中迅速扩散。推广强度越大，采纳主导技术的企业数量增长速度越快，同时抵制主导技术的企业数量增长速度也越快。抵制主导技术的企业数量的增长意味着消极观念主导者占市场比例的增加。由于消极观念主导者对主导技术扩散的影响要比积极观念主导者大得多，此时若技术供给方无法提供有利信息抑制消极观念主导者占市场比例的增加，知识密集型产业主导技术的扩散将中断。

当推广强度增大到一定程度使采纳技术的企业数量处于饱和状态时，意味着技术供给方减弱了抵制主导技术企业数量的增长，企业均已获得主导技术的相关信息并做出技术采纳的决定。此时，弱势链是企业获取所需要信息的主要途径。而在企业获取相关信息并进行技术评估时，知识密集型产业主导技术的扩散主要取决于消极观念主导者在市场中所占的比例。消极观念主导者的市场占比越低，企业越倾向于采纳主导技术。可见，在推广强度达到阈值后，消极观念主导者占市场的比例与弱势链的规模将成为影响知识密集型产业主导技术扩散的主要因素。

13.2 知识密集型产业主导技术扩散机理的案例研究

单案例研究（个案研究）是通过丰富的、多方位、实证性描述回答"如何（how）"或"为什么（why）"问题的方法，通过严谨细致地收集与分析数据，能够提高研究的信度和效度。因此，本书采用单案例研究（个案研究）方法探讨知识密集型产业主导技术扩散的背景及规律，以期进一步阐释知识密集型产业主导技术扩散的整体性机理。

13.2.1 案例选择

本书基于案例典型性和数据可得性这两项原则，选择了太阳能产业主导技术作为案例的研究对象。

1）案例的典型性

自 20 世纪 90 年代以来，太阳能热利用产业一直保持着 30% 的年增长率。在过去的十年中，我国太阳能产业取得了骄人的成绩，相关生产企业已经多达 5000 余家，市场规模逐渐扩大。目前，我国太阳能产业内部形成了配套的产业链和技术标准，产业体系发展逐渐完备，并且建立了完善的检测认证体系。更为重要的是，中国自主创新的太阳能镀膜真空集热管技术，已经获得了国际公认，这表明中国企业掌握了太阳能热利用领域 95%的核心技术。在技术应用方面，太阳能发热行业与建筑行业的结合获得了长足进展，太阳能取暖技术和工业化利用模式也取得了初步成效。因此，本书选取太阳能产业主导技术扩散作为个案进行解析，希望借此总结出知识密集型产业主导技术扩散的基本规律，为我国未来知识密集型产业主导技术发展提供有效的借鉴和参考。

2）数据的可得性

苏敬勤和刘静（2013）在其研究中指出，在信息技术高度发达的时代，科学合理地通过多种途径获得的二手资料同样适用于高水平的科学研究。考虑到一手资料可能存在主观性较大等问题，而二手资料则具备了覆盖面广、时间跨度长、稳定性好、可反复阅读等多项优点，因此，本节主要以收集二手资料的方式获取相关数据。笔者通过政府颁布的相关报告、国家能源局官网发布的统计数据公告、光伏产业内的企业年报以及有影响力的媒体平台的新闻资讯报道等途径，获取太阳能光伏发电主导技术扩散的相关资料，同时整理了关于全球发展太阳能光伏发电技术的相关政策、经济、技术等方面的数据和背景材料。基于此，本书还将通过多渠道获取的数据资料进行反复比较、印证和整合，以提高二手资料的准确性和可靠性。

以第 9 章识别出的 20 项太阳能产业主导技术的专利为基础，本节绘制了太阳能产业主导技术的专利引用曲线图。从图 13.2 可以得出，在 1977~2005 年间，太阳能产业主导技术的专利引用数量增长较为缓慢，在这个时期内太阳能产业主导技术刚刚进入市场，技术构成相对简单，但配套设施的严重不足，形成了"环境"不完备的情境。在 2005~2011 年间，随着时代的进步与环境的发展，与太阳能产业主导技术相关的产业链逐渐形成，太阳能产业主导技术需要不断被完善以满足生产的需求，这些情况构成了"技术"不完备的情境。在 2011~2017 年间，在

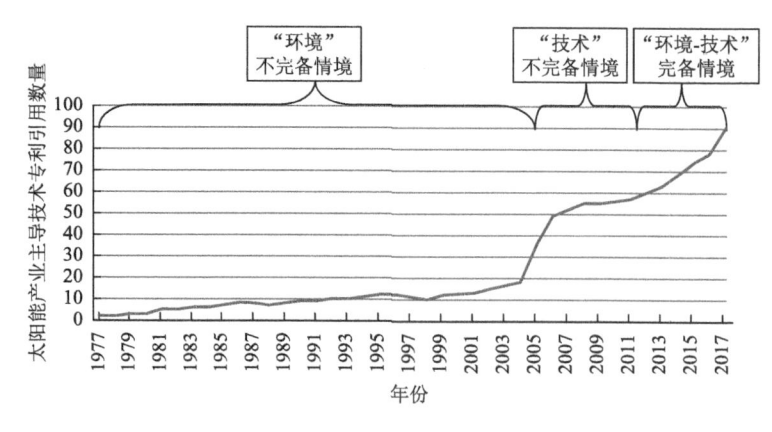

图 13.2 太阳能产业主导技术扩散图

市场需求与太阳能产业规模效应的影响下,不断提升的研发水平使太阳能产业主导技术不断完善与更新换代,于是"技术-环境"完备的情境逐渐形成。可见,太阳能产业主导技术的扩散经历了从"环境"不完备情境下的扩散到"技术"不完备情境下的扩散,再到"技术-环境"完备情境下的扩散的演化过程,所以本书将按照上述过程分析和验证太阳能产业主导技术的扩散机理。

13.2.2 案例分析

1. 中国太阳能产业主导技术扩散的背景

我国太阳能资源丰富,年辐射总量约为 928~2333kW·h/m^2,资源丰富的众多地区年平均日辐射量超过 4kW·h/m^2,部分地区日辐射量甚至高达 9kW·h/m^2,按照太阳能资源储量换算成标准煤可高达 17 000 亿 t。太阳能资源丰富地区占全国国土面积的 2/3,年均日照时数大于 2200h,辐射总量超过 5000MJ/m^2,这些地区具有丰富的太阳能资源和较高的利用价值,为太阳能产业的发展提供了完备的资源条件。在政策方面,我国在 2006 年 1 月颁布的《中华人民共和国可再生能源法》与国家发展改革委出台的《可再生能源发电价格和费用分摊管理试行办法》为新能源热利用产业的发展提供了税收优惠、政策优惠和资金扶持;在此之后,国家发展改革委于 2007 年制定了《可再生能源中长期发展规划》,该规划促进了新能源产业合理、有序、长足地发展,从而有力保障了新能源热利用产业的可持续发展。《中国科学院启动太阳能行动计划》制定了我国应在 2050 年前后使太阳能成为重要能源的远景目标,并确定了 2015 年实现分布式利用、2025 年实现替代利用、2035 年实现规模利用这三个太阳能开发与利用的阶段目标。目前,正在进行中的《新兴能源产业发展规划》中包含了以太阳能为代表的新能源产业开发创造与合理利用的发展进程,它与"十四五"能源发展规划共同构成了未来 10 年我国能源战略的技术框架。

2. 中国太阳能产业的主导技术扩散

1)"环境"不完备情境下太阳能产业主导技术的扩散(1977~2005 年)

20 世纪 90 年代,我国政府为支持太阳能在广大农村地区的开发与利用,相继颁布了《中华人民共和国大气污染防治法》《中华人民共和国电力法》《中华人民共和国节约能源法》。1995 年 5 月,国家颁布《建筑节能"九五"计划和 2010 年规划》,将太阳能热水系统成功引入推广项目中。1995 年发布的《1996—2010 年太阳能发展纲要》表明了我国政府加快太阳能产业发展步伐的决心。1998 年发布的《中华人民共和国节约能源法》对开发利用太阳能给予了明确的鼓励政策。2001 年出台的《能源节约与资源综合利用"十五"规划》提出要将太阳能建筑划入建筑节能范畴。2001年出台的《新能源和可再生能源产业发展"十五"规划》确定了太阳能光热利用的重点方向。同年5月，《绿色生态住宅小区建设要点和技术导则》规定住宅在进行热环境系统中的采暖、空调及热水供给等方面适宜采用太阳能等绿色能源。上述法律和文件的出台虽然为太阳能产业主导技术研发与扩散创造了条件。但是，我们也应该注意到，在此阶段中国缺乏针对能源产业发展的专项法规，并且相应的实施措施同样不够健全，具体表现在以下三个方面：①未出台关于能源产业方面的法规、法律，缺少统一、协调的法律修订条款，更缺乏在资源保护和能源安全方面的法律支持；②2005年发布的《中华人民共和国可再生能源法》中没有系统地提出相应的政策实施措施，从而无法有效地改善太阳能产业在当时情况下的复杂形势，同时，《中华人民共和国可再生能源法》的立法内容缺少立法基础的有力支持，执行力度差，也缺乏关于实际操作的具体措施；③缺乏关于战略指导的能源规划细则，同时缺少太阳能产业在不同发展阶段的相关市场配套的支持性政策。

由图13.2可知，在1977~2005年间，20项主导技术的引用总量不到300次。与之相对应的现实情况是，太阳能产业主导技术扩散缓慢。在2005年之前，由于中国政府支持光伏产业的力度不够，投入资金较少，生产多晶硅材料的关键性技术以及上游产业的供应渠道均被掌握在欧美大企业的手中，形成了垄断的市场局面，这种情况导致了多晶硅材料的供需不平衡，相关材料的价格居高不下。例如，在多晶硅提纯过程中，我国还没有掌握名为"三氯氢硅还原法"的关键技术，所以国内相关企业在提炼过程中损失了70%以上的多晶硅，并且向大气中排放了大量的氯气，不仅提炼成本高，而且对环境造成了严重的污染。上述情况表明，我国太阳能产业正处于"环境"不完备的情境中。

可见，在"环境"不完备的情境下，由于市场环境的不完善，与主导技术相关的市场交易机制尚未构建完成，主导技术的接收方需付出较高的采纳成本；由于政策环境的不完善，加上新能源产业主导技术的相关政策尚未颁布，或者仅有法规但未出台相关的配套实施方案，主导技术的发展遇到了阻碍。在此情境下，太阳能产业主导技术的扩散主要在少数国有企业之间进行，这些企业综合实力较强，可以承受主导技术较高的采纳成本，也能够凭借国有企业的优势地位加快技术市场化的进程，因此成为主导技术扩散过程中的创新者。国有企业采纳主导技术之后，其丰厚的市场收益吸引并影响了其他企业，于是这些企业通过比较太阳能产业主导技术产生的实际效用与预期效用，开始跟随和模仿国有企业，做出采纳主导技术的决策。

2）"技术"不完备情境下的扩散（2005~2011年）

2005年2月，我国颁布实施了《中华人民共和国可再生能源法》，规定电网企业要用合理的价格全额收购光伏太阳能发电所生产出来的电量。2007年1月，颁布实施了《可再生能源电价附加收入调配暂行办法》，对新能源上网电价做出明确规定：新能源电价补贴从常规电力附加费中扣除。2009年3月，财政部、住房和城乡建设部出台《太阳能光电建筑应用财政补助资金管理暂行办法》，该方案指出，对纳入可再生能源建筑应用的示范城市，中央财政将予以专项补助。2009年7月，财政部等部门印发了《金太阳示范工程财政补助资金管理暂行办法》。该办法指出，对于光伏发电上网项目及其配套的输电工程，财政将补贴投资总额的50%；对于偏远地区的分散式光伏发电系统，财政给予总投资70%的补贴；对于投资建设的光伏发电技术产业化项目，也根据情况给予贴息或者补助，2009年12月，《中华人民共和国可再生能源法修正案》颁布。这次修订主要体现在两个方面：一是决定将常规能源的电价附加纳入国家财政专项资金中，采用可再生能源发展基金的模式；二是修改全额收购制度为全额保障性收购制度，要求对于符合新能源规划、经过许可或备案且符合并网标准的可再生能源，电网企业必须全额收购。2012年9月，国家能源局下发了《关于申报分布式光伏发电规模化应用示范区的通知》，明确规定国家对光伏示范区的项目实行单位电量定额补贴政策，国家对自发自用电量和多余上网电量实行统一补贴标准。

由图13.2可知，太阳能产业主导技术在2005~2011年间快速扩散，20项主导技术的引用总量迅速超过600次。自2005年以来，在我国政府鼓励支持发展太阳能光伏产业的背景下，我国太阳能光伏产品产量的增长率连续5年接近100%。我国从2007年开始，持续6年成为世界上最大的太阳能光伏产品生产国。据不完全统计，目前我国太阳能产业年产值超过4000亿元，从事太阳能光伏产品规模生产的企业数量接近600家，一线从业人员超过30万人，并在此期间涌现出一大批优秀的著名企业。据统计，我国于2007年已经有6家太阳能电池生产企业规模位于全球排名前列。我国在2009年的太阳能电池年产量已经达到4382MW，占全球太阳能电池生产总量的40%。然而，发展不均衡的产业链使我国太阳能光伏产业中必备的高纯硅原料与关键技术设备依旧需要依靠从国外进口。我国太阳能光伏产业在这一阶段处于技术价值较低的中游环节（如硅料铸锭切片、电池和组件以及相应的配套领域）。这些情况表明，我国光伏产业正处于"技术"不完备情境中。

可以看出，在"技术"不完备情境下，由于技术落后，企业的大规模生产需求无法满足，市场中的企业对主导技术的感知易用性与感知有用性较低，技术准备度不足，导致2007~2011年间我国太阳能主导技术专利引用量曲线时缓时急，这种情况可以根据前面的扩散机理得到解释：主导技术的不完备与企业的理性使企业在接收到太阳能产业主导技术的相关信息后不会立刻做出决策而是先进入评估阶段。在评估过程中，少数技术能力领先的企业对太阳能产业主导技术具有较高的技术准备度与技术接受度，它们同时也主动搜寻了该项技术对企业的有用信息，然后快速进行评估并果断采纳了主导技术；而技术准备度与技术接受度较低的保守企业则更加关注技术成本、采纳风险等信息，它们观望并确认市场发展趋势之后，才在产业发展需要和上下游合作伙伴的要求下做出了技术采纳的决策。

3)"技术-环境"完备情境下的扩散（2011～2017年）

太阳能光伏发电项目在扩散初期，较高的投资成本使其上网用电价格高于传统化石能源的发电价格，致使主导技术较难在市场推广。在早期光伏发电的上网电价补贴资金中，有一半以上来自可再生能源发展基金，该基金主要来源于对除农业生产和居民用电以外的工商业销售用电征收的附加费。随着我国工业创新能力的提升，关键技术设备的国产化率不断提高，采用光伏发电技术的投资成本和学习成本逐渐降低。同时，为了进一步促进太阳能光伏发电产业在终端市场的广泛应用和快速普及，我国政府制定和实施了光伏太阳能发电上网电价补贴的政策，加大了对光伏发电的补贴力度。例如，2016年12月26日，国家发展改革委下发了产业和市场期待已久的新能源上网电价最终实施方案。自2017年1月1日起，一至三类资源区地面光伏发电项目的上网电价补贴分别下调19%、15%、13%，调整后的补贴为每千瓦时0.65元、0.75元、0.85元，分布式光伏发电项目补贴维持原补贴价格不变。

由图13.2可知，在"技术-环境"完备情境下，太阳能产业主导技术在2011～2017年间处于持续性快速扩散阶段，20项主导技术的引用总量迅速超过1000次。2011年光伏组件的全球总产量达到了50GW，但2011年全球光伏装机量却仅有25GW，产能的严重过剩导致了太阳能产业出现空前危机。大量的太阳能企业内部出现库存增加、终端市场产品价格暴跌等相关问题。加上欧盟对我国太阳能光伏产品进行了"双反"调查，我国太阳能光伏产业陷入了前所未有的困境。与之相应，我国太阳能光伏产业的发展也进入了产业内部调整的新阶段。在此阶段，我国太阳能光伏产品的出口方向开始逐渐转向亚洲，从高度依赖欧美国家进口的模式逐渐转变为多元化的出口格局。我国在2014年的对外出口光伏产品总额达到162亿美元，较2013年增长了31.8%。其中，亚洲出口总额超过了78.6亿美元，占全球出口总额的54.5%，同比增长42.7%。相比之下，对欧洲出口额下降到27.1亿美元，占全球出口总量仅为18.8%。与此同时，国内市场的所占份额日益增加。2016年，我国光伏发电新增装机容量达到34.54GW，累计装机容量超过77.42GW，装机规模增长率和新增装机容量均领先全球大部分国家。2020年，我国光伏发电新增装机容量达到48.2GW，自2017年53GW的装机高峰后，再创近三年新高。我国已经成长为世界上产量最高的太阳能光伏新产品生产国之一。2021年10月，国务院印发《2030年前碳达峰行动方案》提出，新建公共机构建筑、新建厂房屋顶光伏覆盖率力争达到50%。同年11月，国家机关事务管理局、国家发展改革委等四部委联合印发《深入开展公共机构绿色低碳引领行动促进碳达峰实施方案》，提出到2025年公共机构新建建筑可安装光伏屋顶面积力争实现光伏覆盖率达到 50%。这些情况表明,我国太阳能光伏产业已处于"技术-环境"完备的情境下。

可以看出,在"技术-环境"完备情境下,太阳能产业主导技术的相关体系日益完善,技术优化与变革逐渐完成,企业对技术的感知易用性、感知有用性与技术准备度渐渐提高,技术采纳需要的市场环境与技术发展需要的相关政策环境日益齐备。在此情境下,较大的主导技术推广强度,即光伏太阳能发电上网电价补贴的政策与光伏产品的市场需求前景,促使市场中的同行业企业快速获取相关信息并做出采纳主导技术的决策,主张采纳主导技术的积极观念主导者也随之增加。在这种情况下,当我国对外出口光伏产品总额达到峰值并且出口方向逐渐转向亚洲时,市场中的同行企业仍可通过弱势链获取主导技术的有利信息,并依据市场中积极观念主导者的口碑做出采纳主导技术的决定,于是太阳能产业主导技术继续扩散。

由此可见,太阳能产业主导技术的扩散经历了"环境"不完备情境的扩散、"技术"不完备情境的扩散与"技术-环境"完备情境的扩散三个演化阶段,其扩散过程验证了前面所述的知识密集型产业主导技术扩散机理。

13.3 本章小结

本章基于布朗运动的研究框架对知识密集型产业主导技术扩散机理进行了整体性描述,分析了在不同的技术-环境情境下知识密集型产业主导技术扩散的规律与影响因素,并选择中国太阳能产业为案例对知识密集型产业主导技术扩散的整体性机理进行了验证。

第14章 促进知识密集型产业技术标准演化与主导技术扩散的相关建议

本章将根据前面关于知识密集型产业技术标准演化的生命周期及其影响因素研究、主导技术扩散的机理研究，从多角度、多主体入手提出促进知识密集型产业技术标准演化与主导技术扩散的相关建议。

14.1 基于技术标准演化生命周期视角的相关建议

由于技术标准演化不同阶段的具体发展目标各不相同，若想真正影响技术标准的演化过程，则那些与各阶段密切相关的参与主体，如政府及产业内相关企业等，也应有所侧重地采取相应措施。本书认为，明确技术标准演化不同阶段的主要任务、最大限度地发挥各参与主体的积极作用，是促进技术标准演化的基本要求。据此，本节分别从技术标准的形成、实现和扩散阶段入手，为政府和相关企业提出如下建议。

14.1.1 形成阶段积极实施技术标准战略的相关建议

以技术标准为核心的标准必要专利开发、积累是知识密集型产业技术标准形成阶段的主要任务。无论政府还是产业内相关企业，都应围绕这一任务目标制定和实施符合未来发展的技术标准战略，并以标准必要专利为媒介实现技术创新成果到技术标准的成功转化，确保知识密集型产业技术创新活动与技术标准需求的有效衔接。具体来说，对于政府而言，考虑到知识产权是支撑技术标准战略的基础，在此阶段应以技术标准的知识产权保护为出发点，采取积极战略行动，及时出台有效的专利保护政策，进一步完善并执行专利和知识产权保护领域的制度和法规。对于企业而言，仅凭借自身力量建立统一的产业技术标准非常困难，为了提高标准必要专利的研发效率，企业应立足于产业层面主动谋求广泛协作，适时地调整与潜在对手的竞合关系，以技术标准为纽带建立合作网络，灵活实施特许协议、加入战略联盟、实行产品多样化和积极定位等技术标准战略，通过资源整合和技术互补等途径，尽快解决技术标准形成阶段的关键性问题，共同推动技术标准演化进程。

14.1.2 实现阶段加快发展技术标准联盟的相关建议

知识密集型产业技术标准实现阶段的主要任务是技术标准体系的落地,要求产业形成系统设备和配套产品的规模化生产能力。为了完成这一目标,包括制造商、供应商、运营商乃至政府相关部门在内的各参与主体,可以通过技术标准联盟为载体实现统一运作,全力推进技术标准的产业化进程。具体地,从政府角度来看,一方面,应引导有实力的核心企业自主发起成立技术标准联盟,充分发挥核心企业对技术标准发展的主导作用;另一方面,应牵头打通产业内成员的交流渠道,着力为更多成员加入技术标准联盟搭建平台。从企业角度来看,技术标准联盟中的核心企业应充分发挥技术创新优势,为技术标准演化设计主导路线,率先突破标准必要专利技术和相应创新产品的开发难关,并通过联盟内部免费许可使用、技术转让、专利授权等形式,加快技术标准的产业化建设;其他成员企业则应积极响应技术标准联盟的号召,在增进彼此间资源、经验共享的同时,适度培养良性竞争意识,形成知识密集型产业各环节多企业参与的产业化格局,推动技术标准产业链成熟。

14.1.3 扩散阶段大力拓展技术标准用户的相关建议

知识密集型产业技术标准扩散阶段主要关注的是技术标准的市场化和大规模商用。通过前两个阶段的标准必要专利积累,技术标准产业链和产品簇已基本成熟,具备大规模商用条件。因此,对政府和企业而言,本阶段应重点考虑技术标准的用户拓展,具体可运用以下手段实现:第一,政府应针对技术标准推广给予适度的产业倾斜政策,使技术标准成为产业链"摇钱树",激励上、中、下游企业广泛参与技术标准的扩散进程,争取在更大范围内拓展技术标准的用户基数;第二,企业应在维系原有技术标准用户的同时,主动将其转化为新技术标准的用户基础,并通过强大的新产品开发能力和市场推广策略,吸引更多新用户加入技术标准的使用者行列。

14.2 基于影响因素促进技术标准演化的相关建议

14.2.1 基于联盟合作关系促进技术标准演化的相关建议

1. 拓宽技术标准联盟合作广度推动技术标准演化的相关建议

1)扩大网络规模以推动技术标准演化

知识密集型产业技术标准联盟成员应当充分利用技术标准联盟的开放权限、

产业影响力与自身的资源优势吸引其他成员乃至技术标准联盟之外的企业和科研单位参与技术研发工作，扩大合作网络的规模，以增加技术标准联盟合作广度。一方面，技术标准联盟成员应当根据技术标准涉猎的技术领域积极吸纳其他企事业单位加入技术标准联盟，扩充联盟的知识基础，提升技术标准联盟构建复合型技术知识体系的潜力；另一方面，技术标准联盟成员应当根据各领域的技术工作扩大攻关各环节所需的合作网络规模，通过合理的网络结构安排提高研发资源投入的效率，缩短研发成果产生的响应时间，从而为技术标准演化夺得先机，最终推动技术标准的演化。

知识密集型产业技术标准联盟成员也应当精准掌握行业技术轨迹，通过追溯产业中的技术发展轨迹与现行技术标准或行业规范以完善技术创新体系，从而增强网络规模对技术标准演化的促进作用。一方面，要对知识密集型产业技术领域中既有的专利池进行分析，既要通过网络规模获取专利的广泛使用权，以寻求技术研发所需的知识支撑，减小技术不确定性；也要准确挖掘技术领域的空白，力求将各类资源精准地投入对应的研发工作中，进而提升技术研发效率。另一方面，要明确合作伙伴的技术优、劣势和实际发展需要，然后利用自身基于合作广度形成的网络地位对互补性技术研发工作的模块化分解以及任务分工进行有效的规划指导。不但要通过合作伙伴的技术优势合理攻关共性技术难题、发挥协同效应以提升技术研发效率；而且要通过技术模块的嵌套整合为产品功能的互补奠定基础，进而增强消费者对技术标准的锁定，最终推动技术标准演化。

2）增加节点度以促进技术标准演化

知识密集型产业技术标准联盟成员还应当根据自身的资源需求积极搜寻合作伙伴，并利用专利协商的机会缔结新的技术合作关系，以增加技术标准联盟合作广度。首先，技术标准联盟成员应当对其他成员的优势资源形成更加清晰的认知，以实现优势资源的互补为目标甄选适合的合作伙伴，并且通过自身的技术优势促成合作关系的缔结，增加技术标准联盟成员合作网络的平均度，从而为技术标准的形成与实现奠定资源基础。其次，技术标准联盟成员应当通过主动与其他成员进行技术交流活动以实现资源的共享，通过吸收异质性资源增强自身的技术研发实力，进而提升技术方案的水平。最后，技术标准联盟成员应当主动发挥自身优势以实现技术标准在技术研发和专利集成工作中的优势互补，通过资源调用与成果推广增强技术标准联盟合作关系在合作网络中的影响力，促使合作研发成果纳入相关技术方案，以提升技术方案的价值，最终推动技术标准的演化。知识密集型产业技术标准联盟成员还应当充分利用合作关系伴生的不同信息渠道，加强对市场行情动态与信息时效性的认知，提高标准技术研发方向的针对性，从而增强平均度对技术标准演化的促进作用。首先，利用知识密集型产业的信息渠道获取即时的行情动态，同时要利用可靠途径鉴别信息准确性与时效性，克服复杂的网络结构引发的信息延迟与失真,为研发工作的高效决策奠定信息基础。其次,增强知识密集型产业技术标准联盟成员行业调研团队与技术研发团队的信息对接,并及时地根据市场当前需求与潜在需求调整技术研发的方向与进度,指导技术标准联盟成员与各个领域内的优势成员开展技术合作,以增强标准技术的研发效率。最后,利用知识密集型产业合作网络规模伴生的各方面资源优势完善各模块的技术指导方案,增强标准技术系统的嵌套性与互补性,以进一步增强技术方案针对市场潜在需求的应变能力,力求提高产业对技术标准的发展预期,最终推动技术标准的演化。

2. 增强技术标准联盟合作深度促进技术标准演化的相关建议

1) 强化小世界效应以推动技术标准演化

知识密集型产业技术标准联盟成员应当根据技术研发的环境变化主动与在技术特性上与自身相似或互补的成员开展紧密的合作,不断增强合作网络的小世界效应,进而增加技术标准联盟合作深度。首先,技术标准联盟成员应当综合考量当前技术的使用价值与未来的发展潜力,在合作研发过程中为后期相同技术的深入挖掘与技术组合的互补嵌套做好前期的谋划,为技术标准发挥长期作用奠定基础。其次,在合作研发过程中,技术标准联盟成员应坚持集体主义利益观,自觉遵守联盟内的相关行为准则,主动规避机会主义行为,以构筑合作伙伴之间的相互信任;同时,知识密集型产业应通过统一的行为准则解决内部矛盾,增进合作伙伴之间的凝聚力。最后,技术标准联盟成员应自觉遵守并严格执行合作协定或契约规定的收益分配方式,保证联盟成员共享成果、权益公平,提升联盟凝聚力和稳定性,激励合作伙伴更加致力于技术标准相关的技术研发工作,从而推动技术标准演化。

知识密集型产业技术标准联盟成员也应当充分利用小世界网络带来的技术交流机会,根据自身的技术领域以及发展需要深入挖掘技术项目所在领域的基础知识,从而增强小世界效应对技术标准演化的促进作用。具体而言,知识密集型产业技术标准联盟成员应增加彼此的技术交流和知识共享的频次,共同整理出一套可用于深度研发的基础知识体系,进而使合作成员在共同的知识体系中不断增强合作的默契,以进一步发挥技术研发的协同效应,提升技术成果转化的效率。同时,知识密集型产业技术标准联盟成员应注重技术标准的专利集成工作,通过专利的法律效力为合作研发过程提供统一的技术规范,进而增强成员之间的合作默契。在统一技术规范的部署与约束作用下,知识密集型产业通过增强合作默契减少联盟资源的浪费,提升技术标准各模块的技术研发效率,从而推动技术标准的演化。

2) 提高中介中心势以促进技术标准演化

知识密集型产业技术标准联盟成员应当共同构建公平互惠的内部交易平台,

并利用交易平台增强技术交流以充分发挥联盟合作关系在合作网络中发挥的中心媒介作用，进而增强技术标准联盟合作深度。在草拟技术合作协议前，技术标准联盟成员应及时公布彼此现阶段的资源优势与未来的发展需求，减少成员之间信息的不对称性，为技术交易的顺利完成提供一个平等互利的网络环境，进而提高技术标准联盟成员之间技术交流与经验分享的效率。在高效完成协议签署工作的基础上，技术标准联盟成员应当严格执行合作协议中的相关条款，并通过协议的执行力为技术交易平台的秩序和权威性提供有力的支撑，利用交易平台增强合作关系对技术研发的推动作用。此外，也可考虑通过资源与信息的流动降低研发过程的交易成本，提升技术研发效率，为技术标准的演化奠定基础。

知识密集型产业技术标准联盟成员还应当充分利用内部交易平台提供的协议磋商机会，在控制交易成本的基础上进一步提升技术探索与研发的能力，从而增强小世界效应对技术标准演化的促进作用。具体而言，针对技术领域的持续探索需求与阶段性演化特征，技术标准联盟成员应当开放相关专利的使用权限，将深度合作研发产生的阶段性技术成果转化为后期持续研发所需的技术资源，通过深度合作产生的媒介功能增强成员的知识整合能力；同时，利用网络信息渠道的共享深入探索相关领域内尚存的空白，为后期的深度合作开拓空间。在加深合作关系的基础上，技术标准联盟成员应当充分了解与自身业务形成互补关系的知识领域，增加技术研发过程中的技术交流频度，利用联盟合作关系在网络中的控制地位引导技术研发的方向，进而增强技术组合互补程度，引发消费者对技术标准产品组合的相互依赖，进而从消费者锁定的角度推动技术标准演化。

14.2.2 基于社会技术地景因素促进技术标准演化的相关建议

根据前面实证检验的社会技术地景、研发投入对知识密集型产业技术标准演化的正向影响，以及仿真讨论涉及的知识密集型产业技术标准生命周期阶段演化与社会技术地景因素的动态关系，本书明确了社会技术地景因素、研发投入对于知识密集型产业技术标准演化的作用机理。因此，本节将分别从以下五个方面入手，提出促进知识密集型产业技术标准演化的相关建议。

（1）注重扩大市场规模加速推进技术标准演化。市场规模是推动知识密集型产业技术标准演化的主要动力，对于技术标准的形成阶段尤为重要。因此，企业应在保持技术优势的基础上，通过不断扩大用户基础，以强化市场规模对技术标准演化的直接促进作用。一方面，企业应该努力加强现有用户的信任度，维系良好的客户关系，保持当前的市场规模，并充分利用客户的技术使用习惯和路径依赖性，为技术标准的形成与实现奠定稳固的用户基础。另一方面，应力争通过网络效应提高用户对新技术标准的认可度，通过网络外部性扩大新技术标准的市场影响，激发市场中潜在用户转变为现实用户的意愿，进而扩大市场规模和推广范围，促进知识密集型产业技术标准的顺利扩散。

（2）充分利用经济环境优势带动技术标准演化。知识密集型产业技术标准演化离不开经济环境为其提供的机遇和条件，特别是在技术标准形成阶段，政府或企业应努力聚集产业在面临标准必要专利技术创新时所需的研发资源，以此发挥良好的经济环境带来的资源优势。对于政府而言，既可以直接为参与技术标准开发的高校、科研机构、企业提供资金支持，又可以通过科技计划立项为技术标准间接统筹技术资源。对于企业而言，首先应以良好的经济环境为契机，最大限度地为技术标准演化储备充足的研发资金；同时，也应恰当把握时机招揽高水平、高质量的技术人员，为实现标准必要专利的突破蕴蓄研发人才。

（3）积极优化基础设施建设保障技术标准演化。基础设施建设是技术标准产业化的必要条件，通过物质关联将知识密集型产业链上下游企业联系在一起，无形之中提高了知识密集型产业内企业在技术标准实现过程中的研发合作意愿。由此看来，为保障技术标准演化，企业应采取以下举措：第一，明确企业在技术标准产业化过程中的定位，着力于优化知识密集型产业的基础设施建设，保障基础设施建设达到技术标准体系落地的商用需要；第二，以基础设施建设优化为纽带，加强与知识密集型产业内其他企业的沟通合作，确保彼此在标准必要专利的研发过程中能够相互配合、保持协同，提升知识密集型产业技术标准演化速率。

（4）合理制定政府扶持举措引导技术标准演化。考虑到政府支持对于知识密集型产业技术标准后续演化的影响最为显著，政府可积极采取多种举措，增强其对技术标准演化的正向促进作用。为了降低标准必要专利技术的创新风险，弥补技术标准研发投入的不足，提高技术标准的形成、实现和扩散速率，政府可以考虑从三个方面给予支持：第一，提供财政拨款、政府补贴、政府采购等资金支持，增强知识密集型产业开展标准必要专利技术创新和研发投入的动力，缓解产业内成员单独进行标准创建的成本压力，推动知识密集型产业技术标准演化进程；第二，颁布税收优惠、专利保护等政策或法律法规，营造标准必要专利技术创新和标准创建的良好氛围，推动核心企业在政策导向下积极进行研发和创新，从而促进知识密集型产业技术标准演化；第三，通过主张和引导建立产学研合作平台、知识密集型产业技术标准联盟等方式，优化配置技术标准演化所需的相关资源，降低技术标准形成、实现和扩散过程的难度和风险，节约技术标准演化的投入和费用，加快知识密集型产业技术标准演化的速率。通过调整和组合上述各类支持形式，政府可以更好地引导技术标准演化进程的投入产出比，发挥政府支持对知识密集型产业技术标准演化的重要促进作用。

（5）适度加大研发投入全面推动技术标准演化。研发投入是知识密集型产业技术标准演化的基石，在技术标准的早期形成阶段扮演关键角色，不仅能够直接作用于技术标准演化，也可以作为经济环境、基础设施建设和政府支持的中介对其产生影响。因此，一方面，企业应以标准必要专利开发为核心，根据技术标准形成阶段的实际需要，直接从研发人员、机构和经费方面入手加大研发投入力度；另一方面，应有效发挥研发投入在技术标准演化过程中的中介作用，借助经济环境发展、基础设施建设、政府支持的有利契机优化配置研发投入。例如，第一，合理运用良好的经济环境所提供的各类资源，将其投入标准必要专利的开发活动，提高知识密集型产业标准必要专利技术的研发效率；第二，通过完善的基础设施建设发展促进与知识密集型产业内其他企业的研发合作，加大用以丰富创新交流渠道的研发投入，缩短知识密集型产业技术标准演化的生命周期；第三，善于利用政府支持的导向作用，围绕政府支持举措有方向、有意识地提高研发投入，促进标准必要专利技术的积累，最终推动知识密集型产业技术标准演化。

14.3 促进知识密集型产业主导技术扩散的相关建议

14.3.1 "环境"不完备情境下促进知识密集型产业主导技术扩散的相关建议

在"环境"不完备情境下，知识密集型产业主导技术的扩散主要受到预期效用与实际效用的影响，所以本书将依据在"环境"不完备情境下的知识密集型产业主导技术扩散机理给出相关对策建议。

1. "环境"不完备情境下政府促进知识密集型产业主导技术扩散的相关建议

在"环境"不完备情境下，政府应从以下两个方面着手促进知识密集型产业主导技术的扩散。

（1）制定和颁布与主导技术产品相关的专利保护性政策法规，从而完善知识密集型产业主导技术扩散的政策环境与市场环境，以保证知识密集型产业主导技术的有效扩散。在"环境"不完备情境下，由于主导技术的复杂性与相关政策法规的缺失，主导技术的交易流程相对较长，其间会发生多种导致交易失败的状况。为此，政府应发挥知识产权保护机制的积极作用，建立专利行政保护和司法保护的双重体系，即实行"双轨制"的保护模式。同时，政府应协同包括专利、工商、技术监督及海关等在内的行政机关，逐步形成知识产权交易中各种案件的统一评判标准，通过行使行政权力对侵权纠纷中的侵权人进行制裁。政府还应完善并实施专利保护法规的各项条例，使执法部门依据法律法规维护权利人利益。这样既能保证交易的合规性，又能抑制恶意的不法行为，从而有效促进知识密集型产业主导技术的扩散。

（2）重点培育知识密集型产业内的创新者企业，通过增强其综合实力以增大模仿者企业的预期效用。在"环境"不完备情境下，由于较高的技术采纳成本与市场环境的不完善，较少有企业主动采纳知识密集型产业主导技术，所以政府应选取几家产业内具有高技术研发与应用能力的企业进行重点培养，并在技术推广方面给予国家层面和地方层面的政策支持。例如，通过提供资金及减税等方式，鼓励综合实力较强的企业带头进行技术研发与技术引进，提高企业的综合实力，以增加其作为创新者企业在知识密集型产业主导技术转化中的利润，从而增大模仿者企业采纳主导技术的预期效用，为主导技术的采纳起到引领和示范作用，以促进知识密集型产业主导技术在产业内的快速扩散。

2. "环境"不完备情境下行业协会促进知识密集型产业主导技术扩散的相关建议

面对"环境"不完备的情境，行业协会可从以下两个方面入手促进知识密集型产业主导技术的扩散。

（1）着力促进产业内部创新者企业与模仿者企业的分工与合作，以增大创新者企业产生的实际效用与模仿者企业的预期效用。对于发展较快的创新者企业，应该尽可能给予技术突破所需的条件支持，帮助其尽快获得实际收益与效用，促进其发挥采纳知识密集型产业主导技术的示范作用；而对于综合实力相对较弱的模仿者企业，应该鼓励其加强与创新者企业的合作，如以行业协会的名义举办交流会或论坛，促进创新者企业与模仿者企业的技术交流与合作，并通过较高的预期效用引导模仿者企业跟随创新者企业对主导技术进行选择性采纳，从而促进知识密集型产业主导技术的稳定扩散。

（2）构建产业内信息服务平台，推动知识密集型产业主导技术相关信息的流动，使模仿者企业快速获取主导技术的相关信息。行业协会应该建立专门的信息服务平台，将知识密集型产业主导技术相关信息资源进行整合，建立追踪国内外最新信息的服务机构，使国内知识密集型企业及时把握重要的主导技术相关信息，以正确预估主导技术的效用。行业协会还应为知识密集型企业提供技术服务，逐步构建并完善知识密集型产业主导技术相关动态信息服务体系，促进国内外相关信息交流，保证主导技术效用信息的准确传递，从而保障知识密集型产业主导技术扩散的进程。

3. "环境"不完备情境下企业促进知识密集型产业主导技术扩散的相关建议

面对"环境"不完备的情境，企业可考虑从以下两个方面着手促进知识密集型产业主导技术的扩散。

（1）建立专业、健全的技术人员培训体系，提高企业自身的技术应用能力，增加对主导技术产业化的信心，以提高企业对知识密集型产业主导技术采纳的预期效用。知识密集型企业应结合自身的技术特点及生产特点，制定研发部门专业技术人员的继续教育规划，由技术人员结合岗位需要自行选择继续教育内容，以提高技术人员的科研能力，从而提高企业的技术应用能力，使企业顺利地将知识密集型产业主导技术投入生产过程中。同时，知识密集型企业研发部门需积极寻求与国内外高等院校进行项目合作的机会，并选送中青年专业技术骨干到高等院校深造，以强化企业的技术力量和科研水平，从而加强企业对主导技术的适应性，增大企业对知识密集型产业主导技术的预期效用，以保证知识密集型产业主导技术的顺利扩散。

（2）应建立一套有效的技术评价体系，以便能够依据自身特点准确地评估知识密集型产业主导技术的效用。由于知识密集型产业主导技术的产业化过程较复杂，在技术交易和使用过程中难免出现信息不对称的情况。当企业需要根据创新者企业的实际效用确定主导技术的预期效用时，建立有效的技术评价体系是十分必要的。借助有效的技术评价体系可提高技术市场的运行效率，节省企业用于采纳决策的资金、时间和精力投入。因此，产业内的核心企业应牵头搭建技术评价平台，为知识密集型产业主导技术的采纳和改进提供具体依据和判断标准。同时，知识密集型企业应组织技术人员依据自身实力和企业发展规划，建立合理的技术评价流程，以确保对主导技术的科学评估并缩短技术评估的时间，推进主导技术采纳过程的顺利进行，从而促进知识密集型产业主导技术的快速和有效扩散。

14.3.2 "技术"不完备情境下促进知识密集型产业主导技术扩散的相关建议

在"技术"不完备情境下，主导技术的扩散主要受到企业个体态度与主观规范的影响，所以本书依据"技术"不完备情境下知识密集型产业主导技术扩散机理给出相关对策建议。

1. "技术"不完备情境下政府促进知识密集型产业主导技术扩散的相关建议

在"技术"不完备的情境下，政府应从以下两个方面着手促进知识密集型产业主导技术的扩散。

（1）颁布相应的法律、法规鼓励或强制企业淘汰落后技术，引导企业培养有利于采纳新技术的个体态度和主观规范，促进知识密集型产业主导技术的扩散。追求稳定发展的企业对做出新技术采纳的决策具有一定的保守性，若一项知识密集型产业主导技术的革新程度与复杂程度高于以往的技术，则意味着企业在采纳该项新技术时需要付出较高的学习成本，并且在人员、设施等方面投入的升级改造成本也比较高，因此，企业将会排斥或拒绝采纳这项新的主导技术。针对这种情况，政府的有关部门应出台相应政策和法规，在强制企业淘汰落后技术的同时，鼓励或引导其引进新的主导技术，并依据知识密集型产业整体发展的战略规划和重点领域，对淘汰不同层次的落后技术采取不同程度的举措。例如，对淘汰一般性技术可给予一定的财政补贴，对淘汰特定技术则应出台相应的强制措施，帮助企业培养有利于主导技术采纳的个体态度和主观规范，促进知识密集型产业主导技术的扩散。

（2）推动行业协会及其网络平台的建设，提升整体技术服务能力，帮助企业形成积极采纳主导技术的个体态度和主观规范。政府可通过三种方式推动行业协会及其网络平台的建设，以帮助企业形成积极的个体态度和主观规范：第一，强化行业协会的共同利益观念与集体行动意识，扩展行业协会信息和服务职能的范围，加强协会的代表性与协调性职能，为企业获取主导技术的相关信息搭建平台与通道；第二，建立知识密集型企业共同利益的表达、整合和实现机制，引导行业协会制定长远发展战略并颁布具体的实施方案，为知识密集型产业主导技术引入企业提供保障；第三，联合行业协会建立相关的法律规范和行政法规，加快建设行业协会的内部管理制度，通过完善行业协会行为规范来改善企业的个体态度，为知识密集型产业主导技术的成长和扩散提供有利条件。

2."技术"不完备情境下行业协会促进知识密集型产业主导技术扩散的相关建议

面对"技术"不完备的情境，行业协会可从以下两个方面入手促进知识密集型产业主导技术的扩散。

（1）搭建人才交流平台，提高企业的技术接受水平，增强企业对采纳知识密集型产业主导技术的积极态度。产业技术落后的根本原因在于人才的缺失，所以行业协会应为我国知识密集型产业内的知识型人才的交流提供相关的平台，推动知识型人才在企业间流动，以提高知识密集型产业整体的专业技术水平，从而推动主导技术在产业内的有效扩散。例如，行业协会应创造企业间项目合作、人才交流的机会，使知识型人才能够在知识密集型企业间共享和流动。同时，行业协会还应积极与高校、科研机构合作，引导知识型人才流入知识密集型产业，以增强产业内企业的技术实力，提高其对新技术采纳的倾向性，从而为知识密集型产业主导技术的采纳和扩散做好准备。

（2）行业协会应构建产业链企业间的合作共赢机制，促进知识密集型产业供应链的形成与完善，引导企业形成乐于采纳新技术的个体态度和主观规范。行业协会应联合产业链上下游企业构建合作机制，推动知识密集型企业与上游供应商建立长期的合作关系，参与核心业务的主导技术升级，促进企业重建技术流程与组织结构，从上下游企业合作的角度引导企业形成乐于采纳主导技术的个体态度和主观规范。同时，行业协会应成立企业家联盟、供应链互助会等组织，促进知识密集型企业与供应链上的关联企业进行创新合作和技术升级，从合作者的角度培养企业积极采纳新技术的个体态度和主观规范，从而促进知识密集型产业主导技术的有效扩散。

3. "技术"不完备情境下企业促进知识密集型产业主导技术扩散的相关建议

面向"技术"不完备的情境，企业可考虑从以下两个方面着手促进知识密集型产业主导技术的扩散。

（1）应加强和完善人才制度，提高企业应用主导技术的能力，转变企业对知识密集型产业主导技术的个体态度。由于知识密集型产业主导技术的复杂性特征，当前国内大多数知识密集型企业缺少与技术含量较高的主导技术相适应的人才配置，从而降低了企业掌握和应用主导技术的能力，这直接影响了企业对采纳知识密集型产业主导技术的个体态度。在"技术"不完备的情境下，建议企业内部的管理部门针对企业自身的人才短板积极、精准地采取相应措施，在加强对已有技术人才进行业务培训和素质提升的基础上，努力引入高水平技术人才，以增强企业对主导技术的接受和应用能力，强化对主导技术采纳的倾向性，从而促进知识密集型产业主导技术的有效扩散。

（2）制定人才培养与共享制度，增强产业主导技术在企业内部的认可度和接受度，培养企业对高水平、复杂性新技术的积极态度。由于知识密集型产业主导技术具有前沿性和复杂性，采纳和使用都需要高水平的技术人才，企业应积极与高校、科研院所合作，共建人才培养基地，为技术交流和技术采纳创造条件；同时，可引进高校、科研院所的科研人员到企业兼职，通过人才共享的方式吸引更多的高端技术人才为企业服务，以增强主导技术在企业中的认可度和接受度，为企业顺利采纳主导技术提供保障，从而促进知识密集型产业主导技术的有效扩散。

14.3.3 "技术-环境"完备情境下促进知识密集型产业主导技术扩散的相关建议

在"技术-环境"完备的情境下，主导技术的扩散主要受到推广强度、观念主导者与弱势链的影响，所以本书将依据"技术-环境"完备情境下知识密集型产业主导技术扩散机理给出相关对策建议。

1."技术-环境"完备情境下政府促进知识密集型产业主导技术扩散的相关建议

在"技术-环境"完备情境下,政府应从以下两个方面入手促进知识密集型产业主导技术的扩散。

(1)加大对知识密集型产业主导技术持续改进的资助力度,提高主导技术的性能,降低消极观念主导者的比例。相较于知识密集型产业的已有技术,企业倾向于采纳优势明显、采纳风险较低、抵制企业较少的主导技术。因此,为加快知识密集型产业主导技术的扩散,政府可以通过财政资助的方式针对主导技术出台相关政策,鼓励和支持技术持有方继续研发或联合多个企业共同研发主导技术,从而提升主导技术的优势和性能,降低企业采纳知识密集型产业主导技术的风险,增大主导技术的市场认可度,降低消极观念主导者的比例,促进知识密集型产业主导技术的有效扩散。

(2)发挥政府的宏观引导功能,提高积极观念主导者的比例,为企业顺利采纳知识密集型产业主导技术提供综合条件。政府可颁布有效的担保、采购和出口等方面的优惠政策,为企业对知识密集型产业主导技术的采纳提供保障,以增加积极观念主导者的数量。一方面,政府可以将国外同类主导技术的发展趋势引入知识密集型产业的发展规划,以明确知识密集型产业主导技术的发展方向;另一方面,政府可以促使知识密集型产业主导技术的发展与社会需求相契合,为企业对主导技术的采纳提供保障。由于主导技术的研发具有关联性,在技术的研发和优化改进过程中需要多个企业共同参与,政府应当引导产业链中的知识密集型企业加强合作、优势互补,通过研发合作增加积极观念主导者的数量、吸引更多的企业采纳主导技术,从而促进知识密集型产业主导技术的有效扩散。

2."技术-环境"完备情境下行业协会促进知识密集型产业主导技术扩散的相关建议

面对"技术-环境"完备的情境,行业协会可从以下两个方面着手促进知识密集型产业主导技术的扩散。

(1)搭建产业内不同产业链间的交流平台,协助知识密集型企业扩大弱势链的规模,促进知识密集型产业主导技术相关信息的跨产业链扩散。行业协会应定期举办技术交流会议,并鼓励知识密集型产业中不同产业链的企业积极参加,为知识密集型企业增强弱势链联系、增大弱势链规模提供机会。同时,行业协会应采取多种奖励性措施激励知识密集型企业分享与主导技术相关的各项成果,帮助企业从弱势链中获取与主导技术相关的有效信息,从而促进知识密集型产业主导技术的扩散。

(2)定期举办技术论坛或技术产品展览会,增强知识密集型产业主导技术的推广强度，以促进知识密集型产业主导技术的快速扩散。技术论坛与产品展览会是主导技术信息在企业间流通的有效手段，因此，行业协会应联合知识密集型企业与政府定期举办技术论坛与产品展览会，并为知识密集型产业主导技术持有方提供技术推介的机会和重要位置的展台，帮助技术持有方对主导技术进行功能介绍和宣传推广，从而增大主导技术的推广范围和增强推广效果，促进知识密集型产业主导技术的扩散。

3. "技术-环境"完备情境下企业促进知识密集型产业主导技术扩散的相关建议

面对"技术-环境"完备的情境，企业可考虑从以下两个方面入手促进知识密集型产业主导技术的扩散。

（1）构建企业内外部技术信息交流体系，增强知识密集型企业对主导技术的接受度，减少消极观念主导者的影响。对于中小型知识密集型企业而言，自身的技术信息资源不能满足主导技术的扩散与企业发展需求，需要依靠产业中的信息库作为技术信息资源的储备。因此，知识密集型企业需要将企业外部信息库与企业内部的技术信息资源进行整合归类，形成企业内外部的技术信息交流体系。一方面应加大对技术信息的投入力度，吸收更多的信息资源以充盈技术信息体系；另一方面应通过制定内部信息资源管理制度，构建企业内部的信息交流与分享体系，增强企业对知识密集型产业主导技术的全面了解，避免因信息有限造成对主导技术的错误性评判和决策失误，从而降低消极观念主导者的影响，以促进知识密集型产业主导技术的扩散。

（2）建立与产业链企业的沟通、合作机制，扩大企业的弱势链规模和信息获取渠道，为知识密集型产业主导技术扩散做准备。知识密集型企业应建立与产业链企业间的交流机制，如定期派技术人员参加产业链上下游领域的会议或论坛，了解产业链上下游企业主导技术的发展趋势，根据上下游企业提供的相关信息科学评估行业内主导技术的预期效用，并合理确定采纳主导技术的时机。企业还应通过项目合作与联系较少的上下游企业共建信息交换制度，如定期组织研发人员到对方企业进行阶段性成果分享，加强弱势链企业间的沟通，以了解上下游企业对主导技术的个体态度和主观规范，为知识密集型产业主导技术的采纳和扩散做好准备。

14.4 本章小结

本章主要从三个方面入手提出了促进知识密集型产业技术标准演化和主导技术扩散的相关建议。首先，立足于知识密集型产业技术标准演化的生命周期视角，针对技术标准的形成、实现和扩散阶段分别提出了实施技术标准战略、发展技术标准联盟、拓展技术标准用户的建议；其次，从技术标准联盟合作广度与技术标准联盟合作深度两个维度出发，为推动知识密集型产业技术标准演化提出相关建议；同时，结合影响技术标准演化的社会技术地景因素，分别提出了扩大市场规模、利用经济环境优势、优化基础设施建设、制定政府扶持举措和加大研发投入的建议；最后，根据知识密集型产业主导技术扩散机理，基于"环境"不完备情境、"技术"不完备情境和"技术-环境"完备情境，分别从政府、行业协会与企业这三个方面提出促进知识密集型产业主导技术扩散的相关建议。

参考文献

艾兴政,唐小我. 2000. 广告媒介下两种产品竞争与扩散模型研究. 管理工程学报, 14(3): 19-22.

毕克新,王晓红,葛晶. 2007. 技术标准对我国中小企业技术创新的影响及对策研究. 管理世界,(12): 164-165.

蔡跃洲,李平. 2014. 技术-经济范式转换与可再生能源产业技术创新. 财经研究, 40(8): 16-29.

陈金波. 2010. 企业技术创新的内部影响因素——对河南省261户重点企业的实证研究. 经济管理, 32(6): 151-157.

陈劲,王焕祥. 2008. 演化经济学. 北京: 清华大学出版社.

陈立勇,张洁琼,曾德明,等. 2019. 知识重组、协作研发深度对企业技术标准制定的影响研究. 管理学报, 169(4): 531-540.

陈念文,杨德荣,高达声. 1987. 技术论. 长沙: 湖南教育出版社.

陈荣,余亮,何宜柱. 2000. 元胞自动机模型在市场营销中的作用. 预测,(2): 58-61.

陈锐,周永根,沈华,等. 2013. 技术变革与技术标准协同发展的战略思考. 科学学研究, 31(7): 1006-1112.

陈伟,杨早立,周文,等. 2015. 基于突变级数的知识密集型制造业技术创新能力动态综合评价——变化速度特征的视角. 运筹与管理, 24(1): 191-201.

陈伟,张永超,田世海. 2012. 区域装备制造业产学研合作创新网络的实证研究——基于网络结构和网络聚类的视角. 中国软科学,(2): 600-607.

陈晓伟. 2008. Bass模型的扩展研究. 广州: 暨南大学.

陈衍泰,孟媛媛,张露嘉,等. 2015. 产业创新生态系统的价值创造和获取机制分析——基于中国电动汽车的跨案例分析. 科研管理, 36(S1): 68-75.

陈禹,谢康. 1998. 知识经济的测度理论与方法. 北京: 中国人民大学出版社.

陈浙鲁. 2017. 我国可再生能源发电发展预测及保障措施研究. 北京: 华北电力大学.

陈仲常,余翔. 2007. 企业研发投入的外部环境影响因素研究——基于产业层面的面板数据分析. 科研管理, 28(2): 78-84.

成力为,戴小勇. 2012. 研发投入分布特征与研发投资强度影响因素的分析——基于我国30万个工业企业面板数据. 中国软科学,(8): 152-165.

程华,王金湘,李冬琴,等. 2015. 区域技术创新与经济增长的系统动力学模型仿真——基于浙江省的研究. 科技管理研究, 35(10): 93-96.

程毛林. 2010. Richards模型参数估计及其模型应用. 数学的实践与认识, 40(12): 139-143.

戴海闻,曾德明,张运生. 2020. 关系资本,双元创新与高技术产业主导设计. 科研管理, 41(2): 220-229.

戴万亮,李庆满. 2016. 产业集群环境下市场导向对技术标准扩散的影响——有调节的中介效应. 科技进步与对策, 33(23): 51-56.

参考文献

邓龙安. 2007. 企业技术联盟与主导技术的形成. 科技进步与对策, 24（8）: 89-92.

邓青, 刘艺, 马亚萍, 等. 2016. 基于元胞自动机的网络信息传播和舆情干预机制研究. 管理评论, 28（8）: 106-114.

邓旭霞, 刘纯阳. 2014. 论循环农业的主导技术及其发展对策. 农机化研究, 36（9）: 1-5.

樊浩. 1991. 技术创新的文化环境. 科学学研究, （1）: 18-24.

范群林, 邵云飞, 唐小我. 2012. 中国汽车产业环境技术创新影响因素实证研究. 管理学报, 9（9）: 1323-1329.

冯永琴, 张米尔. 2011. 基于专利地图的技术标准与技术专利关系研究. 科学学研究, 29（8）: 1170-1175.

冯永琴, 张米尔, 纪勇. 2013. 技术标准创立中的专利引用网络研究. 科研管理, 34（7）: 71-77.

傅瑶, 孙玉涛, 刘凤朝. 2013. 美国主要技术领域发展轨迹及生命周期研究——基于S曲线的分析. 科学学研究, 31（2）: 209-216.

高俊光. 2008. 面向技术创新的技术标准形成机理研究. 哈尔滨: 哈尔滨工业大学.

高俊光. 2011. 基于TER模型的技术标准生命周期机理实证研究. 科技与经济, 24（6）: 11-15.

高俊光. 2012. 面向技术创新的技术标准形成路径实证研究. 研究与发展管理, 24（1）: 11-17.

高俊光, 单伟. 2012. 经济路径是技术标准形成的动力——关于技术标准形成路径的实证研究. 经济问题探索, （6）: 120-125.

高汝熹, 许强. 2007. 上海知识密集型产业评价研究——基于主成分分析法的实证. 上海经济研究, （7）: 65-69.

高霞, 其格其, 曹洁琼. 2019. 产学研合作创新网络开放度对企业创新绩效的影响. 科研管理, 40（9）: 231-240.

高长元, 单子丹. 2010. 高技术虚拟企业技术标准形成动因与运行机制——基于动力分析、主体管理和策略体系的视角. 科学学研究, 28（7）: 1015-1021.

高照军. 2015. 全球产业链嵌入视角下技术标准联盟跨层次知识外溢的过程机理. 管理现代化, 35（5）: 54-56.

苟劲松, 阮平南, 李金玉. 2015. 基于主导技术的新兴产业形成障碍跨越策略研究. 科技进步与对策, 32（4）: 36-40.

郭立伟. 2014. 新能源产业集群发展机理与模式研究. 杭州: 浙江大学.

郭跃, 汝鹏, 苏竣. 2012. 科学家与公众对核能技术接受度的比较分析——以日本福岛核泄露事故为例. 科学学与科学技术管理, 33（2）: 153-158.

韩连庆. 2016. 技术联盟、产业链与技术标准的确立——以中国高清视频技术的发展为例. 科学学研究, 34（3）: 418-424.

郝凡浩, 王铁男, 赵超. 2019. 新产品公告与股票投资者反应——基于Bass模型的投资者行为模型. 管理评论, 31（1）: 48-61.

何瑞. 2016. TAM与IDT理论视角下新能源汽车公众市场扩散的影响机制研究. 天津: 天津理工大学.

何雯. 2015. 微信营销的采纳意向影响因素研究. 南京: 南京师范大学.

洪结银. 2018. 互补性专利联盟是否必要——一个基于讨价还价许可模式的新见解. 科学学研究, 36（1）: 60-68, 122.

胡黎明, 肖国安. 2016. 技术标准经济学30年: 兴起、发展及新动态. 湖南科技大学学报, 19（5）: 97-103.

胡培战. 2006. 基于生命周期理论的我国技术标准战略研究. 国际贸易问题, (2): 84-89.

胡绪华, 陈丽珍, 吕魁. 2015. 基于传染病模型的集群内异质企业间知识传播机理分析与仿真. 运筹与管理, 24 (3): 248-257.

黄德春, 张长征, Lall U, 等. 2013. 重大水利工程社会稳定风险研究. 中国人口资源与环境, 23 (4): 89-95.

黄梦璇, 宋艳, 刘峰, 等. 2011. 基于技术扩散 S 曲线的 3G 技术市场推广策略研究. 研究与发展管理, 23 (2): 26-32.

贾晓霞, 张寒. 2019. 引入合作网络的知识积累对产学研合作创新绩效影响的实证研究——基于中国 2006-2015 年 34 所 985 高校专利数据. 产经评论, 9 (6): 118-129.

简新华. 2001. 产业经济学. 武汉: 武汉大学出版社.

江积海, 蔡春花. 2014. 联盟组合的结构特征对开放式创新的影响机理——瑞丰光电的案例研究. 科学学研究, 32 (9): 1396-1404.

姜红, 吴玉浩, 高思芃. 2018. 基于专利分析的技术标准化能力演化过程研究. 情报杂志, 37 (7): 70-77.

姜明辉, 贾晓辉, 于闻. 2015. 产业集群演化的仿真研究. 经济问题探索, (12): 81-90.

雷晶, 李霞. 2014. 基于扩展技术接受模型的移动支付使用意愿信度及效度研究. 统计与决策, (18): 98-100.

黎昀, 李四聪. 2011. 湖南县域民营经济标准化战略模式选择——以技术标准生命周期为视角. 企业经济, 30 (8): 16-18.

黎昀, 李四聪. 2012. 技术标准生命周期与湖南民营企业标准化战略模式选择. 邵阳学院学报, 11 (2): 48-51.

李保红. 2006. 基于标准生命周期的信息通信技术标准化策略研究. 北京: 北京邮电大学.

李保红, 吕廷杰. 2005. 从产品生命周期理论到标准的生命周期理论. 标准科学, (9): 12-14.

李春燕, 黄斌. 2017. 利用 S 曲线法判断 3D 打印工艺技术生命周期. 科技与经济, 30 (2): 91-95.

李岱松, 张革, 李建玲. 2009. 区域技术标准创新——北京地区实证研究. 北京: 科学出版社.

李冬梅, 宋志红. 2017. 网络模式、标准联盟与主导技术的产生. 科学学研究, 35 (3): 111-120.

李海燕. 2005. 浅析技术标准中的必要专利. 广播电视信息, (3): 48-51.

李君君, 孙建军. 2011. 网站质量, 用户感知及技术采纳行为的实证研究. 情报学报, (3): 227-236.

李龙一, 张炎生. 2009. 基于主导技术的技术标准形成研究. 科学学与科学技术管理, 30 (6): 37-42.

李强, 顾新, 胡谍. 2019. 产学合作渠道的广度和深度对高校科研绩效的影响. 软科学, 33 (6): 12-17.

李庆满, 戴万亮, 王乐. 2018. 产业集群环境下企业技术标准形成的影响因素和对策研究. 科技和产业, 18 (1): 10-16, 103.

李庆满, 戴万亮, 王乐. 2019. 产业集群环境下网络权力对技术标准扩散的影响——知识转移与技术创新的链式中介作用. 科技进步与对策, 36 (8): 34-40.

李蓉, 吴贵文, 尹家乐. 2014. 我国高技术产业的技术生命周期研究——基于 S 曲线视角. 物流工程与管理, 36 (1): 158-159, 168.

李婷, 董慧芹. 2005. 科技创新环境评价指标体系的探讨. 中国科技论坛, (4): 30-31.

李薇. 2014. 技术标准联盟的本质：基于对 R&D 联盟和专利联盟的辨析. 科研管理, 35（10）: 49-56.

李薇, 李天赋. 2013. 国内技术标准联盟组织模式研究——从政府介入视角. 科技进步与对策, 30（8）: 31-37.

李薇, 邱有梅. 2014. 纵向伙伴关系维度的技术标准扩散效应研究. 科技进步与对策, 31（17）: 20-26.

李丫丫, 赵玉林. 2016. 全球生物芯片产业技术发展阶段比较研究. 科技进步与对策, 33（10）: 44-48.

李艳华, 崔文岳. 2018. 技术标准形成过程中的企业间博弈分析及政策设计. 科技管理研究, 38（8）: 66-71.

李煜华, 高杨, 胡瑶瑛. 2012. 基于结构方程模型的复杂产品系统技术扩散影响因素分析. 科研管理, 33（5）: 146-152.

李正卫. 2005. 技术动态性、组织学习与技术追赶：基于技术生命周期的分析. 科技进步与对策, 22（7）: 8-11.

李子奈, 叶阿忠. 2012. 高级应用计量经济学. 北京: 清华大学出版社.

林明兴. 2012. 基于仿生学视角的低碳产业技术链知识管理研究. 长春: 吉林大学.

刘凤朝, 马荣康, 姜楠. 2011. 基于"985 高校"的产学研专利合作网络演化路径研究. 中国软科学,（7）: 178-192.

刘红丽, 黄雅丽, 罗春海, 等. 2016. 基于用户行为的微博网络信息扩散模型. 物理学报, 65（15）: 283-294.

刘辉. 2013. 技术标准下的专利池对我国企业自主创新机制的影响研究. 科技管理研究, 33（4）: 8-12.

刘坚强, 陈霞, 王凌, 等. 2014. 标准系统的仿真评估构想. 标准科学,（12）: 21-26.

刘建华, 孟战, 姜照华. 2017. 基于 S 曲线的"要素-结构-功能-成本"协同创新研究. 科技管理研究, 37（16）: 146-151.

刘鹏. 2004. 知识密集型产业新产品开发过程中缄默知识流转有效性研究. 杭州: 浙江大学.

刘巧玲, 李劲, 肖人彬. 2017. 基于参数反演的网络舆情传播趋势预测——以新浪微博为例. 计算机应用, 37（5）: 1419-1423.

刘婷婷, 方华丽. 2013. 浅谈 4G 移动通信系统的关键技术与发展. 科技信息,（9）: 298.

刘晓燕, 阮平南, 单晓红. 2014. 技术创新网络演化的影响因素仿真分析. 科技管理研究, 34（17）: 141-145.

刘源. 2008. "传染病模型"在隐性知识传播中的应用. 科技进步与对策,（7）: 168-171.

刘志阳. 2010. 战略性新兴产业主导技术形成机理与竞争策略研究. 经济社会体制比较,（5）: 165-172.

罗荣桂, 江涛. 2006. 基于 SIR 传染病模型的技术扩散模型的研究. 管理工程学报,（1）: 32-35.

罗卫国. 1987. 浅谈主导技术. 科研管理,（3）: 7, 15-19.

吕鸿江, 程明, 吴利华. 2018. 知识交流深度与广度的匹配对知识网络交流效率的影响：基于整体知识网络结构特征的分析. 管理工程学报, 32（1）: 84-92.

马瑞敏, 尉心渊. 2017. 技术领域细分视角下核心专利预测研究. 情报学报, 12（36）: 1279-1289.

马艳艳, 刘凤朝, 姜滨滨, 等. 2014. 企业跨组织研发合作广度和深度对创新绩效的影响——基于中国工业企业数据的实证. 科研管理, 35 (6): 33-40.

马颖, 丁周敏, 张园园. 2015. 食品安全突发事件网络舆情演变的模仿传染行为研究. 科研管理, 36 (6): 168-176.

潘海波, 金雪军. 2003. 技术标准与技术创新协同发展关系研究. 中国软科学, (10): 110-114.

潘金刚. 2009. 市场因素对企业技术创新扩散影响分析. 商业时代, (19): 52-53, 57.

彭洪江, 鞠基刚. 1999. 标准生命周期的分析及信息管理研究. 科学管理研究, (4): 23-25.

邱洪华, 刘晓丽. 2013. 中美 4G 移动通信技术专利信息比较研究. 情报杂志, 32 (8): 81-86.

芮明杰. 2005. 产业经济学. 上海: 上海财经大学出版社.

邵云飞, 杜晓明. 2011. 产业集群内基于时间和距离的技术创新扩散模型研究. 科技进步与对策, 28 (20): 67-71.

沈超, 朱庆华, 沈洪洲. 2016. 网络谣言传播中群体态度演变研究. 现代图书情报技术, (6): 37-45.

沈以淡. 2003. 简明数学词典. 北京: 北京理工大学出版社: 760-761.

盛亚. 2002. 新产品采用者的决策准则. 数量经济技术经济研究, (7): 81-84.

石大千, 李格, 刘建江. 2020. 信息化冲击、交易成本与企业 TFP——基于国家智慧城市建设的自然实验. 财贸经济, 41 (3): 117-130.

石德金, 张善辉, 黄丽微. 2017. 基于威尔逊引力模型的福建农业技术扩散半径研究. 科技和产业, 17 (1): 73-77.

史金艳, 杨健亨, 李延喜, 等. 2019. 牵一发而动全身: 供应网络位置、经营风险与公司绩效. 中国工业经济, (9): 136-154.

舒辉, 刘芸. 2014a. 基于标准生命周期的技术标准中专利许可问题的研究. 江西财经大学学报, (5): 49-59.

舒辉, 刘芸. 2014b. 技术创新成果标准化的模式与时机分析. 科技管理研究, 34 (17): 171-177.

舒辉, 王媛. 2018. 市场推进技术创新、专利、标准协同转化路径分析. 科技进步与对策, 35 (12): 63-69.

舒兆平, 毛蕴诗. 2009. 企业技术标准形成机制研究——以移动通信为例. 技术经济与管理研究, (6): 44-47.

司春林, 顾国章, 郁义鸿. 1998. 现代微观经济学. 上海: 复旦大学出版社.

宋波, 徐飞, 刘娴. 2012. 基于传染病模型的口碑对品牌传播的作用机理分析. 上海管理科学, 34 (1): 57-60.

苏东水. 2005. 产业经济学. 2 版. 北京: 高等教育出版社.

苏敬勤, 刘静. 2013. 案例研究规范性视角下二手数据可靠性研究. 管理学报, 10 (10): 1405-1409, 1418.

苏竣, 杜敏. 2006. AVS 技术标准制定过程中的政府与市场"双失灵"——基于政策过程与工具分析框架的研究. 中国软科学, (6): 39-45.

苏屹, 李柏洲, 喻登科. 2014. 基于流行病模型的技术创新系统的创新扩散研究. 系统科学学报, 22 (2): 93-96.

孙冰, 袭希. 2014. 知识密集型产业技术创新演化机理研究. 北京: 科学出版社.

孙冰, 姚洪涛. 2014. 环境不确定性视角下创新网络阶段性演化研究. 科学学与科学技术管理, 35 (12): 73-81.

孙冰，姚洪涛. 2015. 基于知识特征的知识密集型产业创新网络合作度对创新绩效的影响研究. 商业经济与管理，(4)：74-83.

孙启贵. 2010. 社会—技术系统的构成及其演化. 技术经济与管理研究，(6)：13-17.

孙耀吾，赵雅，曾科. 2009. 技术标准化三螺旋结构模型与实证研究. 科学学研究，27(5)：95-104.

谭劲松，薛红志. 2007. 主导技术形成机理及其战略驱动因素研究. 中国软科学，(7)：41-53.

谭云清. 2015. 网络嵌入特征、搜索策略对企业开放式创新的影响研究. 管理学报，12(12)：1780-1787.

唐馥馨，张大亮，张爽. 2011. 后发企业自主国际技术标准的形成路径研究——以浙大中控 EPA 标准为例. 管理学报，8(7)：974-979.

唐小我，艾兴政. 1999. 广告媒介下两种产品竞争与扩散模型的进一步研究. 电子科技大学学报，(6)：625-628.

唐月. 2014. 基于技术接受模型的小型纯电动汽车使用影响因素研究. 武汉：华中科技大学.

陶爱萍，井姗姗，宋秋菊. 2015. 技术标准锁定的影响因素和形成机理研究. 工业技术经济，34(2)：63-70.

陶忠元，夏婧. 2015. 我国制造业技术标准化与技术创新互动效应——基于9类细分行业的实证研究. 科技进步与对策，32(8)：61-66.

田博文，田志龙. 2016. 网络视角下标准制定组织多元主体互动规律研究. 管理学报，13(12)：1775-1785.

田博文，田志龙，史俊. 2017. 分散的行动者与物联网技术标准化发展战略. 科技进步与对策，34(1)：44-52.

田博文，田志龙，史俊，等. 2016. 战略性新兴产业技术标准化发展研究——以物联网产业为例. 科技进步与对策，33(3)：57-65.

王博，何明升. 2010. 基于政府参与的信息通信技术标准扩散模型研究. 湖南大学学报，37(10)：88-92.

王博，刘则渊，丁堃，等. 2016. 产业技术标准和产业技术发展关系研究——基于专利内容分析的视角. 科学学研究，34(2)：194-202.

王程韡，李正风. 2007. 基于分层演化观点的技术标准的形成机制探析. 中国软科学，(1)：42-48.

王道平，韦小彦，张志东. 2013. 基于高技术企业创新生态系统的技术标准价值评估研究. 中国软科学，(11)：40-48.

王军，程文婷. 2017. 教育类移动应用技术接受模型构建. 图书情报工作，61(16)：60-65.

王宁. 2011. 基于未来经济发展的南宁市用水量研究. 中国市场，(6)：121-123.

王其藩. 1988. 系统动力学. 北京：清华大学出版社.

王珊珊，武建龙，王宏起. 2013. 产业技术标准化能力的结构维度与评价指标研究. 科学学与科学技术管理，34(6)：112-118.

王珊珊，许艳真，李力. 2014. 新兴产业技术标准化：过程、网络属性及演化规律. 科学学研究，32(8)：1181-1188.

王树祥，张明玉，王杰群. 2014. 生产要素的知识属性与知识价值链研究. 中国软科学，(4)：160-168.

王硕，杨蕙馨，王军. 2015. 技术标准联盟主导企业标准创新对成员企业的影响——研发投入强度、技术距离与超常收益. 经济与管理研究，36(7)：127-136.

王炜. 2017. 知识密集型产业演化机制研究. 上海：上海交通大学.
王鑫, 宋伟, 罗泽胜. 2016. 物联网技术标准中的专利政策制定研究. 科研管理, 37（6）：120-126.
王秀红, 韩琼, 韩光平. 2008. 员工隐性知识传播的系统动力学模型研究. 情报杂志,（3）：57-60.
王砚羽, 谢伟. 2015. 基于传染病模型的商业模式扩散机制研究. 科研管理, 36（7）：10-18.
王莹, 刘雄兵. 2000. 新产品市场扩散过程中的市场检查及其模型研究. 中国软科学,（4）：117-119.
王月辉, 王青. 2013. 北京居民新能源汽车购买意向影响因素——基于 TAM 和 TPB 整合模型的研究. 中国管理科学, 21（S2）：691-698.
王展昭, 马永红, 张帆. 2015. 基于系统动力学方法的技术创新扩散模型构建及仿真研究. 科技进步与对策, 32（19）：13-19.
魏津瑜, 刘月, 南广友, 等. 2017. 基于技术标准的高技术产业集群创新绩效与定价模式研究. 科学管理研究, 35（1）：53-56.
温忠麟, 侯杰泰, 张雷. 2005. 调节效应与中介效应的比较和应用. 心理学报,（2）：268-274.
翁媛媛, 高汝熹. 2009. 科技创新环境的评价指标体系研究——基于上海市创新环境的因子分析. 中国科技论坛,（2）：31-35.
吴传荣, 曾德明, 陈英武. 2010. 高技术企业技术创新网络的系统动力学建模与仿真. 系统工程理论与实践, 30（4）：587-593.
吴菲菲, 米兰, 黄鲁成. 2018. 以技术标准为导向的企业研发方向识别与评估. 科学学研究, 36（10）：1837-1847.
吴文华, 张琰飞. 2006. 技术标准联盟对技术标准确立与扩散的影响研究. 科学学与科学技术管理, 27（4）：7, 49-51.
吴晓波, 许庆瑞. 1995. 二次创新竞争模型与企业竞争战略分析. 系统工程学报,（3）：37-47.
吴晓园, 许明星, 钟俊娟. 2011. 基于演化经济学的国家创新系统层级研究. 技术经济与管理研究,（7）：40-43.
吴玉鸣. 2010. 大学知识创新与区域创新环境的空间变系数计量分析. 科研管理, 9：116-123.
谢光明, 金大祥, 胡培. 2018. 基于产品销量的网络口碑离散对消费者购买行为的影响分析. 南开管理评论, 21（6）：53-66.
信春华. 2010. 高新技术转化为技术标准的动力机制研究. 科学学与科学技术管理, 31（2）：5-8.
徐玖平, 陈学志. 2001. 旱育秧技术扩散模型与实证分析. 管理工程学报,（1）：3, 14-18.
徐凯, 周宗放, 钱茜. 2020. 考虑潜伏期的关联信用风险传染机理研究. 运筹与管理, 29（3）：190-197, 208.
徐雷. 2004. 基于工作流和 Web 服务技术的 MIS 框架及其建模工具的研究. 重庆：重庆大学.
徐明华, 史瑶瑶. 2007. 技术标准形成的影响因素分析及其对我国 ICT 产业标准战略的启示. 科学学与科学技术管理, 28（9）：5-9.
许炳, 朱海龙. 2015. 我国建筑产业集中度现状及影响因素分析——基于进入壁垒视角. 建筑经济, 36（2）：5-9.
许强. 2007. 知识密集型产业评价和发展研究. 上海：复旦大学.
薛红志, 谭劲松, 何铮. 2007. 技术动荡期的技术消亡及其战略驱动因素研究. 研究与发展管理, 19（6）：1-8.
杨公朴, 夏大慰. 1999. 现代产业经济学. 上海：上海财经大学出版社.

杨惠馨，王硕，冯文娜. 2014. 网络效应视角下技术标准的竞争性扩散——来自 iOS 与 Android 之争的实证研究. 中国工业经济，(9)：135-147.
杨建梅. 2010. 复杂网络与社会网络研究范式的比较. 系统工程理论与实践，30(11)：2046-2055.
姚远，宋伟. 2011. 技术标准的网络效应与专利联盟. 科学学与科学技术管理，32(2)：29-35.
叶伟巍，兰建平. 2009. 基于主导技术视角的产学合作创新机理研究. 科学学研究，27(4)：610-615.
应尚军，魏一鸣，蔡嗣经. 2000. 元胞自动机及其在经济学中的应用. 中国管理科学，(S1)：272-278.
于会娟，姜秉国. 2016. 海洋战略性新兴产业的发展思路与策略选择——基于产业经济技术特征的分析. 经济问题探索，(7)：106-111.
余德辉. 2001. 加大环保实用技术推广力度促进环保科技成果产业化. 中国环保产业，(1)：18-19.
余文波. 2013. 本土市场规模与我国产业技术标准发展研究. 昆明：云南大学.
曾德明，邹思明，张运生. 2015. 网络位置、技术多元化与企业在技术标准制定中的影响力研究. 管理学报，12(2)：198-206.
张发. 2011. 传染病传播模型综述. 系统工程理论与实践，31(9)：1736-1744.
张海龙. 2014. 中国新能源发展研究. 长春：吉林大学.
张涵. 2010. 知识密集型服务业知识创新能力的影响因素研究. 长沙：中南大学.
张军，许庆瑞. 2015. 企业知识积累与创新能力演化间动态关系研究——基于系统动力学仿真方法. 科学学与科学技术管理，36(1)：128-138.
张俊艳，孙佳. 2018. 通信企业技术赶超模式与路径研究——基于标准必要专利的视角. 中国科技论坛，(4)：112-121.
张磊，吕裔良. 2009. 快速消费品产品扩散的模型研究——以中国乳制品为例. 预测，28(1)：30-35.
张丽娟，张艳芳，赵宜宾，等. 2015. 基于元胞自动机的智能疏散模型的仿真研究. 系统工程理论与实践，35(1)：247-253.
张米尔，国伟，纪勇. 2013. 技术专利与技术标准相互作用的实证研究. 科研管理，34(4)：68-73.
张生太，李涛，段兴民. 2004. 组织内部隐性知识传播模型研究. 科研管理，25(4)：28-32.
张爽. 2010. 企业技术标准演化规律研究. 杭州：浙江大学.
张韵君，柳飞红. 2014. 基于专利分析的技术预测概念模型. 情报杂志，33(3)：22-27.
张振伟，刘云. 2017. 软件与信息企业研发投入影响因素研究. 科研管理，38(9)：52-59.
张宗益，张湄. 2007. 关于高新技术企业公司治理与 R&D 投资行为的实证研究. 科学学与科学技术管理，(5)：23-26，116.
张宗益，张莹. 2008. 创新环境与区域技术创新效率的实证研究. 软科学，22(12)：123-127.
赵春华，魏晓平. 2008. 产业集聚中企业技术创新扩散影响因素分析. 科技管理研究，28(3)：31-36.
赵莉晓. 2012. 基于专利分析的 RFID 技术预测和专利战略研究：从技术生命周期视角. 科学学与科学技术管理，33(11)：24-30.
赵蓉英，魏绪秋. 2016. 我国图书情报学作者合作能力分析. 情报科学，34(11)：3-7.
赵树宽，余海晴，姜红. 2012. 技术标准、技术创新与经济增长关系研究——理论模型及实证分析. 科学学研究，30(9)：1324-1332.

赵小慧. 2012. 基于技术标准的移动通信核心技术扩散研究. 长沙：湖南大学.

赵炎, 王琦. 2013. 联盟网络的小世界性对企业创新影响的实证研究——基于中国通信设备产业的分析. 中国软科学,（4）：113-121.

赵炎, 姚芳. 2014. 创新网络动态演化过程中企业结盟的影响因素研究——基于中国汽车行业创新联盟的分析. 研究与发展管理, 26（1）：76-83.

赵泽斌, 韩楚翘, 王璐琪. 2019. 国防科技产业联盟协同创新网络：结构与演化. 公共管理学报,（4）：156-176.

郑伦幸. 2018. 技术标准与专利权融合的制度挑战及应对. 科技进步与对策, 35（12）：145-150.

钟永光, 贾晓菁, 钱颖. 2013. 系统动力学. 2版. 北京：科学出版社.

周宏仁. 2014. 信息化蓝皮书：中国信息化形势分析与预测. 北京：社会科学文献出版社.

周寄中, 侯亮, 赵远亮. 2003. 技术标准、技术联盟和创新体系的关联分析. 管理评论, 18（3）：32-36, 65.

周勇, 王国顺, 周湘. 2006. 要素角度的产业划分. 当代财经,（3）：88-91.

周增骏, 陈劲, 梅亮. 2015. 中国研究型大学科技成果资本化机制探析. 科学学研究, 33（11）：1641-1650.

朱平芳, 徐伟民. 2003. 政府的科技激励政策对大中型工业企业 R&D 投入及其专利产出的影响——上海市的实证研究. 经济研究,（6）：45-53.

邹波, 郭峰, 熊新, 等. 2015. 企业广度与深度吸收能力的形成机理与效用——基于264家企业数据的实证研究. 科学学研究, 33（3）：432-439.

Ernst D, 张耀坤, 张梦琳, 等. 2018. 全球网络中的标准必要专利——新兴经济体的视角. 科学学与科学技术管理, 39（1）：65-83.

Aggarwal N, Walden E. 2005. Standard setting consortia: A transaction cost perspective. [2020-01-21]. http://ieeexplore.ieee.org/iel5/9548/30166/01385657.2005-01.pdf.

Ajzen I, Fishbein M. 1975. A Bayesian analysis of attribution processes. Psychological Bulletin, 82（2）：261.

Albert M B, Avery D, Narin F, et al. 1991. Direct validation of citation counts as indicators of industrially important patents. Research Policy, 20（3）：251-259.

Andersen E S. 2002. Railroadization as schumpeter's standard example of capitalist evolution: An evolutionary-ecological account. Industry and Innovation, 9（1-2）：41-78.

Anderson P, Tushman M L. 1990. Technological discontinuities and dominant designs: A cyclical model of technological change. Administrative Science Quarterly, 35（4）：604-633.

Andrew M, Mark T. 1998. Diffusion with distinction: Diffusion of household durables in the UK. Futures, 30（9）：873-886.

Arnold N, Hasse R. 2015. Escalation of governance: Effects of voluntary standardization on organizations, markets and standards in Swiss fair trade. Sociological Research Online, 20（3）：1-10.

Avdeeva Z K, Kovriga S V. 2019. The goal-setting of knowledge-intensive industries: Decision support based on cognitive maps. IFAC-PapersOnLine, 52（25）：281-286.

Baake P, Boom A. 2001. Vertical product differentiation, network externalities, and compatibility decisions. International Journal of Industrial Organization, 19（1）：267-284.

Badaracco J. 1991. The Knowledge Link: How Firms Compete Through Strategic Alliances. Boston: Harvard Business School Press.

Baird S. 2007. Government at the standards bazaar. Stanford Law and Policy Review, 18 (35): 34-100.

Baron R M, Kenny D A. 1986. The moderator-mediator variable distinction in social psychological research: Conceptual, strategic, and statistical considerations. Journal of Personality and Social Psychology, 51 (6): 1173-1182.

Bass F M. 1969. A new product growth model for consumer durables. Management Science, 15: 215-227.

Bass F M. 1980. The relationship between diffusion rates, experience curves, and demand elasticities for consumer durable technological innovation. Journal of Business, 11: 57-67.

Becker R H. 1983. Putting the S-curve concept to work. Research Management, 26 (5): 31-33.

Bedau M A, Buchanan A J, Chalmers D W, et al. 2011. Evidence in the patent record for the evolution of technology using citation and PageRank statistics. Proceedings of the Eleventh European Conference on the Synthesis and Simulation of Living System, ECAL: 77-84.

Bekkers R, Bongard R, Nuvolari A. 2011. An empirical study on the determinants of essential patent claims in compatibility standards. Research Policy, 40 (7): 1001-1015.

Berger F, Blind K, Thumm N. 2012. Filing behaviour regarding essential patents in industry standards. Research Policy, 41 (1): 216-225.

Besen S M, Farrell J. 1994. Choosing how to compete: Strategies and tactics in standardization. Journal of Economic Perspectives, 8 (2): 117-131.

Bhalla A, Terjesen S. 2013. Cannot make do without you: Outsourcing by knowledge-intensive new firms in supplier networks. Industrial Marketing Management, 42 (2): 166-179.

Bhargava S C, Kumar A, Mukherjee A. 1993. A stochastic cellular automata model of innovation diffusion. Technological Forecasting and Social Change, 44 (1): 90-97.

Blind K, Mangelsdorf A. 2016. Motives to standardize: Empirical evidence from Germany. Technovation, 48/49: 13-24.

Blind K, Nikolaus T. 2004. Intellectual property protection and standardization. International Journal of IT Standards & Standardization Research, 2 (2): 61-75.

Blind K, Petersen S S, Riillo C A F. 2017. The impact of standards and regulation on innovation in uncertain markets. Research Policy, 46 (1): 249-264.

Bouncken R B, Kraus S. 2013. Innovation in knowledge-intensive industries: The double-edged sword of coopetition. Journal of Business Research, 66 (10): 2060-2070.

Brin S, Page L. 1998. The anatomy of a large-scale hypertextual Web search engine. Computer Networks and ISDN Systems, 30 (1): 107-117.

Bruck P, Rethy I, Szente J, et al. 2016. Recognition of emerging technology trends: Class-selective study of citations in the U.S. patent citation network. Scientometrics, 107 (3): 1465-1475.

Burrows J H. 1999. Information technology standards in a changing word: The role of the users. Computer Standards and Interfaces, 20 (4-5): 323-331.

Cabral K. 2004. Standards battles and public policy. Standards and Public Policy, 67 (1): 329-344.

Cabral L M B, Salant D J. 2014. Evolving technologies and standards regulation. Working Papers,

36 (C): 48-56.

Caiazza R, Volpe T. 2017. Innovation and its diffusion: Process, actors and actions. Technology Analysis & Strategic Management, 29 (2): 181-189.

Carayannis E G, Kassicieh S K, Radosevich R. 2000. Strategic alliances as a source of early-stage seed capital in new technology-based firms. Technovation, 20 (11): 603-615.

Cargill C F. 1989. Information Technology Standardization: Theory, Process, and Organizations. Grand Forks: Digital Press.

Carpenter M P, Narin F, Woolf P. 1981. Citation rates to technologically important patents. World Patent Information, 3 (4): 160-163.

Chang D S, Sun K L. 2007. Exploring the correspondence between total quality management and Peter Senge's disciplines of a learning organization: A Taiwan perspective. Total Quality Management and Business Excellence, 18 (7): 807-822.

Chiesa V, Toletti G. 2003. Standard-setting strategies in the multimedia sector. International Journal of Innovation Management, 7 (3): 281-308.

Chow G C. 1967. Technological change and the demand for computers. American Economic Review, 57 (5): 1117-1130.

Chow I H S, Gong Y. 2010. The linkage of HRM and knowledge-related performance in China's technology-intensive industries. The International Journal of Human Resource Management, 21 (8): 1289-1306.

Christodoulos C, Michalakelis C, Varoutas D. 2011. On the combination of exponential smoothing and diffusion forecasts: An application to broadband diffusion in the OECD area. Technological Forecasting and Social Change, 78 (1): 163-170.

Chuang S F. 2013. Evaluating training and development practices in Taiwan: Challenges and opportunities. Human Resource Development International, 16 (2): 230-237.

Clarke D, Dolan R J. 1984. A simulation analysis of alternative strategies for dynamic environments. Journal of Business, 57: 179-200.

Clougherty J A, Grajek M. 2014. International standards and international trade: Empirical evidence from ISO 9000 diffusion. International Journal of Industrial Organization, 36: 70-82.

Clymer N, Asaba S. 2008. A new approach for understanding dominant design: The case of the ink-jet printer. Journal of Engineering and Technology Management, 25 (3): 137-156.

Cohen S G. 1993. New approaches to teams and teamwork. Organizing for the Future, 49 (3): 194-226.

Cowan R, Hultén S. 1996. Escaping lock-in: The case of the electric vehicle. Technological Forecasting Social Change, 53 (1): 61-79.

Cremers K. 2009. Settlement during patent litigation trials. An empirical analysis for Germany. The Journal of Technology Transfer, 34 (2): 182-195.

Crossan M, Henry W, Lane R E. 1999. An organizational learning framework: From intuition to institution. Academy of Management Review, 24 (3): 522-537.

Cyert R, Degroot M. 1970. Multiperiod decision models with alternating choice as a solution to the duopoly problem. Quarterly Journal of Economics, 84 (3): 410-429.

Dabholkar P A, Bagozzi R P. 2002. An attitudinal model of technology based self-service: Moderating effects of consumer traits and situational factors. Journal of the Academy of Marketing Science, 30 (3): 184-201.

Dai H, Zeng D, Qualls W J. 2018. Do social ties matter for the emergence of dominant design? The moderating roles of technological turbulence and IRP enforcement. Journal of Engineering & Technology Management, 47: 96-109.

Dai J, Yang X, Wen L. 2018. Development of wind power industry in China: A comprehensive assessment. Renewable and Sustainable Energy Reviews, 97: 156-164.

Dai Z, Duserick F, Dai L. 2005. Achieving competitiveness by organizational learning: Strategy, transformation and measurement. Issues in Information Systems, 6 (2): 147-153.

Dao V, Zmud R. 2013. Innovating firms' strategic signaling along the innovation life cycle: The standards war context. Journal of Engineering and Technology Management, 30 (3): 288-308.

Davis F D. 1989. Perceived usefulness, perceived ease of use, and user acceptance of information technology. MIS Quarterly, 13 (3): 319-340.

Davis F D. 1993. User acceptance of information technology: System characteristics, user perceptions and behavioral impacts. International Journal of Man Machine Studies, 38 (3): 475-487.

Dechezlepretre A, Martin R, Mohnen M. 2014. Knowledge spillovers from clean and dirty technologies. Centre for Economic Performance WP, 135: 1744-6783.

Delcamp H, Leiponen A. 2014. Innovating standards through informal consortia: The case of wireless telecommunications. International Journal of Industrial Organization, 36 (C): 36-47.

Dewatripont M, Legros P. 2013. 'Essential'Patents, FRAND royalties and technological standards. Journal of Industrial Economics, 61 (4): 913-937.

Dodson J A, Muller E. 1978. Models for new product diffusion through advertising and word-of-mouth. Management Science, 24 (15): 1568-1578.

Drahos P, Braithwaite J. 2002. Information feudalism: Who owns the knowledge economy. Contemporary Sociology, 32 (5): 565-578.

Dyer J H. 1997. Effective interfirm collaboration: How firms minimize transaction costs and maximize transaction value. Strategic Management Journal, 18 (7): 535-556.

Egyedi T. 2000. Institutional Dilemma in ICT Standardization: Coordinating the Diffusion of Technology?. Hershey: IGI Global.

Ehrhardt M. 2004. Network effects, standardisation and competitive strategy: How companies influence the emergence of dominant designs. International Journal of Technology Management, 27 (2): 272-293.

Elettra A, Rossella A. 2011. An application of fuzzy methods evaluate under the chance of litigation. Expert System with Applications, 38 (10): 11314-11343.

Emmanuelle A M. 2000. Standardization in decentralized economies. American Economic Review, 90 (3): 550-570.

En'ko P D. 1889. On the Course of Epidemics of Some Infectious Diseases. St. Petersburg: Vrach Press.

Erikson E H. 1959. Identity and the life cycle: Selected papers. Psychological Issues, 1 (1): 145-165.

Ernst H. 1997. The use of patent data for technological forecasting: The diffusion of CNC-technology in the machine tool industry. Small Business Economics, 9 (4): 361-381.

Farrell J, Katz M. 2005. Competition or predation? . Consumer coordination, strategic pricing and price floors in network markets. The Journal of Industrial Economics, 53 (2): 203-231.

Farrell J, Saloner G. 1985. Standardization, compatibility, and innovation. Rand Journal of Economics, 20 (1): 71-74.

Farrell J, Saloner G. 1986. Installed base and compatibility: Innovation, product preannouncements, and predation. The American Economic Review, 74 (5): 940-955.

Feng Y K, Wang L P. 2011. Research on the influence factor and innovation system of environment sound technology innovation. Procedia Environment Sciences, 10: 66-71.

Foster R N. 1986. Assessing technological threats. Research Management, 29 (4): 17-20.

Fourt L A, Woodlock J W. 1960. Early prediction of market success for new grocery products. Journal of Marketing, 25 (2): 31-38.

Fukś H, Boccara N. 2005. Cellular automata models for diffusion of innovations. The 6th Meeting on Instabilities and Nonequilibrium Structures, Santiago: 1605-1611.

Gallié E P, Roux P. 2010. Forms and determinants of R&D collaborations: Evidence based on French data. Industry & Innovation, 17 (6): 551-576.

Gao X, Liu J. 2012. Catching up through the development of technology standard: The case of TD-SCDMA in China. Telecommunications Policy, 36 (7): 531-545.

Garber T, Goldenberg J, Libai B, et al. 2004. From density to destiny: Using spatial dimension of sales data for early prediction of new product success. Marketing Science, 23 (3): 419-428.

Garvin D A. 2000. Learning in Action: A Guide to Putting the Learning Organization to Work. Boston: Harvard Business School Press.

Gauch S, Hawkins R. 2010. How stakeholders view the impacts of international ICT standards. Telecommunications Policy, 34 (3): 162-174.

Geels F W. 2002. Technological transitions as evolutionary reconfiguration processes: A multi-level perspective and a case-study. Research Policy, 31 (8): 1257-1274.

Geels F W. 2010. Ontologies, socio-technical transitions (to sustainability), and the multi-level perspective. Research Policy, 39 (4): 495-510.

Gera S, Mang K. 1998. The knowledge-based economy: Shifts in industrial output. Ottawa: Industry Canada.

Gessler F. 2002. The development of wireless infrastructure standards. Stockholm: Industriell Ekonomi Och Organisation.

Gilbert N, Ahrweiler P, Pyka A. 2007. Learning in innovation networks: Some simulation experiments. Physical A: Statistical Mechanics and its Applications, 378 (1): 100-109.

Giovangis A N, Skiadas C H. 1999. A stochastic logistic innovation diffusion model studying the electricity consumption in Greece and the United States. Technological Forecasting and Social Change, 61 (3): 235-246.

Giovannetti E, Piga C A. 2017. The contrasting effects of active and passive cooperation on innovation and productivity: Evidence from British local innovation networks. International Journal

of Production Economics, 187: 102-112.
Goldenberg J, Libai B, Muller E. 2001. Using complex systems analysis to advance marketing theory development. Academy of Marketing Science Review, 9 (3): 1-18.
Goldenberg J, Libai B, Solomon S, et al. 2000. Marketing percolation. Physica A: Statistical Mechanics and its Applications, 284 (1): 335-347.
González-Moreno Á, Triguero Á, Sáez-Martínez F J. 2019. Many or trusted partners for eco-innovation? The influence of breadth and depth of firms' knowledge network in the food sector. Technological Forecasting and Social Change, 10 (147): 51-62.
Gort M, Klepper S. 1982. Time paths in the diffusion of product innovations. The Economic Journal, 92 (367): 630-653.
Grabowski H, Vernon J. 2000. The determinants of pharmaceutical research and development expenditures. Journal of Evolutionary Economics, 10 (1): 201-216.
Granovetter M S. 1973. The strength of weak ties. American Journal of Sociology, 78 (6): 1360-1380.
Granovetter M S. 1978. Threshold models of collective behavior. American Journal of Sociology, 83 (6): 1420-1443.
Guo H, Xu H, Tang C, et al. 2018. Comparing the impact of different marketing capabilities: Empirical evidence from B2B firms in China. Journal of Business Research, 93: 79-89.
Gupta R, Jain K. 2012. Diffusion of mobile telephony in India: An empirical study. Technological Forecasting and Social Change, 78 (4): 709-715.
Hanseth O, Braa K. 2001. Hunting for the treasure at the end of the rainbow: Standardizing corporate IT infrastructure. Computer Supported Cooperative Work, 10 (3-4): 261-292.
Hemphill T A. 2009. Technology standards-setting in the US wireless telecommunications industry: A study of three generations of digital standards development. Telematics & Informatics, 26 (1): 103-124.
Hernández B, Jiménez J, Martín M J. 2008. Extending the technology acceptance model to include the IT decision-maker: A study of business management software. Technovation, 28 (3): 112-121.
Herr P M, Kardes F R, Kim J. 1991. Effects of word-of-mouth and product-attribute information on persuasion: An accessibility-diagnosticity perspective. Journal of Consumer Research, 17 (4): 454-462.
Hershberg E, Nabeshima N, Yusuf S. 2007. Opening the ivory tower to business: University-industry linkages and the development of knowledge-intensive clusters in Asian cities. World Development, 35 (6): 931-940.
Hong B, Holmquist C. 2011. Industry characteristics and internationalization processes in small firms. Geophysical Research Letters, 38 (13): 471-487.
Hong P, Doll W J, Nahm A Y, et al. 2006. Knowledge sharing in integrated product development. European Journal of Innovation Management, 7 (2): 102-112.
Houben G, Lenie K, Vanhoof K. 1999. A knowledge-based SWOT-analysis system as an instrument for strategic planning in small and medium sized enterprises. Decision Support Systems, 8 (26): 125-135.

Humphrey J, Schmitz H. 2008. Inter-firm relationships in global value chains: Trends in chain governance and their policy implications. International Journal of Technological Learning, Innovation and Development, 1 (3): 258-282.

Ireland R D, Webb J W. 2007. A multi-theoretic perspective on trust and power in strategic supply chains. Journal of Operations Management, 25 (2): 482-497.

Islam T, Meade N. 1997. The diffusion of successive generations of a technology: A more general model. Technological Forecasting and Social Change, 56 (1): 49-60.

Iversen E J. 2000. Standardization and intellectual property rights: Conflicts between innovation and diffusion in new telecommunications systems//Information Technology Standards and Standardization: A Global Perspective. IGI Global: 80-101.

Jaesun S, Kim Y. 2007. Process design of superplastic forming/diffusion bonding by using design of experiment. Transactions of Materials Processing, 16 (2): 144-149.

Jaffe A B, Trajtenberg M, Henderson R. 1993. Geographic localization of knowledge spillovers as evidenced by patent citations. The Quarterly Journal of Economics, 108 (3): 577-598.

Jain S. 2012. Pragmatic agency in technology standards setting: The case of Ethernet. Research Policy, 41 (9): 1643-1654.

Jenders R A, Adlassnig K P, Fehre K, et al. 2016. Evolution of the Arden Syntax: Key technical issues from the standards development organization perspective. Artificial Intelligence in Medicine, 92 (1): 10-14.

Jeong K, Noh H, Song Y K, et al. 2017. Essential patent portfolios to monitor technology standardization strategies: Case of LTE-A technologies. Journal of Engineering and Technology Management, 45: 18-36.

Joanne G, Joaquim M, Ludmilla A. 2017. Description and analysis on decision-making processes: Political viewpoint of developing countries. Provincia, (38): 32-40.

Jones P, Hudson J. 2004. Standardization and the costs of assessing quality. European Journal of Political Economy, 12 (2): 355-361.

Jun D B, Kim S K. 2002. Forecasting telecommunication service subscribers in substitutive and competitive environments. International Journal of Forecasting, 18 (4): 561-581.

Katz M L, Shapiro C. 1985. Network externalities, competition, and compatibility. American Economic Review, 75 (3): 424-441.

Katz M L, Shapiro C. 1986. Technology adoption in the presence of network externalities. Journal of Political Economy, 94 (4): 822-841.

Kauffman S, Lobo J, Macready W G. 1998. Optimal search on a technology landscape. Research in Economics, 43 (2): 141-166.

Kermack W O, McKendrick A G. 1927. A contribution to the mathematical theory of epidemics. Proceedings of the Royal Society of London. Series A, Containing Papers of a Mathematical and Physical Character, 115 (772): 700-721.

Kim D H, Lee H, Kwak J. 2017. Standards as a driving force that influences emerging technological trajectories in the converging world of the Internet and things: An investigation of the M2M/IoT patent network. Research Policy, 46 (7): 1234-1254.

Kim K, Jung S, Hwang J, et al. 2015. A dynamic framework for analyzing technology standardisation using network analysis and game theory. Technology Analysis & Strategic Management, 30 (5): 540-555.

Kim L. 1997. The dynamics of Samsung's technological learning in semiconductors. California Management Review, 39 (3): 86-100.

Kishna M, Niesten E, Negro S, et al. 2017. The role of alliances in creating legitimacy of sustainable technologies: A study on the field of bio-plastics. Journal of Cleaner Production, 155: 7-16.

Kleijnen M, Wetzels M, Ruyter K. 2004. Consumer acceptance of wireless finance. Journal of Financial Services Marketing, 8: 206-217.

Kleinbaum D G, Kupper L L, Nizam A, et al. 2013. Applied Regression Analysis and Other Multivariable Methods. Boston: PWS-Kent.

Klette T J, Griliches Z. 2000. Empirical patterns of firm growth and R&D investment: A quality ladder model interpretation. Economic Journal, 110 (4): 363-387.

Kuzents S. 1930. Secular Movements in Production and Prices. Boston: Houghton Mifflin.

Layne-Farrar A. 2011. Innovative or indefensible? An empirical assessment of patenting within standard setting. SSRN Electronic Journal, 9 (2): 1-18.

Lee S, Bozeman B. 2005. The impact of research collaboration on scientific productivity. Social Studies of Science, 35 (5): 673-702.

Lehmann D R, Esteban-Bravo M. 2006. When giving some away makes sense to jump-start the diffusion process. Marketing Letters, 17 (4): 243-254.

Leiponen A E. 2008. Competing through cooperation: The organization of standard setting in wireless telecommunications. Management Science, 54 (11): 1904-1919.

Lerner J. 1994. The importance of patent scope: An empirical analysis. RAND Journal of Economics, (25): 319-333.

Levitt T. 1965. Exploit the product life cycle. Harvard Business Review, 43 (6): 81-94.

Li Q, Dai W, Wang L. 2018. Research on the influencing factors and countermeasures of the formation of enterprise technical standards under industrial cluster environment. Science Technology and Industry, 18 (1): 10-16, 103.

Li Y R. 2009. The technological roadmap of Cisco's business ecosystem. Technovation, 29 (5): 379-386.

Liao S H, Chang W J, Wu C C. 2010. An integrated model for learning organization with strategic view: Benchmarking in the knowledge-intensive industry. Expert Systems with Applications, 7 (5): 3792-3798.

Liljander V, Gillberg F, Gummerus J, et al. 2006. Technology readiness and the evaluation and adoption of self-service technologies. Journal of Retailing and Consumer Services, 13 (3): 177-191.

Lin J S, Chang H C. 2011. The role of technology readiness in self-service technology acceptance. Managing Service Quality, 21 (4): 424-444.

Lin S C, Hsieh P L. 2006. The role of technology readiness in customers' perception and adoption of self-service technology. International Journal of Service Industry Management, 17(5): 497-517.

Lin Y, Jin M. 2019. Ergodicity of a regime-switching epidemic model with degenerate diffusion. Physica A: Statistical Mechanics and its Applications, 526: 121134.

Lisa R A, Charles A H. 1996. Classroom games: Information cascades. Journal Economic Perspectives, 10 (4): 187-193.

Liu J, Meng Z, Jiang Z. 2017. Analysis on core technologies and cutting-edge technologies of new energy based on input output method. Procedia Engineering, 174: 1036-1045.

Luiz C M, Miranda C A S L. 2010. A new methodology for the logistic analysis of evolutionary S-shaped processes: Application to historical time series and forecasting. Technology Forecast & Social Change, 77 (2): 175-192.

Lukach R, Lukach M. 2007. Ranking USPTO patent documents by importance using random surfer method. SSRN Electronic Journal, 1: 1-12.

Lumpkin G T, Dess G G. 1996. Clarifying the entrepreneurial orientation construct and linking it to performance. Academic of Management Review, 21 (1): 135-172.

Luo X R, Koput K W, Powell W W. 2009. Intellectual capital or signal? The effects of scientists on alliance formation in knowledge-intensive industries. Research Policy, 38 (8): 1313-1325.

Mahajan V, Peterson R A. 1978. Innovation diffusion in a dynamic potential adopter population. Management Science, 24 (15): 1589-1597.

Makridaks S W, Mcgee V E. 1983. Forecasting: Methods and Applications. New York: John Wiley.

Mansfield E. 1961. Technical change and the rate of limitation. Econometrica, 29: 741-766.

Manuel V. 2018. Multi-Business firms, knowledge flows and intra-network open innovations. Journal of the Knowledge Economy, 9 (1): 162-179.

Marin A, Navas-Alemán L, Perez C. 2015. Natural resource industries as a platform for the development of knowledge intensive industries. Tijdschrift voor Economische en Sociale Geografie, 106 (2): 154-168.

Marinakis Y D. 2012. Forecasting technology diffusion with the Richards model. Technological Forecasting and Social Change, 79 (1): 172-179.

Mark L. 2020. Reflections on the post qualitative. Qualitative Inquiry, 27 (2): 175-178.

Markus R, Joachim H, Christopher H. 2007. On sharks, trolls, and their patent prey--Unrealistic damage awards and forms' strategics of "being infringed". Research Policy, 36 (1): 134-154.

Martin-de-Castro G, Lopez-Saez P, Navas-López J E. 2008. Processes of knowledge creation in knowledge-intensive firms: Empirical evidence from Boston's Route 128 and Spain. Technovation, 28 (4): 222-230.

Metcalfe J S. 1986. Technological innovation and the competitive process. Technology, Innovation and Economic Policy: 35-65.

Miller R L, Shinn M. 2005. Learning from communities: Overcoming difficulties in dissemination of prevention and promotion efforts. American Journal of Community Psychology, 35 (3): 169-183.

Moenius J. 2004. Information versus product adaptation: The role of standards in trade. Social Science Electronic Publishing, Available at SSRN 608022.

Mohle M. 2002. The coalescent in population models with time-inhomogeneous environment. Stochastic Processes and Their Application, 97 (2): 199-227.

Moldovan S, Goldenberg J. 2004. Cellular automata modeling of resistance to innovations: Effects and solutions. Technological Forecasting and Social Change, 71 (5): 425-442.

Montaguti E, Kuester S, Robertson T S. 2002. Entry strategy for radical product innovations: A conceptual model and prepositional inventory. Research in Marketing, 19 (1): 21-42.

Moorthy S, Polley D E. 2010. Technological knowledge breadth and depth: Performance impacts. Journal of Knowledge Management, 14 (3): 359-377.

Moreton R, Sloane A, Simon E. 1995. Implementing information management and technology standards: A framework. Technology Management, 2 (6): 275-288.

Morris S A, Pratt D. 2003. Analysis of the Lotka-Volterra competition equations as a technological substitution model. Technological Forecasting and Social Change, 70 (2): 103-133.

Nascimento P T S, Yu A S O, Nigro F, et al. 2009. The case of Magneti Marelli Brasil: Endogenous and exogenous factors in local dominant technology development//International Conference on Management of Engineering & Technology, Portland, 2009: 3122-3132.

Neshati R, Daim T U. 2017. Participation in technology standards development: A decision model for the information and communications technology (ICT) industry. The Journal of High Technology Management Research, 28 (1): 47-60.

Nicholas A, Lyda B, Jack A N. 2015. Dominant designs, innovation shocks, and the follower's dilemma. Strategic Management Journal, 36 (2): 216-234.

Noh H, Song Y, Lee S. 2016. Identifying emerging core technologies for the future: Case study of patents published by leading telecommunication organizations. Telecommunications Policy, 40 (10-11): 956-970.

Nonaka I, Takeuchi H. 1995. The Knowledge Creating Company. Oxford: Oxford University Press.

Ockwell D G, Haum R, Mallett A, et al. 2010. Intellectual property rights and low carbon technology transfer: Conflicting discourses of diffusion and development. Global Environmental Change, 20 (4): 729-738.

Ollner J. 1988. The Company and Standardization. Stockholm: Swedish Standards Institution.

Orsini R, Lambertini L. 2003. Vertically differentiated monopoly with a positional good. Australian Economic Papers, 41 (2): 151-163.

Palvia P. 2009. The role of trust in e-commerce relational exchange: A unified model. Information & Management, 46 (4): 213-220.

Parasuraman A. 2000. Technology readiness index (TRI): A multiple-item scale to measure readiness to embrace new technology. Journal of Service Research, 2: 307-320.

Pasquale D L, Mirian C R. 2019. The curve of knowledge transfer: A theoretical model. Business Process Management Journal, 25 (1): 10-27.

Petruzzelli A M, Rotolo D, Albino V. 2015. Determinants of patent citations in biotechnology: An analysis of patent influence across the industrial and organizational boundaries. Technological Forecasting and Social Change, 91: 208-221.

Pohlmann T. 2014. The evolution of ICT standards consortia. Communications & Strategies, 1 (95): 17-40.

Prescott R B. 1992. Law of growth in forecasting demand. Journal of the American Statistical

Association, 18 (140): 471-479.

Randles F. 1983. On the diffusion of computer terminals in an established engineering environment. Management Science, 29 (4): 465-475.

Raymond V. 1966. International investment and international trade in the product cycle. The Quarterly Journal of Economics, 80 (2): 190-207.

Richards F J. 1959. A flexible growth function for empirical use. Journal of Experimental Botany, 10 (2): 290-301.

Robbins S P. 2001. Organizational Behavior: Concepts, Controversies and Applications. NJ: Prentice Hall.

Robins J, Wiersema M F. 1995. A resource-based approach to the multibusiness firm: Empirical analysis of portfolio interrelationships and corporate financial performance. Strategic Management Journal, 16 (4): 277-299.

Rogers E M. 2010. Diffusion of Innovations. New York: Simon and Schuster.

Ross R. 1911. The Prevention of Malaria. London: John Murray.

Rysman M, Simcoe T. 2008. Patents and the performance of voluntary standard-setting organizations. Management Science, 54 (11): 1920-1934.

Saadatmand F, Lindgren R. 2016. The tension between stabilized cooperation and intensified competition: Greening of technological frames in practice. 49th Hawaii International Conference on System Sciences, Hawaii: 327-336.

Sahal D. 1977. The multidimensional diffusion of technology. Technological Forecasting and Social Change, 10 (3): 277-298.

Samuelson P A. 1954. The pure theory of public expenditure. Review of Economics & Statistics, 36 (4): 377-389.

Schettino F, Sterlacchini A, Venturini F. 2008. Inventive productivity and patent quality: Evidence from Italian inventors. Journal of Policy Modeling, 35 (6): 1043-1056.

Schilling M A, Phelps C C. 2007. Interfirm collaboration networks: The impact of large-scale network structure on firm innovation. Management Science, 53 (7): 1113-1126.

Scitovski R, Meler R. 2002. Solving parameter estimation problem in new product diffusion models. Applied Mathematics and Computation, 127: 45-63.

Scott T W, Tiessen P. 1999. Performance measurement and managerial teams. Accounting, Organizations and Society, 24 (3): 263-285.

Shaffer M J. 2011. Entrepreneurial innovation: Patent rank and marketing science. Pullman: Washington State University.

Shapiro C. 2001. Navigating the patent thicket: Cross licenses, patent pools, and standard-setting. Social Science Electronic Publishing, 1 (1): 119-150.

Shapiro C, Varian H R. 1999. The art of standards wars. California Management Review, 41 (2): 8-32.

Shari M N. 1981. Binomial innovation diffusion models with dynamic potential adopter population. Technological Forecasting and Social Change, 20 (1): 301-323.

Sharif M N, Kabir C. 1967. A generalized model for forecasting technological substitution.

Technological Forecasting and Social Change, 8: 353-364.

Skea J. 1995. Standards, Innovation and Competitiveness: The Politics and Economics of Standards in Natural and Technical Environments. Cheltenham: Edward Elgar.

Sloane A. 2000. The standards process: Tools and methods for standards tracking and implementation. Computer Standards and Interfaces, 22 (1): 5-12.

Smith K. 2000. What is the "Knowledge Economy"? Knowledge Intensive industries and distributed knowledge bases. Paper for DRUID Summer Conference.

Smith V L, Vasudevan S P, Tanniru M. 1996. Organizational learning and resource-based theory: An integrative model. Journal of Organizational Change Management, 9 (6): 41-53.

Söderström E. 2004. Formulating a general standards life cycle. International Conference on Advanced Information Systems Engineering. Berlin: Heidelberg.

Srinivasan R, Lilien G L, Rangaswamy A. 2005. The emergence of dominant designs. Social Science Electronic Publishing, 70 (2): 1-17.

Suarez F F. 2010. Battles for technological dominance: An integrative framework. Research Policy, 33 (2): 271-286.

Sultan F, Farley J U, Lehmann D R. 1990. A meta-analysis of applications of diffusion models. Journal of Marketing Research, 27 (1): 70-77.

Sultanov A, Lee D J, Kim K T. 2016. The diffusion of mobile telephony in Kazakhstan: An empirical analysis. Technological Forecasting and Social Change, 106: 45-52.

Sun B, Xi X. 2011. Application of factor analysis and fuzzy C-means for classification of knowledge intensity in China's manufacturing industry. 2011 International Conference on Management Science & Engineering (18th), Rome, (9): 111-117.

Swann G M P. 1988. The economics of standardization. Computer Standards & Interfaces, 7 (3): 18-30.

Swann G M P. 2000. The economics of standardization, final report for the standards and technical regulation directorate department of trade and industry. Manchester: The University of Manchester.

Teece D J. 2018. Profiting from innovation in the digital economy: Enabling technologies, standards, and licensing models in the wireless world. Research Policy, 47 (8): 1367-1387.

Teitel S. 1994. Patents, R&D expenditures, country size, and per-capita income: An international comparison. Scientometrics, 29 (1): 137-159.

Thong J Y L, Venkatesh V, Xu X, et al. 2011. Consumer acceptance of personal information and communication technology services. IEEE Transactions on Engineering Management, 58 (4): 613-625.

Tong X S, Davidson F J. 1994. Measuring national technological performance with patent claims data. Research Policy, 23 (2): 133-141.

Trevor A, Day, Rohan F, et al. 2007. Relations Between Mechanisms of CNS Arousal and Mechanisms of Stress. Amsterdam: Stress.

Tse E. 1997. Grabber-holder dynamics and network effects in technology innovation. Journal of Economic Dynamics and Control, 21 (5-6): 1221-1238.

Urban D L, O'Neill R V, Shugart J H H. 1987. Landscape ecology. Bioscience, 37 (2): 119-127.

Utterback J M, Abernathy W J. 1975. A dynamic model of process and product innovation. Omega, 3 (6): 639-656.

Uzumeri M, Sanderson S. 1995. A framework for model and product family competition. Research Policy, 24 (4): 583-607.

van der Waal M B, Veldhuizen C K, van der Waal R X, et al. 2020. A critical appreciation of intangible resources in PharmaNutrition. PharmaNutrition, 13: 2213-4344.

Varsakerlis N C. 2006. Education, political institutions and innovative activity: A cross-country empirical investigation. Research Policy, 35 (7): 1083-1090.

Venkatesh V, Davis F D. 1996. A model of the antecedents of perceived ease of use: Development and test. Decision Sciences, 27 (3): 451-481.

Verhulst P F. 1838. Notice on the law that the population follows in its growth. Correspondance Mathématique et Physique (in French), 10: 113-126.

von Neumann J. 1951. The General and Logical Theory of Automata. New York: Wiley.

Vries H J D. 2002. Standardisation education. Erim Report, 22: 71-92.

Walker K G. 2001. The small world of Germany and the durability of national networks. American Sociological Review, 66 (3): 317-335.

Wang W, Cai Y, Ding Z, et al. 2018. A stochastic differential equation SIS epidemic model incorporating Ornstein-Uhlenbeck process. Physica A: Statistical Mechanics and its Applications, 509: 921-936.

Watts D J, Strogatz S H. 1998. Collective dynamics of 'small-world' networks. Nature, 393 (6684): 440-442.

Wei Y, Ying S, Fan Y, et al. 2003. The cellular automata model of investment behavior in the stock market. Physica A: Statistical Mechanics and its Applications, 325 (3-4): 507-516.

Weiss M B H, Spring M B. 2000. Selected intellectual property issues in standardization//Information Technology Standards and Standardization: A Global Perspective. IGI Global: 63-79.

Willoughby K W. 2004. The affordable resources strategy and the milieux embeddedness strategy as alternative approaches to facilitating innovation in a knowledge-intensive industry. The Journal of High Technology Management Research, 15 (1): 91-121.

Wonglimpiyarat J. 2012. Technology strategies and standard competition-comparative innovation cases of apple and microsoft. The Journal of High Technology Management Research, 23 (2): 90-102.

Wu A H, Wang Z, Chen S. 2017. Impact of specific investments, governance mechanisms and behaviors on the performance of cooperative innovation projects. International Journal of Project Management, 35 (3): 504-515.

Yamakawa P, Rees G H, Salas J M, et al. 2013. The diffusion of mobile telephones: An empirical analysis for Peru. Telecommunications Policy, 37 (6-7): 594-606.

Yang G, Li G, Li C, et al. 2015. Using the comprehensive patent citation network (CPC) to evaluate patent value. Scientometrics, 105 (12): 1319-1346.

Yanovitzky I, Stryker J. 2008. Mass media, social norms, and health promotion efforts: A longitudinal study of media effects on youth binge drinking. Communication Research, 28 (2): 208-239.

Zeithaml V A, Berry L L, Parasuraman A. 1993. The nature and determinants of customer expectations of service. Journal of the Academy of Marketing Science, 21 (1): 11-26.

Zhang L, Wang J, Wen H, et al. 2016. Operating performance, industry agglomeration and its spatial characteristics of Chinese photovoltaic industry. Renewable and Sustainable Energy Reviews, 65: 373-386.

Zhang T, Xuan H, Gao B. 2005. Modeling diffusion of innovation with cellular automata. Proceedings of ICSSSM'05. 2005 International Conference on Services Systems and Services Management. IEEE, 2: 976-980.

Zhao J, Wu G, Xi X, et al. 2018. How collaborative innovation system in a knowledge-intensive competitive alliance evolves? An empirical study on China, Korea and Germany. Technological Forecasting and Social Change, 137: 128-146.

Zoo H, Henk J V, Lee H J. 2017. Interplay of innovation and standardization: Exploring the relevance in developing countries. Technological Forecasting & Social Change, 118: 334-348.

后　　记

本书的内容来自本人负责承担的国家自然科学基金面上项目（项目编号：71774035）和作为重要成员参与的国家社会科学基金重点项目（项目编号：20AGL009）的主要研究成果。在项目立项和研究过程中得到了许多评审专家、同行评议人和有关管理人员的悉心指导和无私帮助，在此谨向他们表示衷心的感谢。

特别感谢哈尔滨工程大学李柏洲教授、徐建中教授、范德成教授、陈伟教授、孟凡生教授、郭韬教授、曹霞教授、刘微微副教授，哈尔滨工业大学齐中英教授、王铁男教授，东北林业大学尚杰教授、佟光霁教授，北京理工大学王兆华教授，北京化工大学余乐安教授，北京工业大学黄鲁成教授、吴菲菲教授，大连理工大学张米尔教授，电子科技大学鲁若愚教授、邵云飞教授，浙江工业大学池仁勇教授等专家和学者。他们在作者科研立项、项目完成和本书撰写过程中给予了中肯的意见和建议，对本书的结构完善和最终定稿起到了关键性的指导作用。

由衷感谢项目组主要成员杨栩教授、杜丹丽教授、张倩副教授、苏晓博士、王弘颖博士、田胜男博士、张睿涵博士、沈瑞硕士和余婉琴硕士，黑龙江省工业和信息化厅相关部门对本人承担或参与的国家自然科学基金项目、国家社会科学基金项目等科研项目的申报、调研和完成，以及本书撰写给予的大力支持和帮助。

本书从论证、申请、审批、整理加工到编辑出版，自始至终得到了科学出版社李莉编辑和徐倩编辑的热情鼓励和积极支持。正是由于她们的大力协助、辛勤工作和无私奉献，本书才能得以如期出版。在此表示深深的敬意和谢意。

本书是在国家自然科学基金项目等科研项目的研究报告基础上经修改、整合和完善而成的。孙冰教授、王弘颖博士、陶冶硕士、刘晨硕士、田胜男博士完成了研究报告的主要撰写工作，康敏博士、杨雪婷博士参与了书稿的初步整合、文字校对、参考文献整理和图表完善等工作。本书内容的撰写指导、补充、修改、统稿和最终定稿是由孙冰教授负责完成的。为了本书的撰写和出版，几位主要撰写人和书稿整理者放弃了节假日的休息时间，常常讨论和工作到深夜，付出了艰辛的努力和汗水。在此一并表示感谢，并道一声辛苦。

同时，特别感谢我的父母和家人，他们给予我无微不至的关怀和照顾，替我分担了很多的家务劳动和生活责任。正是他们的鼓励和支持使我在繁忙的教学工作之余得以完成科研任务以及本书的撰写、修改工作。在本书的准备过程中，笔者先后经历了面神经炎、眼疾、腰病的折磨，也抗击了新冠的冲击，所见所感使我更加珍视健康与亲情。在本书即将付梓之际，谨以此书献给我最爱的父母和家人！

在本书的写作过程中，参考了大量国内外同行的相关研究成果，从中得到了许多启示和帮助，在此也向这些成果的完成者表示衷心的感谢，特别向那些可能因为疏忽而未被注明的作者表示深深的歉意。

知识密集型产业的技术标准演化和主导技术扩散是近年来的研究热点和前沿课题，由于本书的研究内容所涉及的知识广泛而又复杂，加上作者的学识与知识水平有限，本书难免会存在诸多问题和不足，同时在结构安排、遣词造句和行文格式上也可能有不妥之处，恳请同行专家学者和广大读者对我们的研究工作批评指正。

孙　冰

2021 年 4 月于哈尔滨工程大学